생각 세제곱

해성 지음

휴엔스토리

일러두기

각주는 Episode 단위로 번호를 새로 매겨 표기하였다.

머리말

이 책은 2022년 1월부터 2022년 12월까지 1년간 수도권 지방법원 집행관사무소에서 나누었던, 집행관과 직원의 실제 대화를 담고 있다. 도대체 이 생소한 직업을 가진 사람들은 자신의 삶을 영위해 나가기도 벅찼을 텐데 왜 생뚱맞게도 생각에 관한 책을 내게 되었을까?

당신은 혹시 주위에서 도를 넘는 생각 없는 사람을 만나 답답하고 나아가 울분을 토로한 적이 있는가? 상대의 생각하지 않음에 징글징글하다는 생각과 동시에 한없는 무기력감에 빠진 적이 있는가? 사람의 학명을 호모사피엔스인 지혜로운 인간이 아닌 어리석은 인간으로 바꾸고 싶은 충동을 느낀 적이 있는가?

어떤 사안이나 사건, 상황을 볼 때 누구는 심각하게 받아들이고 다른 이는 별것 아닌 것으로 치부해 버린다. 또는 정반대의 결론을 내린다. 분명 둘 중 한 명은 잘못 생각하였으리라. 왜 이런 일이 발생하는가? 사람마다 생각하는 수준이 다르기 때문이다. 생각은 우리 몸과 뇌에서 알아서 자동으로 튀어나오는 반사작용이 아니다. 모든 사람이 같은 반응을 보일 수가 없는 것이다. 생각은 뇌 속의 모든 시냅스 회로가 연결하고 연결해서 겨우 몇 개 만들어 낸 희귀한 결과물이다. 그 소중한 자원을 모든 사람이 향유할 수는 없다.

　이 책에서는 3단계의 생각 수준이 있다고 가정한다. '생각' 또는 '생각^1'은 흔히 우리가 말하는 사고력의 우리말이다. 인간이면 최소한 이런 '생각'은 가지고 산다고 보면 된다. 누군가가 "당신은 생각을 하면서 살고 있는가?"라고 묻는다면 '그걸 질문이라고 하느냐, 이 세상에 생각 없이 사는 사람이 어딨어!'라고 본능적인 거부감을 드러낼 때의 그 '생각'이다. '생각^2(생각 제곱)'은 '생각에 관한 생각' 또는 자신의 능력을 객관적으로 평가할 수 있는 상태로, 메타인지에 해당한다. 메타인지가 인간의 특성이라고 하지만, 모든 능력이 그러하듯 발달이나 활용 능력은 천태만상이다. 인구 100명당 혹은 1,000명당 한 명 정도가 이 메타인지 능력이 잘 발달해 있다고 보면 되는데, 이들이 '생각^2'에 해당한다. '생각^3(생각 세제곱)'은 '생각에 관한 생각'을 다시 한번 '생각'하는 것이다. 자신을 냉정하게 객관적으로 볼 수 있는 능력은 물론 남들도 객관적으로 정확하게 볼 수 있고 남들이 자기를 어떻게 보고 있는지까지를 훤히 알고 있는 사람들이 '생각^3'형 집단에 속한다. 인구 10만 명 이상에서 한 명 나올까 말까 한 사람들이다. 아마도 역사적인 천재들이거나 성인들일 것이다.

　세상은 이들이 섞여 살고 있는 곳이다. '생각^1'의 숫자가 절대적으로 많기 때문에 소수의 '생각^2'과 극소수의 '생각^3'이 고통받고 있는 것이다. '생각^1' 사이에서도 수준 차이가 천차만별이기에 역시 힘들어하기는 매한가지이다. 옛날에는 무식하거나 무지하면 본인이 손해 보는 세상이었다. 그래서 본인이 스트레스받았다. 요즘은 아니다. 무식한 사람은 자신의 감정을 언제든지 표출하면 되고 이는 온전히 그들을 상대하는 사람들의 몫이 되었다. 무식한 사람은 그렇지 않은 사람들에게 할 말을 잃게 만드는 정도를 넘어서 심지어 자신을 무식한 사람 만들었다고 항변하기도 한다. '생각[1]' 안에서도 세상을 향한 주파수가 이렇게 다르다.

이 책은 '생각[1]' 또는 '생각[2]'의 사람들이 '생각[3]'을 조금씩 맛보도록 준비하였다. 국가 간, 기업 간, 개인 간 경쟁이 치열한 4차 산업혁명 시대에서는 '생각[2]'으로는 부족하다고 보았기 때문이다. '생각[1]'의 사람들을 위해서는 특히 더 많이 배려하였다. 그들에게, 생각이라는 갈피를 잡을 수 없는 망망대해로부터 진짜 생각이 무엇인지 알려줄 것이다. 우리말 생각은 참 모호한 개념이다. 많은 잡다한 불순물이 첨가되어 있다. 불순물은 제거해야 한다. 생각이 전혀 아님에도 생각처럼 행세하는 사이비 생각을 철저히 거둬내야 한다. 우선 느낌과 감정 또는 기분을 먼저 분리하고, 생각의 발아기에 해당하는 인식에 대해서는 너는 아직 나설 때가 아님을 경고하고, 생각의 고인물인 신념·이념·사상·이데올로기·당위 등을 재해석하고, 생각과 같은 반열에 올라서려는 지식 또는 기억에 대한 서열 관계를 확정할 것이다.

요즘 우리는 생각을 하지 않아도 되는 세상에 살고 있다. 인공지능, 사물인터넷, 로봇기술, 빅데이터 등이 더 이상 생각하지 않고 살도록 도와주고 있다. 그런데도 우리는 생각을 하고 살아야 한다. 그 이유는 간단하다. 생각이 세상과 사람을 넓고 깊게 연결해 주기 때문이다. 그 효과는 크다. 개인과 집단 간의 갈등과 폭력을 줄이고 문제해결을 위한 시간을 절약해 준다. 불필요한 감정 소모를 덜 해도 된다. 오해, 반목, 질시는 사라지고 공감과 배려, 칭찬은 넘쳐난다. 도전을 반기고 실패는 특별한 경험으로 간주한다. 우리 주위를 맴돌면서 온갖 화려한 말과 그럴듯한 논리로 우리를 유혹하는 각종 음모론, 사이비 종교, 유사과학, 극단주의 등의 독버섯으로부터 자신을 지킬 수 있다.

이 책에서 망라하고 있는 31개의 에피소드를 따라가다 보면 생각하고 판단하는 방법과 요령을 저절로 터득하게 될 것이다. 당연히 종교나 평등, 성매매 등 우리 사회에서 금기로 여기는 몇몇도 정면으로 마주하게 된다. 어떤 이는 불편함과 불쾌감을 느낄 수도 있다. 민감한 사안은 없다. 민감한 사람만 있을 뿐이다. 스스로 보낸 눈길은 스스로 거두면 된다. 눈높이를 맞춘다 한들 안목眼目까지 바꿀 수는 없다. 시야視野를 넓히거나 혹은 좁히면 편함과 쾌감은 주위에 널려 있다. 굳이 힘들게 전투력을 끌어올릴 필요가 없는 것이다. 어느 것이 옳은지 누구도 알 수 없는 주제로 티격태격할 일은 아니며 너는 너의 생각을 말하고 나는 나의 생각을 말할 수 있는 자유만 인정하면 된다.

책을 끝까지 읽는 인내와 용기를 발휘한다면 그렇고 그런 사람들의 그렇고 그런 생각이라는 선입견과 편견이 사정없이 깨질 것이다. 소수의 몇몇은 생각의 편린이라는 도끼가 자신을 정면으로 내리찍는 아찔한 충격도 경험할 것이다. 간간이 출몰하는 소름은 덤이다. 이들은 평범한 사람의 삶 속에서 비범한 생각을 읽어내는, 재주가 비상한 사람들임은 틀림없다. 다수의 사람들에게도 새로운 시각으로 생각을 좀 더 깊고 치밀하게 이해할 기회가 될 것이다.

이 책은 저자의 저서인 『작업론(유혹의 전략)』의 내용이 너무 방대하다

생각³

는 의견이 있어서 '지식·생각' 부분을 따로 발췌·추가·정리한 것이다. 현재의 『작업론(유혹의 전략)』은 이 책의 출판과 동시에 절판하고 '작업' 부분만 떼어내어 수정·보완하여 개정판을 낼 예정이다.

2023. 4.
해성

차례

Part 1

생각

생각과 사고

생각과 사고는 같은 말인가?

소장 며칠 이야기 좀 나눠보았는데 팀장님이 많은 지식을 가지고 있
는 것은 아니나 이해력은 매우 뛰어나다고 생각되네. 보통은 지
식 > 이해력인데 팀장님은 지식 < 이해력이거나 지식 = 이해력
이라고 판단되거든. 내가 세상을 살면서 많은 사람들과 대화를
해봤으나 이런 경우는 처음이야. 매우 특이한 상황이지. 나도 주
위로부터 사고력과 관찰력이 뛰어나다는 평가를 받고 있는 사람
이라 우리 둘이 이야기하면 시너지 효과를 발휘하여 각자 많은
도움이 되리라고 생각되는데 어떤가?

팀장 뭐, 저야 좋죠. 지식과 경험을 동시에 얻을 수 있으니까요. 그런
데 제가 지식보다 이해력이 더 좋은지 어떻게 아셨나요? 이런
말은 소장님에게서 처음 들어 봐서요!

소장 내가 무슨 말을 하면 '아, 이런 거와 비슷하네요.' 하며 바로 작은
비유를 들더라고. 이런 능력은 지식이 있거나 이해력이 좋은 사
람만이 가질 수 있는데 팀장님은 본인이 전에 몰랐던 지식도 설
명해주면 바로 인지하고 '그런 뜻으로 말하는 거죠?' 하면서 바
로 자신의 기존 지식으로 전환해서 응대하더라고.

팀장 아, 그렇게 해서 알 수 있군요. 조금 전 주위로부터 관찰력과 사

고력이 뛰어나다는 이야기를 들었다고 하셨는데, 제가 볼 때도 소장님은 그런 것 같습니다. 며칠 되지 않았지만 상당히 많은 지식과 깊은 사고력을 지니고 있다는 느낌을 받았습니다. 소장님과의 다양한 대화를 통해 소장님 특유의 생각하는 방법, 방식 또는 요령을 배우고 싶습니다.

소장 그럼 슬슬 시작해 볼까. 첫 번째 질문을 시작으로 생각이라는 여정의 대장정을 떠나 보세. 하나 알아둘 건 생각에 관한 책은 시중에 많이 있다는 거야. 그리고 철학, 뇌 과학, 심리학 등 학문의 제 분과에서도 생각을 많이 다루고 있지. 하지만 그것들은 생각을 학문적으로 접근하고 있어. 생각의 탄생, 생각의 역사 또는 생각이 우리 뇌에서 어떻게 작동하는지 등 말이야. 난 이와 달리 생각에 대한 나의 생각을 말해보려고 하네. 비유도 많이 쓸 것이고. 가끔 전문가의 의견을 곁들이는 선에서 양념 정도를 넣고. 생각은 객관적 지식이 아니야. 그러기에 각자 생각하는 바가 다를 수가 있지.

팀장 사물을 보는 다양한 관점을 제시한다는 점에서 나와 다른 사람의 생각을 들어보는 것도 괜찮을 듯싶습니다.

소장 내 생각이 좀 특이해서 논리의 비약, 견강부회식 연결, 아전인수식 해석도 있을 수 있지. 그 점은 나 스스로도 느껴. 그럼에도 생각에 관한 이야기를 팀장님에게 들려주는 이유는 나의 어떤 생각이 지금의 내가 가진 생각의 깊이로 키웠는지 알 수 없어서 과거에 내가 생각했던 전부는 아니지만 최대한 알려주려는 것이지. 때론 이렇게까지 깊고 넓게 사고할 필요가 있을까 하는 의구심도 들 거야. 내 말을 잘 듣고 옳다고 생각되면 취하면 되고 이

생각³

건 아니다 싶으면 버리면 되는 것이지. 취사선택하라는 거야.

팀장 소장님 말씀은 생각은 정답이 있는 지식과 달라서 각자 다를 수도 있다는 것이죠? 생각하는 방법을 알려주시겠다는 거죠? 뇌과학적 지식이나 생각의 원리 등이 아닌 우리가 일상생활을 영위하면서 자연스럽게 발현되는 생각 말이죠?

소장 그렇지. 흔히 철학의 아버지를 '탈레스'라고 하는데 그는 '만물의 근원은 물'이라고 했지. 물론 오늘날 만물의 근원은 물이 아님이 밝혀졌지만 그를 철학의 아버지로 부르는 이유는 그가 철학적 방법론을 제시하였기 때문이야. 신화적 사고에서 과학적이고 객관적인 사고를 하게 된 최초의 사람으로 본 것이지.

팀장 잘 알겠습니다. 자, 시작합니다. 사람들은 흔히 생각과 사고를 동의어로 사용하는데, 정말 같은 말인가요?

소장 이것은 정의나 개념에 해당하므로 사전을 빌려 정확하게 설명할게. 사전은 '생각'에 대해 크게 세 가지 의미를 담고 있어. i) 어떤 사람이나 일에 대한 기억 ii) 사리를 분별함. 또는 그런 일 iii) 사물을 헤아리고 판단하는 작용 등으로 말이야.

사고思考는 i) 무엇을 헤아리고 판단하고 궁리함 ii) 개념, 구성, 판단 등을 행하는 인간의 이성 작용 iii) 심상이나 지식을 사용하는 마음의 작용이라고 정의되어 있고, 사고의 개념에는 '생각'의 i)'어떤 사람이나 일에 대한 기억'에 대한 의미는 없어. 그러니까 어떤 사람을 그리워하거나 좋아하는 것을 하고 싶거나 먹고 싶은 것은 '생각'을 써야지 '사고'를 쓰면 안 되겠지? 생각은 비오면 빈대떡이 생각난다, 소주에 김치찌개가 생각난다, 오늘처럼 날씨가 우중충할 때는 따뜻한 커피 한잔이 생각난다, 오늘따라 헤어졌던 첫사랑이 생각난다 등의 표현은 가능하지만, 오늘 따라 헤어진 그 사람이 보고 싶은 사고가 생기네, 비 오니까 빈대떡이 먹고 싶은 사고가 절로 드네 등은 매우 부자연스럽지.

팀장　생각을 사고로 바꾸면 정말 어색하네요?

소장　생각의 ii)의 뜻인 '사리를 분별하는 일'이 생각이라고 할 수 있을까? 하이에나 한 마리가 먹이를 먹고 있는 사자 주위에서 어슬렁거린다고 치자. 하지만 사자를 공격하진 않지. 하이에나는 생각을 한 것이야. 사리 분별이 있어서 사자의 자신의 적수가 아님을 아는 것이지.

팀장　하이에나의 행동은 본능에서 나온 것이지 생각하였다고 말할 수는 없을 것 같은데요?

소장　그렇겠지. 그냥 분위기를 보는 것이겠지. 생각의 iii)의 정의만이 사고의 뜻과 거의 비슷하지. 사고는 논리적 사고, 합리적 사고, 추상적 사고 등으로 알 수 있듯이 논리적, 합리적, 추상적이어야 돼. 이게 여간 어려운 것이 아니지. 생각의 i)과 ii)의 정의는 사고와는 전혀 다르다고 할 수 있지. 밥 생각, 놀 생각은 가능해도 밥 사고, 놀 사고라고는 말할 수 없는 것이지.

팀장　밥 사고, 놀 사고는 한글과 한자어의 조합이라 단어 조합에서도 어색해서, 다시 말해 단어 조합 규칙에 맞지 않아서 쓰지 않는 게 아닌가요?

소장　그 말도 맞긴 하지. 여하튼 '생각'과 '사고'는 다르지만 생각의 iii)의 정의는 '사고'와 비슷하다고 봐도 무방할 것 같아. 생각과 가까운 의미로 쓸 수 있는 기억이나 추억, 본능 등은 사고의 뜻과는 멀지. 어렴풋한 기억, 애틋한 추억, 동물적 본능은 가능해

생각[3]

도 논리적 기억, 합리적 추억, 추상적 본능이라고는 쓸 수 없지. 암기도 마찬가지이고. 논리적 암기, 합리적 암기, 추상적 암기도 사용할 수 없지. 암기 역시 사고가 아님을 알 수 있지.

팀장 벌써부터 난해한데요. 그냥 시중 책방이나 도서관에서 볼 수 있는 '생각에 관한' 책을 보는 게 더 낫겠다는 느낌이 드네요.

소장 처음에만 좀 그렇지. 나중엔 쉬워. 개념을 어느 정도 잡고 가야 해서 설명하다 보니 좀 어렵게 느껴졌을 거야. 그리고 생각에 대한 중요한 단어 또는 개념이 하나 더 있어. '생각'의 iii)의 정의와 '사고'의 정의를 보면 '판단'이라는 단어가 나오지. 난 이 판단을 아주 중요하게 여기지. 창의성보다 위에 두고 있어. 내 이야기 내 사고는 이 '판단'을 말한다고 보면 돼. 판단에 대해서는 차츰 설명할게.

팀장 저는 생각과 사고력이 완전히 같은 뜻, 그러니까 생각의 한자어가 사고인 줄 알았는데 의미 차이가 많이 나네요. 또한 저는 창의성을 굉장히 높이 평가하는데 소장님은 판단을 더 높이 두시는군요. 그 이유가 매우 궁금합니다.

소장 그러니까 팀장님은 평소에 두 낱말의 차이점에 대해서 생각도 안 하였다는 것이고 이는 곧 사고를 한 적이 없음을 뜻하는 것이지. 그리고 판단에 대해서는 기다려 봐. 순서가 있잖아. 찬물도 위아래 순서가 있는데 하물며 창의성보다 높이 보는 판단이 찬물보다 못하겠어? 바로 나오면 되겠어?

팀장 예. 판단에 관한 이야기는 좀 기다려 보죠. 앞으로는 사고와 생각을 구별해서 써야 할까요?

소장 뭐 그렇게까진 할 필요가 없고 우리 언어생활에 무리가 없는 선에서 적당히 가려서 쓰면 되겠지. 의미는 같게 하되 상황에 따라서 용법을 달리하면 되겠지. 예를 들면 5살 어린아이한테 '너 사고가 뛰어나구나.', 상사가 직원을 야단치면서 '너 사고(력)가 있니 없니? 제발 사고 좀 하고 살아라.'라고 하거나 문자로 여친에게 '오늘따라 너 사고가 간절하다'라고 쓰는 것만 가리면 될 것 같아.

생각과 지식

생각과 지식의 관계

팀장 지금까지 생각과 사고에 대한 소장님의 견해 잘 들었습니다. 소
장님은 생각과 지식의 관계에 대해서는 어떻게 생각하십니까?
지식이 많으면 생각도 자연적으로 잘하고 깊게 할 수 있는 거 아
닌가요?

소장 먼저 지식에 대해서 간략하게 개관해 볼까.

원시시대 인류는 하루하루 생존을 위한 버거운 투쟁을 해야 했
어. 들판에 있는 풀이나 버섯 중에서 먹을 것과 먹지 못할 것을
구별하고, 잘 익은 과일이나 곡식을 다른 짐승들이나 다른 집단
이 먼저 손대기 전에 그러나 어느 정도 익을 무렵에 채집하여야
했을 것이지. 그들의 일부는 강에서 물고기도 잡았을 테지. 어느
물고기는 풀이 우거진 둑 아래에서, 어떤 물고기는 바위를 들어
올려야만 보였을 거야. 독사는 뱀장어처럼 손으로 잡으면 안 된
다는 것도 몇 명의 희생 덕분에 알아냈을 거고. 과감해진 그들은
두려워 피하려던 대상인 육상 포유류에 눈을 돌렸을 것이야.

팀장 큰 동물을 상대하려면 그만큼 위험도 따랐겠는데요?

소장 위험하지만 열량도 높고 며칠은 온 가족, 전체 집단이 두고두고
먹을 수 있기에 한번 노려볼 만하였을 것이지. 사냥 대상이 낮에

활동하는지 아니면 밤에 활동하는지, 물은 어디에서 마시는지, 그들의 약점은 무엇인지, 그들을 잡기 위해서는 어느 정도의 힘을 가진 활이나 창이 필요한지 등을 경험으로 축적하였을 것이야. 이러한 행위는 자식과 자식의 자식을 통해 전해졌으며 필요에 따라 발명된 문자에 의해 기하급수적으로 널리 많이 퍼졌을 것이야. 그들이 지금까지 해온 모든 행위가 삶을 안전하고 풍요롭게 만들었을 것이지.

팀장   그 전보다 나아진 삶을 만드는 거. 이게 지식이라는 것이죠?

소장   우리는 생존을 위해 지식을 축적해온 것이며 환경과 상황에 따라 적절히 변형하고 발전시켰던 것이야. 이런 지식을 습득하지 못하거나 후세에 전달하지 못한 다른 동물, 하물며 다른 인류 종에 비해 훨씬 더 생명을 유지할 가능성이 높았을 테지. 그래서 현재 우리가 이렇게 있는 것이고.

팀장   그러니까 우리가 지식을 습득하는 일이 생존 가능성을 높이기 위한 것이라는 말씀인가요?

소장   당연하지. 지식은 곧 생명이야. 이 지식이 임기응변, 눈치, 센스, 감각 등으로 변용되지. 그것은 현대라도 달라질 것은 없지. 지식의 중요성은 아무리 강조해도 결코 지나치지 않아. 지식이 많은 사람이 그렇지 못한 사람보다 사회적으로 더 높은 위치를 차지할 수 있고, 경제적으로도 여유가 있고, 생명도 더 오래 유지할수 있지. 오늘날 흔히 말하는 집단 지성은 개인이 혼자 해결하기 어려운 문제를 해결하지. 기아, 전염병, 전쟁 등을 피할 수 있도록 말이야. 이러한 지식은 생각을 통해 형성되고 지식을 통해 생각이 깊어지기도 하지. 일종의 나선형의 선순환이라고나 할까.

생각^3

인간이 생각하지 않았으면 지식도 없었고 그러면 동물과 다를
바 없다고 봐야지.

팀장 에이, 설마요. 생각하지 않고 지식이 없다고 하더라도 만물의 영
장이라는 인간이 동물과 같겠어요? 본능이라도 앞서 나서서 동
물보다는 나았겠지요?

인간은 동물에 비해서 훨씬 더 생각을 많이 하는가?

소장 좀 뒤에서 알려주려고 했는데 팀장님에게 충격요법이 필요한 것
같아 먼저 말하겠네.

팀장 충격요법까지야 필요하겠습니까?

소장 한스 로슬링이 지은 『팩트풀니스』를 보니까 이런 내용이 나오더
라고.

팀장 어떤 내용인가요?

소장 지난 수십 년간 세계의 가난과 부, 인구 성장, 출생, 사망, 교육,
건강, 성별, 폭력, 에너지, 환경 등의 주제에 대해서 '세계를 이해
하기 위한 13가지 문제'를 만들어 전 세계 수천 명에게 풀어보게
했다는 거야.

팀장 결과가 어떻게 나왔나요?

소장 문제를 풀어본 사람 중에는 의대생, 교사, 대학 강사, 과학자, 다
국적 기업 경영인, 노벨상 수상자들도 있었음에도 이들의 평균
정답률은 16%에 불과했어. 침팬지가 정답을 무작위로 고를 때의
확률인 33%보다도 훨씬 낮은 수치였지. 더욱 놀라운 점은 똑똑
하고 현명한 사람일수록 실상을 정확히 알지 못한다는 것이야.

팀장 『팩트풀니스』 책 내용이 충격적이네요. 어떻게 사람들이 그렇게

동물들과 같거나 오히려 못할 수가 있죠?

소장　책의 내용이 시사하는 바는 하나야. 인간도 제대로 생각하지 않으면 침팬지보다도 못한 결과를 낳을 때도 있다는 것이지.

팀장　인간의 지식이 침팬지보다 비할 수 없이 많은데도 왜 이런 어처구니 결과가 나왔는지 다시 생각해봐도 이해가 안 되네요.

소장　책에서는 그 이유를 바로 '느낌'을 '사실'로 인식하는 인간의 10가지 비합리적 본능(간극 본능, 부정 본능, 직선 본능, 공포 본능, 크기 본능, 일반화 본능, 운명 본능, 단일 관점 본능, 비난 본능, 다급함 본능) 때문이라고 언급하고 있어. 사람들은 세상에 대해 생각하고 추측하고 학습할 때 끊임없이 그리고 직관적으로 자신의 세계관을 참고하는데, 비합리적인 본능에 의존해서, 깊게 생각하지 않아서 세계관에 오류가 발생하면 구조적으로 틀린 답을 할 수밖에 없다는 것이지. 지식은 많아도 실제로 어떤 일을 판단하거나 해결하는 데 있어서 유용한 지식은 많지 않다는 것이야.

팀장　지식이 많아도 그 상황에 맞게 활용 또는 적용하지 못하는 것도 있겠네요?

소장　책에서 언급하였듯이 사람들은 느낌을 생각으로 착각하는 경우가 비일비재하지. 느낌과 생각은 전혀 다른 차원이지. 지식이 아무리 많아도 생각하지 않는 지식은 풍부 속의 빈곤이라 할 수 있지. 나는 팀장님에게 생각하는 힘을 길러주고 싶어. 아니 생각하는 힘을 기르는 방법을 알려준다는 표현이 더 맞겠지. 비단 침팬지만이 아니라 일반 동물과 다르지 않은 경우도 있어.

팀장　일반 동물과 다를 바 없다니요. 전 침팬지 이야기 때에도 기분 나빴는데 침팬지보다 못한 다른 동물과도 다르지 않다니요?

소장	호주 뉴사우스웨일스대학 연구팀이 일부 소의 양쪽 엉덩이에 눈 그림과 십자 그림을 그려 넣는 실험을 하였어. 같은 위험에 노출되었음에도 불구하고 4년 가까운 기간에 눈 그림이 있는 소 683마리는 사자 공격으로 죽은 개체가 없었던 반면 아무 그림도 없는 소는 835마리 중 15마리가 희생됐고 십자 표시를 한 소는 543마리 중 4마리가 공격을 당해 죽었지.[1]
팀장	사자가 엉덩이에 그려진 눈을 진짜로 착각한 모양이네요. 그래서 들킨 것 같아 공격을 포기한 것이네요?
소장	사자는 현명하기라도 하지. 사람은 그렇지도 않아. 현명하지도 양심적이지도 못해.
팀장	그럴 리가요?
소장	뉴캐슬대 연구팀이 교직원용 구내식당에 있는 자율계산대를 이용해 음료 종류와 가격을 붙인 메뉴판 위에 한 주는 감시하는 의미를 담은 사람의 눈 사진을 붙이고, 다른 한 주는 꽃을 그린 그림을 붙여 놓는 실험을 했어. 사진과 그림은 매주 바뀌었지만 주제는 사람 눈과 꽃으로 같았지. 결과는 놀라웠어. 사람 눈 사진을 붙여 놨을 때 걷힌 돈이 꽃 그림을 걸어 놨을 때 걷힌 돈의 2.8배에 달했던 것이야.[2] 인간의 이러한 행동이 사냥감에게 들킨 사자의 행동과 뭐가 다르겠어. 아니 더 나쁜 거지. 생각하지 않으면 인간이 동물보다 우월한 점이 무어란 말인가?

....

1   https://blog.naver.com/sesangmall/222090572963
2   『생각에 관한 생각』, 대니얼 카너먼, 김영사

인간의 뇌는 커지고 있는 것이 아니라 줄고 있다

팀장 『팩트풀니스』책의 내용과 두 실험 결과를 보면 인간도 생각하지 않으면 동물과 다를 바가 없네요? 아니 오히려 못하네요. 그렇다면 제가 전보다 생각을 합리적으로 잘하려면 어떻게 해야 할까요?

소장 그냥 내가 이야기하는 것만 들으면 돼. 그러면 자동으로 그렇게 될 수밖에 없어. 편하게 듣기만 하게. 가끔 질문하고.

팀장 소장님이 다른 사람들과 다르게 깊이 생각하는 것은 알겠는데 그냥 듣기만 하면 된다는 말씀이신가요?

소장 나의 어떤 면을 보고 내가 남들보다 생각이 깊다고 말하는 거지?

팀장 단어 하나하나를 적확하게 쓰시고 단어의 깊은 이면을 분석하는 데 탁월한 것 같습니다. 저도 그러한 모습을 배우고 싶네요.

소장 그러니까 듣기만 하고 따라와. 가끔 의문이 들면 질문 몇 개 정도 하면 되고. 질문하라고 하면 부담돼서 내 이야기에 흥미를 잃을 테니까. 그리고 내가 하는 말이 다 옳다는 이야기는 아니야. 당연히 틀릴 수도 있지. 정면교사正面敎師나 반면교사反面敎師 모두 도움 된다는 사실만은 명심하게.

팀장 소장님의 말씀을 듣고 있으면 벌써부터 제가 생각을 너무 안 한다는 느낌을 받습니다. 이런 경험은 처음이라 당황스럽습니다.

소장 인제 며칠 되었다고 벌써부터 그렇게 느끼나. 아직 한참 남았는데. 팀장님만 생각을 하지 않는 것이 아니라 사람은 기본적으로 생각을 하지 않지. 21세기에 생각할 게 뭐가 있겠나. 다 국가에서 사회에서 주위에서 알아서 챙겨 주는데 생각할 필요를 느끼지 못하지. 실제로 이런 연구 논문도 있어.

생각³

팀장 아, 그에 대한 논문도 있군요?

소장 인간의 뇌 용적은 1만 년 전까지는 줄기차게 늘어 1,500*cc*까지 늘었다가 1만 년 전부터 줄기 시작하였고 3천 년 전부터는 급속하게 줄기 시작했다는 거야.[3] 그 속도가 너무 빨라 뇌 용량 증가 속도보다 뇌 용량 감소 속도가 50배나 더 빠르다고 하더라고. 이대로 두면 인간의 두뇌가 얼마나 줄지 모르겠네. 심리학 용어 중에 '인지적 구두쇠'라는 용어가 있지. 뇌는 잘 나서려고 하지 않지. 쉽게 쉽게 문제를 해결하려고 해. 자동화나 습관화 등으로 말이야. 그도 그럴 것이 뇌 용량은 우리 몸의 2~3%만 차지하지만 에너지 소비는 쉴 때조차 전체 에너지의 20% 이상을 사용하거든. 그러니 뇌가 웬만한 일에는 끼어들지 않으려는 것도 이해는 가지.

팀장 뇌가 좀 양심적이라는 생각이 드는군요. 끼어들 때 안 끼어들 때 다 끼어들면 몸이 축나니깐 참는 거 같고요.

소장 양심적이라는 표현 좋군. 에너지 소비를 최소화해야 생존에 유리하기 때문에 그렇게 진화하였다고 볼 수 있지. 효율적으로 말이야.

팀장 그런데 현대에 와서 과거보다 뇌 용적이 어느 정도 줄었다는 말인가요?

소장 테니스공 한 개 정도가 줄었다고 하더군.

팀장 좀 많이 줄었군요. 뇌가 1만 년 전부터 줄어든 이유는 무엇인가요?

소장 뇌가 줄어들고 있다는 생각은 학자들 대부분 인정하고 있지만

....

3   https://v.daum.net/v/20211025155605113

뇌가 급격하게 줄어든 이유나 시기에 대해서는 학자마다 의견이 다른데, 어떤 학자는 집단의 규모가 커지고 사회가 발달함에 따라 전문화가 이루어지고 분업화가 자리 잡아 자신의 일만 하면 되었으므로 큰 뇌가 필요 없어졌다고 보더라고. 농업과 일부 동물의 가축화가 이루어져 사냥이나 채집을 안 해도 되는 상황도 뇌 축소 현상을 더욱 가속화시켰다고 볼 수 있지. 또 이 시기에는 문자가 발명되어서 자신들의 노하우를 기록으로 남겼기에 조상들이 하였던 무익한 일을 되풀이하지 않아도 되었을 것이지. 자신의 일만 하면 되었기에. 이런 여러 원인으로 인해 큰 뇌가 필요 없었던 것이지.

팀장   그럼 인간의 뇌가 커진 것은 혼자서 모든 일을 다 해야 해서 그런 것인가요?

소장   뭐 그렇다고 볼 수도 있겠지만 학자들은 구체적으로 그 증거를 찾곤 했지. 처음 인간의 뇌가 커진 것에 관한 이론 중의 하나가 '육식가설'이야. 인간이 열량이 높은 육식을 섭취하여 그 에너지를 뇌로 보낼 여력이 생겨 뇌가 커졌다는 이론인데 얼마 전까지는 유력한 가설로 자리 잡는 듯 보였으나 최근에 다른 이론이 그럴듯하게 부상하고 있지. 인간의 남획으로 매머드 등 큰 동물이 멸종하게 되자 인간은 어쩔 수 없이 작은 동물을 사냥하게 되었는데 이 과정에서 두뇌 용량이 더 커질 수밖에 없었다는 것이지.

팀장   큰 동물을 사냥할 때가 더 어려운 것 아닌가요?

소장   큰 동물 사냥은 위험하지만 방법적으로는 쉬웠지. 굳이 창으로 찌르지 않더라도 절벽으로 유인만 해도 손쉽게 잡을 수 있는 반면, 작은 동물은 기민해서 구멍 같은 곳에 숨어 지내니까 쉽게 잡을 수 없었지. 이런 작은 동물을 잡기 위해 뇌가 커졌다는 이론이 설득력이 있어 보이네. 물론 이 학설도 여러 가지 가설 중의 하나이긴 하지만.

팀장 작은 동물을 사냥해야 했고, 혼자서 여러 가지 일을 해야만 했던 우리 조상들은 뇌가 커졌다가 점차 분업화 시기로 접어들면서 뇌 용량이 줄었다는 말씀이시군요. 뇌가 줄어든다는 사실은 고대 인류를 연구한 결과로 과학적으로 증명되었기에 그렇다고 하더라도 그래도 사람들은 끊임없이 생각을 하고 있지 않나요? 입학을, 취직을, 승진을 위해서 말이죠. 그 사람들이 아무 생각 없이 좋은 대학, 좋은 직장, 높은 직위를 원하는 것은 아니잖아요. 이의 성취를 위해서 노력하기 마련인데 그때 자동적으로 생각을 하게 되는 것 아닌가요?

소장 틀린 말은 아니지만 그것은 어쩌면 생존을 위한 본능이라고 볼 수 있지 않을까. 생각이라기보다는 주위환경에 대한 위기의식을 느낀 후의 반응 정도가 아닐까?

사람들은 생각하기를 죽기보다 싫어한다

팀장 소장님은 사람들의 생각에 대해서 폄하하시는군요?

소장 나만 그런 게 아니라 역사적으로 수많은 위인이 사람들의 생각하지 않음을 설파해왔지. 노벨문학상을 받은 세계적인 석학 버트런드 러셀은 '사람들은 생각하기를 죽기보다 싫어한다'고 하였고 역시 노벨문학상을 받은 조지 버나드 쇼는 '2%의 사람들은 생각한다. 3%의 사람들은 자신들이 생각한다고 생각한다. 나머지 95%의 사람들은 생각하는 것을 죽기보다 싫어한다'고 일갈

하였어.

팀장 그런데 그들이 생각 없다고 말한 대상은 대부분 서양인들이었
겠죠?

소장 서양을 염두에 두고 말하진 않았겠지. 아무튼 서양은 이렇게 생
각을 안 하는 사람이 많음에도 전기, 에어컨, 사진기, 엘리베이
터, 컴퓨터, 비행기, 자동차, 냉장고, 휴대전화, 반도체, TV, 민주
주의, 의회제도, 재판제도, 수많은 수학 공식과 물리 공식 등을
만들었어. 이들이 이렇게 많은 발명과 발견을 한 이유는 독창적
인 아이디어, 기발한 발상의 전환, 끊임없는 혁신, 깊은 통찰력이
있었기에 가능하였을 것이지. 그럼에도 이 둘의 말에 의하면 이
모든 것을 2%의 사람이 만들었다고 볼 수 있지. 물론 민주주의
같은 제도는 여러 사람이 관여하는 것이지만 결국 주창자는 소
수이고 대중은 그에 따른 것이라고 볼 수 있고.

팀장 그렇다면 동양은 생각이라는 것이 없었다는 말인가요? 이 모든
발명품, 제도 등은 서양에서 나왔는데 그런 것을 만들어내지 못
한 동양은 생각을 하지 않았다는 말로 들리네요?

소장 격앙된 감정을 가지고 그런 극단적인 질문을 할 것은 아니라고
보네. 물론 동양도 생각하지 않은 것은 아니야. 생각의 질 또는
방향이 달랐지. 우리가 감이 저절로 떨어지는 것을 보고 '감나
무 아래에 누워 입을 벌리고 기다리면 되겠구나' 하는 생각을 할
때, 서양에서는 떨어지는 사과를 보고 '왜 사과가 떨어지지? 위
로 날아가지 않고?'라는 생각을 품어 만유인력 법칙을 발견하였
어. 동양에서 임금에게 좋은 콩을 진상해야겠다는 생각으로 콩
을 고르면서 '왜 콩이 다 이 모양이야? 벌레 먹은 게 너무 많네'

생각³

라고 투덜거릴 때, 서양에서는 '왜 같은 완두콩인데 둥근 것과 주름진 것이 있지?'라는 생각을 파고들어 유전 법칙을 발견하였지. 누가 봐도 동양은 생각을 너무 안 하는 것처럼 보여. 동양은 사실을 그대로 받아들이는 인식에 머무르고 서양은 생각한 것처럼 느껴져.

팀장 소장님의 비유는 잘 알아듣겠는데요. 그런데 왜 뉴턴은 사과가 위로 올라가지 않을까 하고 생각했나요? 전 이런 생각이 더 이상한데요?

소장 아. 이 무렵 유럽에서는 지구가 스스로 자전하고 지구가 태양을 돈다는 생각이 일반화되었기 때문에 그런 생각을 하게 되었어. 우리가 물체를 돌리면 밖으로 나가려고 하잖아. 투원반이나 투해머를 생각해봐. 손으로 돌리다가 놓으면 멀리 날아가잖아. 당시 수준으로 보자면, 지구가 자전하거나 태양을 돌면 지구상에 있는 물체는 아래에서 위로 중심에서 바깥으로 움직여야 하는데, 반대로 위에서 떨어지거든. 뉴턴은 그게 이해가 안 되었던 거야.

팀장 아, 그렇군요. 이 설명은 이해가 가는데 그래도 동양은 생각을 전혀 하지 않았다는 소장님의 견해는 너무 극단적 아닌가요?

소장 나만 그런 시각을 가진 것은 아니고 1995. 5. 31. 자 타임지에 특집 기사 하나가 실렸지. 제목은 'It's True. Asians can't Think.'였어.[4] 우리말로 번역하면 '이것은 사실이다. 아시아인들은 생각을 안 한다.'란 뜻이지. 큰일 날 소리라서 지금까지 인구에 회

....

4   출처: EBS 인문학 특강, 최진석 전 서강대 철학 교수의 '현대 철학자, 노자' 1강 중에서

자될 것 같은데 잠잠했던 것 보면 기사 작성자가 동양계였던 것 같아. 백인이 그런 주장을 했다면 난리 났겠지. 이 기사 내용은 최진석 서강대 철학 교수의 노자 강의 1강 때 나오는데 그분은 다른 강의에서 '동양은 과학을 몰랐다'고 했어. 과학은 생각의 산물이므로 결국 동양은 생각을 안 했다고 주장하는 것이나 마찬가지지. 호모 사피엔스[5]가 5만 년 전부터 지금까지 존재했던 숫자가 약 1,000억 명이라고 하는데, 동양 즉 한·중·일, 동남아시아, 인도 등 그동안 그 땅에 살았던 500억 명 이상이 생각하지 않았다는 것을 의미하지.

어휘의 20%만 알면 80%를 아는 것으로 착각한다

팀장 요즘 젊은이들은 스마트폰에 첨단기기 등을 능수능란하게 다룰 줄 아는데 어르신들은 그렇지 못합니다. 지금 젊은이들이 과거 조상들보다 생각하지 않는다는 말씀에 대해서는 동의하지 못하겠습니다.

소장 스마트폰을 잘 다루는 것은 기능의 문제이자 생활의 문제이지. 옛날에는 아무리 사소한 것이라도 생존의 문제였지. 두뇌를 풀 가동하지 않거나 생각을 하지 않으면 바로 죽음을 맞이하였지. 지면에 찍힌 맹수의 발바닥을 보고 최근에 찍힌 것인지 오래된 것인지 즉각적으로 생각하지 못했다면, 아무리 배가 고파도 독초와 식용 풀을 구별하지 못했다면 그는 죽음을 피할 수 없었어. 요즘 어디 그런가? 맹수는 우리에 이중 삼중으로 갇혀 있고 마

....

5   정확하게는 호모 사피엔스 사피엔스

트에서 파는 나물이나 버섯은 독초나 독버섯의 의심 없이 가격과 맛만 맞는다면 사지 않나. 이런 식으로 생각하지 않아도 되는 일이 주위에 널려 있으니 사람들이 생각을 하겠나. 거의 안 하지. 생각을 안 해도 잘만 사는데 인간이 바보냐, 생각하게.

팀장 생각을 하는 게 더 바보라는 말씀이시군요?

소장 그냥 흥분해서 말한 것이니 곧이곧대로 받아들이진 말고. 요즘 책을 안 읽는다고 하지. 책의 내용이 별거 없다고 생각하거든. 스마트폰에서 댓글에서 몇 개 본 내용이 책에도 나오면 다 아는 것으로 착각하거든. 제프리 웨스트가 지은 『스케일』이라는 책을 보면 책에 나오는 어휘의 20%만 알면 문학작품의 80%를 이해할 수 있다고 착각한다고 하네. 이를 다른 영역으로 확장한다면 전공에 필요한 20%의 전문용어만 알면 충분히 대학도 졸업이 가능하다는 것이지. 정치에 관한 20%의 어휘력만 있으면 어떤 정치적 상황도 명쾌하게 설명하고, 자유자재로 해석할 수 있음을 말하지. 20%의 경제적 지식만 있으면 우리나라 경제나 세계 경제의 흐름을 예측할 수 있고.

팀장 옛날 미네르바 사건이 떠오르네요?

소장 인터넷 한두 번의 검색, 책 한 권을 한두 번 읽거나 관련 서적 한두 권을 읽는 등 그 분야의 20% 어휘력만 있으면 거의 전문가가 된 것처럼 우쭐해지지. 그리고 사람들이 또 착각하고 있는 것이 있는데, 자신이 기억하고 있는 모든 것을 지식으로 알고 있다는 거야. 그것은 인식이고 검증된 객관적 지식이라야만 지식이라고 할 수 있지.

객관적으로 검증된 과학적 지식만이 지식이다

팀장 검증된 객관적 지식이라, 그게 뭔가요? 과학적 지식을 말하는 건
가요?

소장 뭐 대충 맞는 말이네. 일반적으로 독서량이 많으면 논리적으로
추론하고 정확하게 판단할 가능성이 크지. 하지만 자신에게 필
요한 지식만을 취사선택해서, 그러니까 확증편향 때문에 자신보
다 짧은 지식을 가진 사람에 비해 정확한 판단을 하지 못하고 궤
변으로 흐르는 경우를 많이 본다네. 지식은 사실(진실)을 아는 것
에 있지, 어떤 책의 내용을 그대로 받아들여 숙지하는 것이 아니
지. 예를 들어 보겠네.

유비가 죽은 후 제갈량은 계속해서 오나라와 연합해 위나라를 토
벌하는 정책을 펼쳤다. 두 나라 사이에 사신이 오가는데 동오에서
장온이 촉의 수도 성도에 온다. 송별연에서 장온은 촉의 진복이라는
학자와 논쟁을 벌인다.

장온이 묻는다.

"보아하니 학문에 대해서 상당히 자신만만해하는 것 같은데 하늘
에 대해서 몇 가지 묻겠습니다. 하늘에는 머리가 있습니까?"

진복이 있다고 말하자 장온이 묻는다.

"그럼 어느 쪽에 있습니까?"

"서쪽입니다. 시경에서 말하기를 '앙모하는 마음으로 고개를 돌려
서쪽을 바라본다고 했으니 이것으로 미뤄 보아 하늘의 머리는 서쪽
에 있습니다."

장온은 당황하며 다른 질문을 던진다.

생각³

> "그럼 하늘에는 귀가 있습니까?"
>
> "하늘은 비록 아주 높기는 하지만 지상의 소리를 들을 수 있습니다. 시경에 '학이 깊은 늪에서 우는 소리도 하늘은 능히 들을 수 있다'고 했습니다. 귀가 없다면 어떻게 들을 수 있겠습니까?"
>
> 장온이 또 묻는다.
>
> "하늘에는 다리가 있습니까?"
>
> "있지요. 시경에 '하늘이 걷기가 힘들다'라는 말이 있습니다. 다리가 없다면 하늘이 걷는다는 말이 어떻게 나올 수 있겠습니까?"

팀장　삼국지를 읽었지만 저는 이 부분이 별로 생각나지 않습니다.

소장　내겐 삼국지에서 제일 중요한 장면 몇 개 중 하나야. 나머지도 차차 알려줌세. 이 부분이 중요했던 이유는 내게 사고력을 키울 수 있는, 쉽게 말해 생각할 기회를 주었거든. 삼국지(연의)에서는 진복이 박학다식하여 장온과의 지식 배틀에서 이기지. 하지만 진복은 자신이 많은 책과 경전을 읽었다는 것을 증명했을 뿐, 객관적인 사실을 알고 있지는 않지. 하늘에 대한 객관적인 사실을 알고 있는 사람은 천문관이나 천문학자들일 것이야. 천문관들은 하늘에 머리나 귀, 다리가 없음을 알고 있지.

팀장　그렇지만 그들이 시경을 읽지 않은 상태에서 진복과 시경 내용을 논한다면 그들은 대답하지 못할 것이 자명하네요?

소장　하늘에 관한 객관적 지식은 있으나 시경 지식이 없는 천문관이 대답을 하지 못하면 사람들은 진복을 더 똑똑하다고 보겠지. 시경인가 서경인가는 공자님이 썼다고 알려졌거든. 위대한 선비들은 당연히 시경 내용이나 서경 내용을 천문관의 지식보다 더 알아주었겠지. 하지만 이들은 객관적 사실, 진실에서는 틀렸던 것이지. 진복 역시 시경의 많은 지식에도 불구하고 객관적 사실을 알고 있지 않았으므로 장온과의 마지막 대화에서는 궤변이 나올 수밖에 없었지.

> 장온이 다시 묻는다.
> "하늘에는 성姓이 있습니까?"
> "왜 성이 없겠습니까? 하늘의 성은 유 씨입니다."

팀장　제가 들어봐도 궤변인데요?

소장　장온이 무슨 근거로 그렇게 말하느냐고 묻자 진복은 "하늘의 아들인 천자의 성이 유 씨이니 하늘은 당연히 유 씨지요."라고 대답하지. 당시 위의 조비와 동오의 손권도 각각 천자를 칭하였기 때문에 진복의 대답은 완전 아전인수격이야. 학문이 높다는 진복도 엉뚱한 답변을 한 것이지.

지식은 양이 아니라 질에서 결정된다

팀장　소장님은 동양을 폄하하는 경향이 있는 것 같은데 그러면 서양에서는 이러한 일이 발생하지 않았다는 말인가요?

소장　뭔 그런 소리를 해? 동양을 폄하하는 것이 아니고 사실을 사실대로 말하는 것뿐이야. 당연 서양에서도 이와 비슷한 사례가 있지. 가정, 비유, 은유 등으로 진리가 아닌 것을 진리로 만든 적이 있어.

팀장 그게 가능한가요?

소장 고대 그리스 시대부터 천동설과 지동설이 대립하였지. 천동설은 지구가 중심이고 태양이나 다른 행성이 지구를 공전한다는 이론이고, 지동설은 반대로 지구가 태양 주위를 돈다는 학설이지. 기원전 3세기경 그리스의 수학자 겸 천문학자인 아리스타르코스는 부피가 훨씬 큰 태양이 지구를 돈다는 것은 이치에 맞지 아니하며 지구가 태양을 도는 게 확실하다는 주장을 펼쳤었지. 상당히 획기적인 발상이었으나 천동설이 대세였던 그리스에서는 이상한 생각으로 취급받았어. 이 지동설은 16세기경 코페르니쿠스에 의해 과학적으로 증명되기 전까지 무려 1,800년 이상을 기다려야 했지.

팀장 그토록 오랫동안 천동설을 지지했다면 나름 천동설도 근거가 있었나 보네요?

소장 당시에는 과학이 발달하지 않아 천동설과 지동설이 각각 타당성이 있었어. 천동설은 몇 가지 약점을 극복하기 위해 주전원 개념을 도입했어. 이 주전원은 천동설의 오차가 생길 때마다 늘어났는데 지동설로 무너지기까지 수십 개로 증가했지. 즉 수십 개의 가정 또는 이론이 필요했던 것이야. 반면에 지동설은 지구가 태양을 돈다는 가정 하나면 깔끔하게 해결되었어.[6] 갈릴레이가 성능 좋은 망원경을 발명함으로써 그동안의 약점이 한 번에 해소된 것이지. 진리가 아닌 것을 수십 가지의 가정을 보태서 진리처럼 보이게 하였으나 결국 망원경 하나에 무너졌지.

....

6   오컴의 면도날

팀장 갈릴레이가 망원경으로 대체 뭘 했기에 그동안의 약점이 해소되었다는 것인가요?

소장 아, 갈릴레이가 기존에 네덜란드에서 발명된 3배율 망원경을 9배율, 30배율 이상으로 올린 후 목성을 관측하였는데 그때 목성 주위를 도는 위성 4개를 발견한 것이지. 기존의 천동설 주장대로라면 이 위성도 지구를 돌아야 하는데 그게 아닌 것이야. 천동설에 의심을 품기 시작한 것이지. 지동설도 직접적으로 증명하기가 곤란했었는데 이 망원경 덕분에 해결된 것이지.

팀장 결국 진리는 지식의 숫자 즉 단어 개수에 있지 않고 핵심(사실)을 아는 데에 있군요?

소장 사람들은 거침없이 쏟아내는 답변을 보고 시경을 꿰고 있는 진복의 지식에 탄복하였겠지. 아리스타르코스의 작은 지구가 큰 태양을 돈다는 주장이 단순해 보였을 수도 있어. 과학을 모르는 제삼자가 보았을 때는 천동설이 훨씬 타당성이 있어 보였을 것이야. 아무리 지식이 많아도 핵심(사실)을 모르면 다 궤변이고 사상누각일 뿐임을 알아야 하네. 태양이 지구보다 크다는 사실을 알아낸 것도 그렇고 이를 기반으로 지구가 태양을 돌 수밖에 없다고 주장한 아리스타르코스의 직관력이 대단하지 않아? 시대를 너무 앞서가서 탈이었지만 말야. 그것도 1천몇백 년을 앞서갔으니.

팀장 여기서 의문이 하나 드는데요. 천동설이 비록 지금에 와서는 참된 지식이 아니라고 하지만 우리가 천동설이 있었음은 알고 있잖아요? 비록 잘못된 지식이지만 우리가 알고 있으니 지식은 지식 아닌가요?

소장 음, 그런 생각도 가질 만하군. 벌써 많이 늘었는데? 생각하는 수준이 높아졌어. 내가 지식은 객관적으로 검증된 과학적 지식만이 지식이라고 했으므로 원래부터 잘못된 지식, 또는 지식이었다가 객관성을 확보하지 못한 지식에 대한 서열 정리를 해야겠지. 우리가 흔히 알고 있는 '알다' 즉 '앎'에는 두 가지가 있다고 보네. 어떤 사실이 있다는 것을 눈치채는 것, 의식하는 것 즉 오감을 통한 감각작용 같은 것, 우리가 흔히 말하는 '의식하다'의 그것 말일세. 예를 들면 '그가 내 상사라는 것을 의식하지 않을 수 없다'에서 그 의식 말이지. 난 이 의식을 '인식'이라고 하겠네. 또 하나는 알고 있는 것 즉 지식이지. 그러니까 앎을 인식과 지식으로 나누는 게 맞을 걸세.

팀장   시경이 있다는 사실, 시경에 어떤 내용이 있다는 사실, 천동설이 있다는 사실, 천동설은 어떤 내용이라는 사실은 지식이 아닌가요? 틀렸지만 그런 것이 있었다는 사실을 알고 있는 것은 지식이잖아요?

소장   지금 팀장님이 말하는 의도는 알겠네. 아주 지식이 아닐 수는 없겠지. 그러한 것이 있었던 것은 사실이니까. 예를 들어 주관식 문제로 '지동설 이전에 유행했던 천체 운행설은 무엇인가요?' 하면 답은 천동설이라고 하겠지. 시경에서 비유하지 않은 신체 부위를 묻는 4지선다형 문제가 나왔다고 치면 허파라고 대답하겠지. 이것도 지식이라면 그렇게 볼 수 있겠지만 어딘가 개운치 않은 느낌을 받지 않나. 나만의 인식과 지식 구별 방식을 자네에게 강요할 순 없지. 그렇지만 달나라에 토끼와 계수나무가 있다는 것이 지식인가에 대해서는 아직도 의문이네. 다시 말해 잘못된 지식도 지식이냐 문제로 환원되는 것이지.

팀장 소장님만의 지식과 인식 구별 방식이라… 좀 명확하게 설명해주실 수 없나요?

소장 객관적으로 봐서 지식이 아닌데 그렇다고 내 머릿속의 기억에 남아 있으니 이를 지칭할 말이 필요한데, 이것이 인식이야. 시경의 내용이나 계수나무 같은 거 말이지. 인식은 주관적 인식, 지식은 객관적 지식이라는 말과 똑같아. 객관적이지 않으면 지식이 아니지. 지구평평설은 말도 안 되는 것이야. 객관적 지식은 지구구형설이지. 지구평평설은 주관적 인식일 뿐이야. 각종 음모론도 과학적·객관적으로 근거 없는 인식일 뿐이지. 사람들은 주관적 인식을 지식으로 믿기 때문에 다른 사람에게도 강요하지. 우리가 생각을 많이 해야 하는 이유야. 주관적 인식이 객관적 지식이 되지 않도록 말이야.

팀장 인식과 지식을 분리하자는 말씀이신가요?

소장 내가 인식과 지식을 분리하는 이유는 사람들이 자신의 지식이 모자란다는 생각은 하지 않고, 지식이 아닌, 틀리게 알고 있는 정보를 지식이라고 우기기 때문이야. 틀리든 맞든 남들과 지식 싸움에서 지지 않으려는 심보지. 이 지식이 아닌 것은 인식으로 확실히 분리해줘야지. 같은 1만 단어를 알고 있더라도 틀리게 아는 사람과 제대로 알고 있는 사람은 달리 평가해 줘야지. 안 그래? 지식은 아니지만 내 머릿속에 남아 있기에 마치 지식처럼 보이는 가짜 지식을 경계해야 돼.

팀장 과거에는 사실로 받아들여져서 지식이었는데 나중에 바뀌면 그것은 지식이 아니라는 말씀이죠?

소장 지식을 여러 가지 시각에서 정의할 수 있지만. 플라톤은 『테아이

테토스』라는 책에서 지식을 이렇게 정의했지.[7]

명제 P가 지식이 되기 위한 필요충분조건

첫째 : 명제 P가 참이어야 한다.

둘째 : 어떤 S가 명제 P를 믿어야 한다.

셋째 : 명제 P에 대한 S의 믿음이 정당화된다.

이를 정당화된 참인 믿음Justified True Belief이라고 하지. 줄여서 JTB 조건이라고 하고. 이 조건을 만족시키면 지식이 되는 거야. 간단히 말해서 명제가 우선 참이어야 하고, 어떤 사람이 그 사실을 참인 것으로 믿어야 하고, 참인 것으로 믿으려면 검증되거나 증거가 있어야 하는 것이지. 이 조건에서 보면 천동설이나 계수나무는 명제 자체부터 참이 아니니, 나머지는 볼 것도 없지. 그러니까 플라톤의 지식 정의에 따르더라도 천동설 등은 지식이 아니야. 한마디로 과학적 명제만이 지식이라고 볼 수 있지.

팀장   과학적 지식도 바뀌잖아요?

소장   어떤 이론이나 주장이 많은 사람의 지지를 받아 설득력을 획득하여 지식 역할을 하였는데 다른 반론에 의해 틀렸다면 이를 지식에서 제외시키고 새로운 지식으로 대체하면 돼. 과학적 지식이 새로 바뀌면 그 지식으로 갈아타는 거야. 돈 드는 것도 아니고. 현대 정설로 받아들여지는 이론이 지식이고, 폐기된 이론은 인식이라고 하면 되지, 안 그래?

....

7   https://blog.naver.com/dnjsdn1140/222881264652

팀장   어떤 사실에 대해서 인식으로 보든 지식으로 보든 큰 차이가 있을까요?

소장   일단 어떤 사람이 인식을 지식이라고 알고 있는 경우라면 그 사람은 자신의 가진 지식에서 그만큼 줄어드는 것을 의미하지. 상대방은 지식이 그만큼 늘어나고.

팀장   어떤 사람이 인식을 이야기했다면 상대방도 인식을 들었을 뿐인데 왜 한 사람은 인식이고 상대방은 지식이 되는가요?

소장   어떤 사람이 잘못된 지식 즉 인식을 이야기하였다면 상대방은 '아 이 사람은 인식을 지식으로 잘 못 알고 있구나'하는 지적 능력에 대한 귀중한 정보를 얻게 되지. 정보가 뭔가 지식 아닌가. 아니 지식 이상이지.

팀장   어떤 사람의 인식이 상대방에게는 지식이 된다는 말의 뜻을 이해하겠습니다. 하지만 지식이 아닌 인식을 알고 있다면 지식이 줄어든다는 말은 이해가 가지만 상대방의 지식이 늘어나다니요?

소장   인식을 지식으로 아는 사람은 잘못된 것을 알고 있으므로 이는 지식에서 제외해야 하므로 결과적으로 자신의 절대적인 지식의 총량이 줄어드는 것이고 상대방은 자신의 온전한 지식에 상대의 지적 능력을 파악할 수 있는 정보까지 얻었으니 지식이 늘어나는 것이지. 한쪽은 줄어들고 그에 비례해서 다른 쪽은 늘어나니 격차는 배가 되지. 이 경우에도 자신의 잘못된 지식을 스스로 아니면 타인이 지적하여 인지하였을 때 얘기지. 인지하지도 못한다면 잘못된 지식을 계속 지식으로 알고 있을 테니 그 차이는 더 커질 수밖에 없지.

생각[3]

생각 또는 사고력의 구성 요소

지식은 사고력의 최하위 요소

팀장 제게는 생각 또는 사고력의 의미적 범주가 좀 막연한데 하위 구성 요소나 인자 등은 없나요?

소장 하긴 생각이나 사고력이 막연하지. 어디까지가 생각인지 알 수가 없지. 앞서 '앎'을 인식과 지식으로 나누는 것 가지고도 티격태격했는데 이번에는 좀 객관적인 기준을 가지고 말하겠네. 미국의 교육심리학자이자 시카고 대학교 교수인 벤저민 블룸은 교육목표의 위계를 세웠는데 그 순서는 지식Knowledge → 이해comprehension → 적용application → 분석analysis → 종합synthesis → 평가evaluation였어. 이후 그의 제자인 앤더슨 등이 2001년 신교육목표분류학을 다시 정립했다네. remember(기억) → understand(이해) → apply(적용) → analyze(분석) → evaluate(평가) → create(창조) 등의 순으로 말이지. 지식(기억)과 이해는 기초적인 사고능력이고 적용 이상부터는 고차원적인 사고능력이라고 보았지. 기억하고 이해하는 것은 수동적·피동적으로 받아들이면 되는 것이고 적용 단계 이상에서는 적극적이고 능동적인 활동을 요한다고 볼 수 있지.

팀장 이 두 사람의 분류를 보면 지식은 사고력을 형성하는 일부분으로서 아주 기초적인 것으로 보이네요?

소장　그러니까 지식은 사고력과 관련이 없다거나 지식이 사고력과 동일하다고 보는 시각은 전혀 맞는 말이 아니지. 물론 그 두 사람의 분류가 정확한지는 모르겠지만 어느 정도는 타당성이 있는 것으로 보여. 내가 지금부터 말하는 생각, 사고력, 판단, 창의성 등은 이 기준에 의한 것임을 알아두게. 이 기준에 의하면 사고력의 구성 요소 중 최하위는 지식 또는 기억이지. 가장 근본이라고 할 수 있는 지식 또는 기억을 게을리하거나 잘못 알고 있는 경우가 허다하지.

한자, 사고력의 동반字

팀장　지식 또는 기억이 사고력을 구성하는 것은 알겠는데 그게 최하위 구성 요소라는 게 충격이네요? 전 지식 자체가 사고력인 줄 알았거든요?

소장　2020년도 한때 '사흘'이라는 단어가 포털 사이트 검색어 1위에 오른 적이 있었지. 또 2021년도에는 어느 정치인이 다른 정치인에게 '무운武運을 빈다'라고 말했는데, 이를 기자가 기사에서 무운無運으로 표기하는 바람에 또 말들이 많았지. 사흘이 3일이냐 4일이냐, 무운武運이냐 무운武運이냐 하는 논쟁 자체는 있을 수 있는데, 이런 논쟁이 바람직한가에 대해서는 의문이 들어. 논쟁거리가 되어서는 안 되는데 말이지.

팀장　이게 다 한자를 몰라서 발생한 일이죠?

소장　우리말의 어원이 한자어가 70% 이상인 건 알고 있지? 말은 처음에 한두 개의 뜻을 가지다가 시간이 지남에 따라 집단의 규모가 커지면서 여러 가지 새로운 의미가 추가·확대·분화되지. 한자어를 차용한 지 꽤 오래되었기에 중국에서 분화된 의미와 우리나라에서 자체적으로 추가된 뜻이 다를 수 있지. 뜻의 분화도 그러려니와 원래 어원도 잘 모르는 경우도 많아.

팀장 우리말 대부분이 한자에서 왔으므로 한자를 등한시하고 한글만 전용하면 그 말의 어원이나 배경지식을 모르게 되겠군요?

소장 앞서의 예도 그렇고, 한글만 사용하게 되니 에어컨 실외기室外機를 시래기로, 연예인演藝人을 연애인으로 잘못 알고 쓰는 일이 비일비재하지. 사흘을 아마도 4일에서 유추한 것 같은데 사흘은 우리말 셋에서 나왔을 거야. 4일인 나흘은 넷에서 나왔고. 한자와 한글을 정확하게 모르면 이런 엉터리 유추를 하게 되지.

팀장 우리말을 제대로 알기 위해서는 한자인 말은 원래 한자를 알고 있어야 하겠군요?

소장 우리나라 말은 두 음절로 된 단어가 많아서 동음이의어가 많을 수밖에 없어. 한글 전용으로는 구별할 수가 없지. 중국의 주음부호, 일본의 히라가나, 우리나라 한글은 한자를 읽기 쉽게 만든 일종의 발음 기호야. 이 발음 기호로는 원래의 글자가 무엇인지 무슨 뜻을 가지고 있는지 유추하기 어려워. 전 국민이 같은 글자에 대해서는 같은 발음을 하도록 도와주는 것뿐이지. 어원이 한자인 우리말이나 순수한 우리말을 모르면 철자가 틀리거나 뜻을 엉뚱하게 추론할 수 있어. 순수한 우리말인 동무를 한자인 동료同僚에서 나온 말로 오해하여 동무가 친구보다 가까운 말인데도 동료를 더 친밀한 단어로 착각하는 경우도 있어.

팀장 우리말의 대부분이 어원을 한자에 두고 있으므로 한자를 모른다면 생각을 잘할 수 없다는 말인가요?

소장 꼭 그렇다고 볼 수는 없지만 우리말의 대부분은 한자어이고 한자는 표의 문자이므로 단어의 뜻을, 어원을 아는 게 사고력 형성에 도움 되지. 언어가 생각이고 생각이 언어라고 하지 않는가. 서양 언어도 많은 경우 라틴어에 기원을 두고 있어. 라틴어 어원을 찾으면 쉽게 이해되지 않던가. 쉽게 이해가 되는 것만으로도 사고력에 도움 되지 않겠어? 벤저민 블룸의 사고력 2번째 단계가 이해임을 상기하면 될 걸세.

팀장 그렇다고 요즘 잘 쓰지 않는 한자를 공부하려니 난감하네요.

소장 '이상'을 한자로 쓰면 여러 가지가 나오지. 한자를 쓰지는 않더라도 理想, 以上, 異狀이 있으면 '이'에는 '-를 다스리다(다스릴 리), 함으로써(써 이), 다르다(다를 이)'라는 뜻이 있고, 한자가 아닌 우리말에도 치아를 뜻하는 '이'가 있고, 벌레를 뜻하는 '이'가 있음을 알아야지. '이' 하나에 이렇게 많은 '이'가 있음을. 또 '상'은 어떤가? 생각하다(생각 상), 위(위 상), 상태(상태 상), '상을 받다'에서 '상', '밥상머리' 할 때의 '상' 등을 알면 굳이 한자를 사용하거나 쓰지 않아도 될 걸세. 비단 이것뿐인가. 다른 수많은 한자어에 대해서도 이런 식으로 외어야 할 걸세.

팀장 에이, 그럴 바에야 차라리 한자를 공부하고 말지, 그렇게까지 할 수 있나요. 문맥을 보면 대충 뜻을 알 수 있잖아요?

소장 90%는 문맥을 통해 알 수 있지만 나머지 10%는 아닐 수도 있지. 또 그 때문에 분쟁이 생길 수도 있고. 3연패를 어떻게 이해할 것인가? 連敗 또는 連霸 둘 중에 어느 것인지 쉽게 알 수 없을 때도 있어. 한자를 모르면 한자로 된 말을 우리말과 헷갈려서 잘못

생각³

알 수도 있지. 예를 들면 새 중에 매가 있는데 송골매, 보라매, 참매, 산지니, 수지니, 해동청 등 여러 가지 말이 있으나 여기에 십자매를 덧붙이면 사람들이 십자매를 매의 종류로 알기 쉽지. 하지만 십자매는 十姉妹로 열 명의 자매같이 사이좋다는 의미의 참새과[1] 새를 말하지. 한글로만 쓰면 매의 종류로 알기 쉬워. 그것뿐인가. 이해심의 깊이도 달라져.

팀장 한자 또는 한자어는 지식이고 이해심은 마음인데 한자 또는 한자 어원을 모른다고 이해심까지 달라질까요?

소장 이해의 깊이가 다르면 이해심의 깊이도 달라질 수 있지. 수수료라는 말이 있네. 어떤 일을 처리해준 대가로 받는 것이 수수료라고 할 수 있는데 ① 막연하게 그냥 보수나 대가로 알고 있는 사람과 ② 수수료를 授受料라고 생각하는 사람, ③ 수수료를 手數料로 파악하고 있는 사람은 인식·이해·납득의 정도가 다르지. 따라서 그에 따른 분쟁의 정도나 빈도가 달라질 수밖에 없고.

팀장 그 사소함이 그렇게 큰 차이를 만드나요?

소장 대가나 보수로 알고 있는 사람(①)은 '뭐 제대로 한 일도 없는 것 같은데 수수료를 주어야 하나, 수수료가 과한 것 아니야'라고 생각할 것이며 그럴 경우 분쟁이 발생할 가능성이 더욱 커지고, 수수료를 授受料로 이해하는 사람은 '상대가 해준 만큼 나도 수수료를 주면 되는 것 아니야', 'give and take'라며 상대에게 받은 서비스만큼 지불하려고 할 것이야. 이 경우에도 한쪽은 줄 만큼 주었다고 하고, 다른 쪽은 받은 것이 적다고 하면 서로에 대한

....

1   정확하게는 참새목 밀납부리과

불신과 불만은 상존하겠지. 마지막으로 수수료를 手數料라고 이해하는 사람이라면 '음, 이번 일을 하면서 손이 많이 갔구나. 수수료의 뜻이 손이 들어가는 횟수이니 그만큼 힘들었을 텐데 적정하고 정당한 금액을 주어야 하겠구나.'라고 거의 배려에 가까운 생각을 하게 되지. 수수료의 한자는 手數料이므로 ③의 경우가 올바른 경우라 할 수 있어.

팀장　수수료의 한자가 手數料였군요? 손이 간 횟수라, 의미심장한데요?

소장　수수료를 줄 사람과 수수료를 받을 사람이 ③과 같이 그 뜻을 각자가 정확히 이해하고 있었다면 분쟁은 거의 없을 것이야. 그런데 이 '수수'를 授受(물품을 주고받음)로 이해하는 사람은 그렇지 못하겠지. 고로 한자를 모르면 이해력이 떨어지고 결국 이해심도 없어지는 거야.

팀장　결국 소장님의 말씀은 한자를 모르면 사고력이 늘 수 없다는 뜻이네요. 그런데 수수료의 한자를 모르더라도 원래 성품이 착해서 예의가 발라서 남을 배려할 수 있잖아요. '나 때문에 시간 뺏겨서 괜히 미안하네' 하는 심정으로 말이죠.

소장　꽤나 끈질기네. 한글 전용 세대라 그런가? 한 자 한 자 짚어주지. 우리 사회가 정의 구현이 제대로 안 되는 이유가 뭐라고 생각하나?

팀장　그야 집단 간의 이해관계가 얽혀있어서 그런 것 아닌가요?

소장　맞는 말일세. 앞서 우리말은 2음절 단어가 많아 동음이의어가 많을 수밖에 없다고 했잖아. 잦은 동음이의어의 사용은 내용 파악을 어렵게 하고 문맥을 이해하는 데 곤란한 경우를 초래하기도 하지. 하지만 이 동음이의어를 잘 활용한다면 사고력 증진에 도움이 되지.

팀장   어떻게요?

소장   정의正義에 대해서 글을 작성한다고 치자. 정의正義의 사전적 의미는 '진리에 맞는 올바른 도리'라고 되어 있으며 법학 및 사회학에서는 '법이 추구하는 궁극적 이념', 철학에서는 '사회를 구성하고 유지하는 공정한 도리'라고 되어 있어.[2] 이처럼 정의正義의 의미는 분야마다 다르고, 같은 학문을 전공하더라도 학자마다 달라. 정의의 개념이 각각 다른 이유가 뭘까.

팀장   정의正義는 추상적 개념이라 수학이나 자연과학과 달리 명확하게 정의定義, definition할 수 없기 때문이죠.

소장   그러면 정의定義를 정확히 하면 되겠네. 안 그래?

팀장   예. 그렇긴 한데 쉽진 않겠죠?

소장   정의正義에 대해 명확히 정의定義하는 데 합의하지 못하고, 설사 합의하였다고 하더라도 자신이 생각하는 정의定義를 자의적으로 확대 또는 축소 해석하기 때문이야. 이렇게 되는 이유 중 하나가 정의情誼에 휩쓸리기 쉽기 때문이야.

팀장   두 개의 정의 가지고도 이미 충분히 혼란스러운 데 정의情誼는 또 뭔가요?

소장   '서로 사귀어 친해진 정'으로 '그동안의 정의를 보아서라도 내 청을 거절하지 말게나'의 용법이 있지.

팀장   아니 정의情誼 때문에 제대로 정의定義하지 못하고 잘못된 정의定義

....

2   네이버 사전

소장 어느 문장이 논리의 비약인지 아닌지 판가름하는 것도 사고력 발달에 도움 되니 계속 들어보게나. 예를 들면 이거야. 법률 제정과 개정에 있어서 정의情誼가 작용하여 조항 자체를 넣거나 빼고, 벌칙조항에서 처벌 강도를 조절하는 식으로 자신 또는 우군, 같은 진영, 같은 직업군들에게 유리하도록 만드는 게 얼마든지 가능하지.

팀장 그 정의情誼를 행사할 수 있는 사람은 누구인가요?

소장 가깝게는 가족, 친지, 친구 등 지인부터 이해관계가 얽혀있는 단체, 특수한 목적성을 띤 연구, 편향된 언론의 기고 방향 등이 다 넓은 범주의 정의情誼에 들어간다고 볼 수 있지.

팀장 알겠습니다.

소장 정의正義로운 사회가 되지 못해 사회가 혼란스러운 것이 아니라 사회가 이미 혼란스러워졌기에(정의情誼에 이끌린 잘못된 정의定義 때문에) 정의正義가 바로 서지 못하는 것임을 명심하게. 어때? 이 정도 설명이면 사고력 향상에 도움 되지 않겠어?

팀장 그렇긴 한데 매우 어렵습니다. 그래도 한자가 이리 중요한가 하는 의문은 계속 듭니다. 우리말 동음이의어도 가능하잖아요. 소장님이 저번에 말씀해 주신 거.

여자 ○○ 씨는 좀 엉뚱한 데가 있는 거 같아요. 가끔 뚱딴지같은 소리를 해서요.

남자 뚱딴지에는 다른 뜻도 있는데 돼지감자를 뚱딴지라고도 합니다.

여자 그런 거 같네요. 어디서 들어본 것 같아요.

남자 뚱딴지에는 세 번째 뜻도 있습니다. 전봇대 전선을 감는 하얀 도자기처럼 생긴 절연체를 '애자碍子'라고 하는데, 이 애자를 뚱딴지라고도 합니다.

여자 정말 뚱딴지같은 소리 하네요. 몇 개 뜻이 있는지는 모르겠고 지금처럼 이야기하는 게 뚱딴지같은 거 아닌가요?

소장 잘 기억하고 있네그려.

팀장 돼지감자가 꽃이나 줄기는 해바라기인 것 같은데 뿌리는 감자라서, 다소 엉뚱한 조합이라서 뚱딴지라고 불렀다는 어원까지 말씀해주시고 사람들이 재배해서 주로 돼지 먹이로 주어서 돼지감자라고 불렀다고 하셨잖아요. 우리말도 이렇게 스토리가 풍부한데 굳이 한자까지 들먹일 필요가 있나요?

소장 한자와 우리말을 함께 쓴다면 더욱 풍부해지겠지. 솔직히 말하겠네. 난 우리나라 사람이 한자를 모르면 사고력이 늘 수 없다고 확신하지만 문제는 한자가 아니야. 사고 자체를 하지 않아도 되는 시대라서 사고를 안 해도 충분히 잘 사는데 굳이 한자를 공부하라고 말하고 싶진 않아. 뇌가 점점 작아지고 있다고 하잖아. 뇌는 냉정해. 머리를 쓰지 않으면, 생각을 하지 않으면 쓸모없는 것으로 생각해서 용량을 작게 만들고 뇌세포도 쓰지 않으면 죽어버린다고 하더라고. 이것도 일종의 진화지. 쓸모없는 것은 없애서 에너지 소비를 줄이는 것, 이게 현명한 진화거든. 잘 진화하고 있는데 말릴 생각은 없고 바라는 게 있다면 한자는 못 쓰더라도 기본자에 대해서는 음과 훈 정도만 알면 된다고 생각해.

팀장 한자를 쓰지는 못하더라도 읽을 정도는 되어야 한다는 말씀이
시죠?

소장 난 그렇게 생각해.

생각³

이해를 잘 하지 못한다

우리나라의 높은 실질 문맹률

팀장 어찌 되었든 우리나라가 문맹률은 낮잖아요? 그걸로 충분하지 않을까요?

소장 우리가 잘못 알고 있는 사실 중 하나가 문맹률과 실질 문맹률의 차이야. 우리나라 문맹률은 2% 미만에 불과하지만 실질 문맹률은 상당히 높아. 실질 문맹률은 문해율이라고도 하는데, 쉽게 말하자면 독해력이지. 단지 글자만 읽는 것이 아니라 문장 또는 문맥을 이해하여 실질적인 의미를 아는 것을 말해. 이 실질 문맹률은 75%로 OECD 22개 국가 중 최하위이지.[1]

팀장 그렇게나 순위가 낮은가요?

소장 2000년도를 전후해서 조사한 경제개발기구(OECD) 가입국 국민의 문서 해독 능력을 비교한 자료를 보면 우리나라는 선진국과 많은 차이를 보여. 국가 간 문서 문해 비교에서는 스웨덴이 386.8점으로 1위였고, 우리나라는 316.4점으로 꼴찌에서 두 번째였지. 대학 졸업자들을 상대로 조사한 산문 문해 점수는 스웨덴이 1등으로 329.1점이었고, 우리나라는 286.3점이었지. 역

....

1   https://blog.naver.com/niceworld21/222020239626

시 고학력자를 대상으로 실시한 문서 문해 점수는 더욱 충격적이야.

팀장 결과가 어떻게 나왔는데요?

소장 스웨덴은 331.2점으로 1위이고 우리나라는 258.9점으로, 조사 대상국 중 꼴찌였지. 스웨덴의 중졸 이하 문서 문해 능력은 280.6점으로 우리나라 대졸자의 점수보다 20점 이상이 높아. 물론 지금이야 그 격차가 줄어들었다고 생각되지만 하여튼 심각해.

팀장 문서 문해 능력과 산문 문해 능력은 무엇인가요? 어떤 차이가 있나요?

소장 문서 문해 능력은 쉽게 말해서 그림, 지도, 표, 그래프 등이 포함된 형태의 문서를 해석하는 능력이고, 산문 문해 능력은 신문 논설이나 기사, 시, 소설 등 글로 된 문서를 해석하는 능력이라고 보면 돼.

우리 말을 못하면 외국어도 못한다

팀장 우리나라 대졸자의 문서 문해율이 너무 낮다는 것에 충격받았습니다. 대졸자가 스웨덴의 중졸자보다 낮은 점수를 받다니 할 말이 없네요.

소장 스웨덴은 노벨상 수상자가 30명이 넘어. 물론 자국에서 노벨상을 시상해서 그럴 수도 있지만 인구 1,000만 명의 국가에서 대단하지 않아? 불과 몇십 년 전만 해도 세계에서 전투기를 생산하는 국가는 미국, 영국, 소련, 프랑스, 스웨덴뿐이었지. 드라켄 → 비겐 → 그리펜으로 이어지는 전투기가 있고, 스텔스 기능이 탑

재된 고틀랜드급 잠수함도 건조하고 있으며, 우리 육군의 대포병 탐지 레이다 아서-K도 스웨덴에서 도입하여 사용하고 있지. 인구 5,000만 명에 세계 10대 경제 대국 중에서 노벨 과학상을 받지 못한 나라는 우리나라밖에 없어. 대부분 10개 이상의 노벨 과학상을 받았지. 생각해 봐야 할 부분이야.

팀장 우리말 어순이나 문장구조가 어려워서 이해를 못 할 수도 있잖아요? 외국어를 잘 구사하는 것도 문해율을 높이는 데 도움이 될까요?

소장 그건 내가 그 분야의 전문가가 아니라서 알 수 없지. 외국어를 할 수 있다면 지식도 넓어지고 사고력도 깊어질 개연성이 높지. 자국어에는 없는 품사나 어휘 변화, 어순 등 그리고 단어의 유래나 기원 등을 통해 우리나라 말만 알아서는 알 수 없는 풍부한 지식과 정보를 획득할 수 있지. 외국어 한두 개 정도 구사할 줄 알면 사고력 증진에 도움은 줄 거라고 생각해. 하지만 달리 생각해 보게. 좀 극단적인 비유이긴 한데 지구상에는 6,000~7,000개의 언어가 있어. 한 언어학자가 각 언어에서 '밥'이라는 단어만 찾는다 해도 시간과 노력이 많이 들겠지. 한 사람이 평생 기억할 수 있는 단어 수는 6만 개에서 10만 개 사이이므로 이 학자는 '밥'의 의미 하나를 앎으로써 평생 기억해야 할 단어 10분의 1을 소비한 거야. 그가 만약 더 깊게 연구한다고 아빠, 엄마, 하늘, 땅 등 10개의 단어를 추가한다면 그는 아마도 평생 아빠, 엄마, 하늘, 땅, 밥 등 11개의 개념밖에 모르고 세상을 살 것이야. 물론 그런 일은 절대 일어나지 않을 것이지만, 그만큼 많은 외국어를 한다는 것은 결국 사고력을 제한하게 된다고 봐.

팀장   외국어가 분명 사고력에 도움을 줄 수 있지만, 너무 많으면 오히려 방해가 되는군요?

소장   외국어를 잘하는 것도 좋지만 우선 우리나라 말을 잘 알아야 해. 우리말을 모르면 다른 나라 말도 잘할 수 없어. 우리나라 말의 뜻을 잘 모르면 제대로 된 번역이 나올 수 없지. 이도 저도 아닌 반거들충이가 될 뿐이지.

팀장   뜻을 모르면 번역을 해서는 안 되는 것 아닌가요?

소장   뜻을 모르면서 번역을 해서 문제지. 곰탕 = 베어탕bear tang, 육회 = 식스타임즈six times, 동태찌개 = 다이나믹스튜dynamic stew, 수정과 = 모디피케이션앤드modifications and, 유린기 = 어뷰즈머신abuse machine 등 황당한 외국어 메뉴판이 한때 서울 명동에 있었어.[2] 자동번역기에서 생성된 번역어였겠지만 우리말을 제대로 알고 있었다면 최소한 이들 번역된 말이 바른 것이 아님을 금방 알 수 있었을 것이야. 특히 육회 = 식스타임즈six times는 생각을 안 한 거라고 볼 수 있어. 육회라는 메뉴를 걸어둘 정도이면 고깃집이거나 최소한 고기를 다루는 식당일 텐데, 고기를 뜻하는 meat 정도는 생각했어야지. 아니면 육회에서 육이 최소한 숫자 육(6)이 아닌 것만 알아도 six가 들어가면 안 된다 정도는 인식했어야지. 우리말도 몰랐고 영어도 몰랐기 때문에 벌어진 일이야. 우리가 실생활에서 얼마나 이해를 잘 못 하고 있는지 모르지? 몇 가지 사례를 들어주지.

....

2   http://news.mt.co.kr/mtview.php?no=2018041615424882477

'이해'가 어려운 이유

팀장 예, 좋습니다. 어떤 사례가 있는지 제가 이해해 보겠습니다.

소장 먼저 사람들은 '이해'라는 단어의 뜻도 제대로 모르는 경우도 있어. 이해는 내가 하는 것이지, 상대방이 나를 이해시키는 것이 아니야. 그럼에도 우리는 남 탓하는 고질병 때문에 자신이 이해 못 하는 것도 남의 탓으로 돌리지. 설명을 이따위로 한다느니, 글을 어렵게 썼다느니, 외국어를 많이 썼다느니, 문체가 건조하다느니 등 상대방을 비난하고 작가의 자질을 의심하지. 근본적으로는 자신이 이해를 못 하는 데 문제가 있는데도 말이야. 상대방이 나에게 설명을 잘하든 못하든, 상대방의 논리가 빈약하든 비약이든, 사례를 잘못 들든 말든, 논점의 핵심을 벗어나든 아니든 이해는 내가 하는 것이야.

팀장 그렇군요. 이해는 내가 하는 것이군요. 상대방과는 관련 없이.

소장 내가 하지 못한 이해를 남에게 전가하는 것은 어불성설이지. 상대방이 나를 잘 이해시킨다면 그것은 내가 이해력이 좋은 것이 아니고 상대방의 설득력이 좋은 것이지. 남이 나를 이해시키는 능력이 탁월하다면 남만 좋은 일 시키는 꼴이야. 난 그저 상대방의 지적 우월성을 강화시켜 주는 대상에 불과해. 지적 종속을 당하는 것이야.

줏먹이의 옹알이를 이해 못 하는 것을 줏먹이 탓으로 돌리면 안 되는 것이지. 엄마의 책임인 거야. 책이 이해 안 가면 작가의 책임이 아니라 자신의 수준에 맞지 않은 책을 고른 독자의 잘못이야. 왜냐면 그 책을 이해하는 사람도 있기 때문이지.

팀장   이해의 주체성을 혼동해서는 안 된다는 말씀이시죠?

소장   맞네. 지식 격차에서 오는 이해 부족도 있지.

> 세계사 시간에 선생님이 학생에게 강의하고 있다.
>
> **선생**   중국의 4대 발명품은 종이, 활자, 화약, 컴퍼스입니다. 특히 컴퍼스는 배가 항해할 때 아주 중요합니다.
>
> **학생**   (모두 고개를 끄덕끄덕한다.)

선생님은 학생들에게 컴퍼스라고 말했지. 선생님이 말한 컴퍼스는 나침반이야.

팀장   왜 나침반만 영어로 표현했을까요?

소장   그건 모르겠고, 일부 학생은 이 컴퍼스를 원 그리는 데 사용하는 제도기의 하나인 컴퍼스로 이해하였을 거야. 선생님의 지식수준이 학생들과 달랐던 것이지. 선생님은 당연히 아이들이 컴퍼스를 나침반으로 이해할 것으로 생각하였을 거야. 학생 중 일부는 모를 수 있다는 사실을 인식하지 못했어. 역지사지의 문제가 아니야. 이를 '지식의 저주'라고도 불러. 지식 차이에서 오는 이해의 부재라 할 수 있지. 지식만 가진 자의 한계라고 할 수 있어. 이 선생님이 사고력, 즉 생각이 있었다면 학생들의 눈높이에서 강의를 하였을 것이야. 지식의 저주라는 말은 있어도 사고력의 저주라는 말은 없어. 사고력은 모든 것을 이해하고 포용하고 배려하는 것이기 때문이지. 저주하거나 저주받을 이유가 없는 거야.

팀장   지식의 격차에서 오는 이해 부족은 어쩔 수 없는 것 같아요. 많이 아는 사람이 그렇지 않은 사람을 향해 눈높이를 낮추지 못하면요.

소장 같은 수준의 단어나 개념을 알더라도 이해 못 하는 경우가 있지. 당구는 벨기에의 국기國技이지. 당구 용어는 그야말로 다국적어야. 당구는 한자로 '撞球'야. 지금은 당구 용어가 우리나라 말로 순화되었지만 얼마 전까지만 해도 그렇지 않았어. 대부분의 당구 용어가 일본 말이었지. 당구는 일본을 통해서 우리나라에 들어온 구기 종목이라 그럴 수밖에 없었어. 하꼬마오시, 오마오시, 기리가에시, 다데 등은 일본어야. 마세이massé(찍어치기)는 프랑스어고, 후록쿠fluke(행운의 득점)는 영어지. 쫑과 떡은 우리나라 말이야. 당구 바닥재인 원단은 라사raxa라고 해서 포르투갈어이고. 당구공을 큐대로 회전을 주면서 치는 것을 일본어로는 히네루(또는 시네루)라고 하고, 영어로는 english라고 불러. 그러니까 당구공을 칠 때 회전을 주지 않으면 한 사람은 '무시(로)'라고 말하고 또 한 사람은 '무회전'이라 하고, 다른 한 사람은 'no english'라고 부르는 상황이 벌어져. 회전을 많이 준다면 '히네루 이빠이', '회전 많이 주고', 'maximum english'라고 말하는 것이지. 어찌 이해가 잘 되겠는가?

팀장 그렇군요. 당구가 이렇게 많은 다국적어를 쓸 줄은 미처 몰랐네요?

소장 나와 남의 지식과 생각이 이리 다르니 수많은 오해와 반목이 있을 수밖에 없어. 이 정도는 뭐 주위에서 항상 볼 수 있는 일이고 더 문제는 이해의 깊이가 다른 것이야.

팀장 이해의 깊이가 다르다니요? 수수료 이야기할 때 대충 말씀하신 것 아닌가요?

소장　그때는 이해심의 깊이를 말한 것이고 이번에는 이해의 깊이를 좀 더 심층적으로 이야기하는 것이야.

팀장　아, 예.

소장　요즘은 아파트에서 피아노 치는 소리가 나지 않는다고 해. 소리가 안 나는 피아노도 시판되기 때문이지. 소리 저감 장치가 설치되어 있어서 소리가 외부로 나가는 것을 차단한다고 하더라고. 음악에 문외한이라면 의아해할 수 있어. '건반이 밀폐된 것도 아니고, 그 덩치 큰 피아노 소리를 어떻게 잡는다는 말인가?' 이렇게 생각할 것이 분명하지.

　'리볼버(탄창이 회전하는 권총, 서부영화에 자주 등장한다)에 소음기 단다고 그게 소음 총이 될 수 있겠는가?' 언뜻 보면 굉장히 합리적인 의문이지. 비유도 적절했고. 당연히 할 만한 생각이지. 하지만 리볼버 중에는 소음기를 달 수 있는 제품도 있어. 소련에서 만든 나강Nagant 리볼버가 그것이지. 일반적인 리볼버만 알고서 소리를 차단하는 소음 없는 피아노(사일런트 피아노)의 성능을 반신반의하면 안 되는 것이지. 확실한 지식이 없으면 괜히 전문가만 의심하는 우를 범하게 돼.

팀장　알더라도 제대로 알아야겠네요?

소장　지식을 겉핥기식 피상적으로 알면 안 돼. 한 가지를 알더라도 제대로 알아야 돼. 흔히 비행기가 뜨는 원리를 이렇게 설명하지. 날개 위쪽은 곡선으로 아래쪽은 직선으로 하면 둘 사이의 압력차가 생겨 비행기가 뜬다고. 아주 틀린 설명은 아닌데 사실 비행기가 뜨는 것은 받음각Angle of Attack이 더 중요해. 어느 정도까지는 받음각이 클수록 양력이 증가하지. 이 유체의 흐름과 관련하여 일반적으로 베르누이의 원리를 말하곤 하는데 중세 대항해 시대를 가능하게 했던 삼각돛도 이 베르누이의 원리가 적용되지. 삼각돛도 바람을 맞는 면과 반대면의 압력 차로 인해 휘어진 바깥쪽으로 배가 나가려고 하지. 그런데 배 밑부분에 용골龍骨이라고 불리는 Keel이 있어. 이 용골이 있어야 배가 역풍을 맞고도 밀리지 않아 지그재그로 전진할 수가 있지. 삼각돛만 있어서는 역풍을 맞고 앞으로 나아갈 수가 없거든.

팀장 우리는 일상생활 전반에 걸쳐서 이해를 하지 못하고 있군요. 지식이 부족해서든 생각을 하지 않아서든.

소장 그래도 지금까지 예를 든 건 누군가가 잘못하고 있거나 잘못 알고 있다는 것을 알고 있거나 깨달은 경우잖아. 실제로는 누가 무엇을 잘못했는지 알지도 못하고 그냥 지나치는 경우가 대부분이지. 이런 '이해 못 함'이 오해가 되고 불통이 되지. 소통이 되지 않는 사회가 좋은 사회가 될 수 있겠어?

팀장 정말 우리가 잘못 알고 있는 경우가 주위에 널려 있네요.

소장 그러니까 생각을 하고 살아야지.

지식과 사고력은 비례하지 않는다

지식과 사고는 별개다

팀장 소장님은 지식과 사고력은 비례한다고 생각하나요?

소장 지식과 사고력은 비례하지 않는다고 생각해. 물론 지식이 사고력의 일부라는 시각으로 바라보거나 지식이 많은 사람이 사고력도 높을 수밖에 없는 게 아니냐는 관점이 자연스러울 수는 있겠으나 난 지식과 사고력은 비례하지 않는다는 느낌을 받았어.

팀장 지식과 사고력이 비례 관계가 아니고 서로 따로 논다는 말인가요?

소장 지식이 없으면 사고력이 생길 수 없지만, 사고력 역시 지식이 없으면 불가능하지.

팀장 이렇게 설명하시면 지식과 사고력은 굉장히 밀접한 관련이 있는 것처럼 보이잖아요?

소장 지식과 사고력이 1:1로 대응하지 않기 때문이야. 지식이 생각으로 형질 변경되는 경우는 10에 하나 100에 하나이지. 대부분의 지식은 그냥 지식으로 남아 있어. 수많은 지식 중에서 한두 건의 사고를 건지는 것이지. 지식이 사고력을 구성하는 요소라고 하지만 지나친 지식은 오히려 사고력을 방해한다고 생각하네. 원활한 사고력을 위해서는 적당한 지식이 필요한 것이지. 너무 많아 감당하지 못할 지식은 오히려 사고력의 발목을 잡고 있는 형 국이라고나 할까?

팀장 왜 그렇게 생각하시는지요?

소장 우리가 시험을 치를 때 보면 알 수 있지 않나. 전부 아는 문제면 아무 생각 없이 정답을 고르고, 전혀 모르면 그냥 찍을 뿐이지. 그런데 어중간하게 긴가민가하면 더욱 골똘히 생각해 본 경험이 있을 거야. 지식이 너무 많으면 지식으로 모든 것이 해결이 가능 해서 생각을 하지 않게 된다는 의미지.

팀장 그래도 지식을 넓히면 그에 비례해서 사고력이 늘지 않을까요?

소장 사고력은 지식을 넓힘으로써 어느 정도 클 수 있겠지만 한계가 있어. 사고력은 지식과는 별도로 시간을 투자해서 키워야 해.

팀장 지식과 사고가 별개이고 지식이 많으면 오히려 생각을 많이 하 지 않는다고 하였는데 그렇다면 지식이 많은 전문가 그룹도 생 각을 하지 않는 사람으로 볼 수 있을까요?

소장 일단 전문가에 대한 개념 정의가 필요하지. 자격증이 필요한 분 야는 그 자격증을 획득하면 전문가로 인정할 수 있지. 자격증이 없는 분야에도 수십 년 종사하면 전문가라고 보는 데 손색이 없 겠지. 그들이 전문 분야에 관한 특정한 지식은 있을 수 있어도 그 지식만 가지고는 사회 전체를 조망할 수 있는 생각 또는 능력 은 가질 수 없다는 거야. 당연한 것이지. 이를 두고 논리학에서 는 잘못된 권위에 호소하는 오류라고 하지. 이 분야에 대해서 잘 아니깐 다른 분야에 대해서도 잘 알 것이라고. 여기서 '이 분야' 는 지식이고, '다른 분야'는 생각이야. 명쾌하게 지식과 생각이 구별되는 것이지. 전문가들이 전문가가 될 수밖에 없었던 이유

그러니까 시간과 노력을 투자하고 그 성과를 이뤄낸 열정은 높이 사지만 그들도 생각하지 않는다는 면에서는 일반인과 다르지 않지.

팀장   어째서요? 그들은 더 많은 책을 읽었을 텐데요? 뭔가가 다를 것 아닌가요?

일념, 집념, 전념의 한계

소장   어떤 일을 이루거나 목표를 달성하거나 다시 말해서 전문가가 되기 위해서 일로매진하지. 오로지 그것이 되겠다는 일념, 집념으로 모든 일을 제쳐두고 그 일에 전념하지. 일념이 뭔가? 집념, 전념이 뭔가? 한자로 일념은 一念이고 뜻은 한 가지 생각, 한결같은 마음이고, 집념은 執念으로 한 가지 일에 매달리는 것이고, 전념은 專念 오로지 한 가지 일에만 마음을 씀이야. 다양한 생각을 가져야 할 때 오로지 한 가지 생각만 가지고 살았던 사람들이 다양한 생각을 갖게 되겠는가. 그들이 한창 외우고 있을 때 생각을 하지 않아 놓친 것이 분명 있을 거야. 그 나이 때 생각해야만 했던 것을 생각하지 못한, 그래서 다시는 생각할 수 없는 그 어떤 것 말이야. 지식으로는 절대 커버할 수 없어. 생각은 생각을 해야만 커질 수 있는 것이지. 지식은 지식이고 생각은 생각이야.

팀장   그래도 그들은 많은 책을 읽고 접했는데 안 본 사람보다는 더 낫지 않겠습니까?

소장   독서가 사고력 증진에 도움이 된다는 의견이 많지만, 아주 늘지는 않는다고 봐.

팀장   그 이유가 뭔가요?

생각[3]

소장 앞서 잠깐 언급한 것 같은데 우리나라는 문맹률은 1~2%로 글자를 읽지 못하는 사람은 거의 없지만 실질 문맹률은 75%라고 하잖아. 문맥과 문맥, 문단과 문단 사이의 뜻을 이해하지 못한다는 것이지. 또 『스케일』이라는 책을 보면, 어휘의 20%만 알면 80%를 이해하고 있다고 착각한다잖아. 그런 사람들이 책을 읽어도 제대로 이해하고 읽겠느냐고. '보고 듣는'을 뜻하는 말에도 한자에는 시청視聽과 견문見聞이 있지. 시청은 그냥 수동적, 피동적, 정적으로 뇌 활동 없이 거의 무의식적으로 받아들이는 것이지. 견문은 적극적이고 능동적으로 사물을 자신의 의지를 가지고 바라보는 것이야. 우리가 흔히 TV는 시청한다고 하고 여행을 통해 견문을 넓힌다고 하잖아. TV 시청과 여행은 분명 우리에게 주는 정보의 양이나 깊이가 다르겠지. 그러니까 책을 읽어도 시청에 머무르는 경우가 많다는 것이야.

팀장 책을 읽는 행위를 視나 見으로 비유할 순 있어도 聽이나 聞은 좀 아닌 거 같은데요?

소장 무슨 소리 하는 거야. 요즘은 오디오북도 있잖아. 책을 읽어주는 거 말이야.

팀장 아, 그렇군요. 하지만 책을 읽는 행위는 분명 TV 시청과는 다르잖아요. 의식적인 활동인데요. 뇌를 쓰는 능동적인 활동이잖아요?

소장 아인슈타인이 이런 말을 했지. '책을 너무 많이 읽고 뇌를 너무 적게 쓰면 생각을 게을리하게 된다'라고. 책을 읽어도 뇌를 활용하지 않으면 아무 소용이 없어.

팀장 책을 읽는 행위 자체가 뇌를 활용하는 것 아닌가요?

소장　음, 이렇게 비유하면 어떨까 싶네. 어떤 사람이 성능이 매우 좋은 스포츠카를 샀어. 그가 고속도로에서 주행 성능을 테스트하려고 주유소에 가서 주유를 했다고 치자. 그가 주유소에 가는 행위도 어떻게 보면 주행이라고 할 수 있지만 본격적인 주행은 아니잖아. 주행을 하기 위한 예비행위로 차를 좀 움직였을 뿐이지. 독서도 마찬가지라고 봐. 단순히 책을 읽는 행위는 주행을 하기 위해서 주유하는 것처럼 준비행위인 거야. 책을 읽어도 뇌를 활용해야지.

팀장　소장님이 말하는, 책을 읽고 난 후 뇌를 활용한다는 의미가 구체적으로 무엇인가요?

소장　일단 아인슈타인의 명언도 분석을 해봐야지. 아인슈타인은 책을 읽는 행위와 뇌를 사용하는 행위, 생각하는 행위가 각각 다르다고 했어. 이 짧은 명언도 이렇게 분석해야 하는데 두꺼운 책은 더욱 그렇게 해야지. 책을 단순히 시청만 해서는 안 되고 이해하고 분석하고 종합하고 판단해야 하지.

팀장　이해하고 분석하고 종합하고 판단하는 것은 원론적인 이야기 같습니다. 예를 들어주세요.

소장　어떤 사람이 초두효과 또는 후광효과를 읽었다고 하자. 그 사람이 많은 독서를 하였다면 이 효과에서 범주의 오류도 발견할 수 있을 거야. 초두효과나 후광효과가 얼굴이 잘생기면 매너도 좋고 인성도 좋으리라고 판단하는 것을 말하잖아. 그런데 얼굴과 인성은 전혀 별개의 범주이거든. 책을 읽되 시청만 하면 그냥 초두효과나 후광효과만 알겠지만 견문하듯이 독서하면 범주의 오류가 눈에 보이지.

팀장 견문하듯이 책을 읽는다는 표현이 뇌를 활용한다는 의미군요. 범주의 오류를 알아내기 위해서는 역시 책을 많이 읽어야 하겠네요?

소장 그렇다고 봐야지. 결국 책 읽는 사람의 자세 내지 태도에 달려 있지. 어떻게 읽느냐에 따라서 시너지 효과를 거두든가 아니면 시간만 낭비하든가 하겠지. 전혀 공부를 하지 않는 사람보다야 낫겠지만 오로지 평생을 생각만 하다 살아온 사람을 이길 수가 있겠는가? 생각해 봐. 한 가지 일에 올인한 사람이 어떤 다양한 생각을 하겠는가?

팀장 소장님의 말에 약간 모순이 있음을 느껴요. 일념, 집념, 전념을 좋지 않은 의미로 쓰셨는데 방금 '오로지 생각만 한 사람을 이길 수 있겠는가'라고 하였잖아요? 이것도 일념·전념 아닌가요? '생각에 대한 일념으로 생각에 전념' 이런 식으로 말이죠?

소장 형식 논리적으로 보면 그럴 수 있는데 난 대상이 다르잖아. 그들의 일념·전념 대상은 기억 암기 또는 지식이고 나의 대상은 생각이잖아. 다시 말해 기억과 암기는 무엇을 기억할지에 대한 대상이 있고 범위도 제한되어 있지만, 생각은 범위와 깊이에 제한이 없지. 정말 무궁무진하지. 그래서 생각에 대한 일념·전념은 차원 자체가 다른 것이야. 그들의 일념·전념이 그냥 다른 것을 성취하기 위한 수단으로서의 일념·전념이라면 나의 일념·전념은 그 자체가 목표와 목적을 이루기 위한 것이기도 하지. 그러니까 수단과 목표가 동일한 것이라고 할 수 있지. 그들은 어떤 것을 성취하고 또 다른 목표가 있다면 다시 일념으로 집념하고 전념해야겠지만 난 항상 일념과 집념이고 전념이지. 생각에 대해서니깐. 기억(또는 지식)과 생각은 차원이 다른 것이라고 이해해 주면 좋겠어.

팀장 일단 알겠습니다. 일념, 전념이 좋은 말인 줄 알았는데 생각을 많이 하지 않는다는 면에서는 치명적인 단점이 있네요. 그래서 많이 배웠다는 사람들도 구설에 오르나 봅니다. 그 말을 할지 말지를, 그 파장이 어디까지 미칠지를 미처 생각하지 않았기 때문이네요.

소장 물론 그 사람들이 전문가이지만 모든 분야에 대해서 완벽하지 못해서 그런 사달이 생기지. 자신들은 주위 또는 같은 집단의 소수에게 아무 뜻 없이 비유적으로 한 말임에도 그게 매스컴에 보도되면 그 비유 대상에 대한 전문가가 있으므로 그가 이를 물고 늘어지기 때문에 곤란한 일을 당하는 것이지. 어찌 되었든 그런 사달을 야기한 것은 생각이 짧은 것이지. 난 일념, 집념, 전념보다는 오히려 잡념이 좋은 것 같아. 여러 잡념 중에 한 개 이상은 건질 수 있지만 일념, 집념, 전념은 딱 한 개잖아. 집념과 일념에 휩싸이면 그 일념의 대상에게 매몰되어 그 외의 것은 볼 수 없게 되지. 일념의 대상은 전체의 대상에 비해 당연히 작을 수밖에 없어서, 전체를 보지 못하니 결국 생각을 하지 않은 것이라고 표현한 거야.

팀장 이건 좀 언어유희인 것 같습니다.

소장 언어유희 한 번 더하지. 한자로 '생각하다'라는 말에는 여러 가지가 있지. 난 한자의 생각을 念＜想＜思＜考＜慮의 순서로 봐. 慮가 제일 고차원적이지. 인류 전체를 생각한다고 보면 되지. 고려考慮, 배려配慮, 사려思慮 등 다 남을 위한 행위이지. 반면에 念

은 잡념雜念, 신념信念, 상념想念, 체념諦念, 단념斷念 무념無念 등 지극히 개인적인 것이며 저차원적이지. 그러니 일념, 집념, 전념을 좋게 생각하겠나. 자기 자신만을 위한 생각인데.

팀장　정말 생각을 나타내는 한자가 이렇게 많은지 몰랐습니다.

흑백논리에서 벗어나라

소장　생각하지 않으면 생각 안에 갇히게 되지. 생각 없이 지식만 넓히면 큰 원만 그릴 뿐이야. 그 원 안에 자신이 있고 결국 제자리에서 맴돌 뿐이지. 사고의 링반데룽Ringwanderung 현상에서 벗어나야 해. 링반데룽은 등산 용어로 짙은 안개나 눈보라, 폭우, 피로에 의한 사고력 둔화 등으로 자기는 목적하는 방향으로 가고 있다고 생각하나 방향감각을 잃고 한 지점을 중심으로 원을 그리며 맴도는 상태를 가리켜. 사고의 링반데룽 현상을 탈피하려면 독선, 아집, 고집불통, 예단, 속단, 편견, 선입견, 아전인수식 해석, 견강부회, 흑백논리, 이분법적 사고, 인지부조화 및 인류지향적 사고, 인지적 종결 욕구 등을 버려야 하지. 이를 위해서는 역시 생각을 해야 해.

팀장　다른 건 몰라도 흑백논리라도 버려야 할 텐데요.

소장　흑백논리만 해도 그래. 사고가 지극히 자기중심적이고 편협해서 내 주장이 옳고 상대편 주장은 틀렸다고 할 때 쓰는 말이지. 흑백논리 하면 흑과 백만 알고 다른 총천연색은 모르는 것으로 생각하는데, 그렇지 않아. 자신은 백이고 상대방은 흑이라고 생각하기 때문에 둘은 각각 백과 흑 한 가지만 알 뿐이지. 하긴 뭐 한 가지만 알아도 대화는 되지.

팀장 어떻게요? 흑과 백 한 가지만 가지고서요?

소장 흑과 백인지 나도 분간을 못 하겠지만 한 가지만으로도 대화는 가능해.

여기 귀가 잘 들리지 않는 노인 두 분의 대화를 들어봐.

> A 노인정 가나?
>
> B 아니, 노인정 가.
>
> A 난 또 노인정 가는 줄 알았지.
>
> B 노인정 간다니깐 왜 자꾸 다른 이야기 해.

여느 노인들처럼 두 분의 대화도 잘 이루어지고 있잖아. '노인정' 한 가지 가지고도.

팀장 이게 대화일지 몰라도 소통은 아니잖아요. 그리고 이건 실제로 있었던 일이라기보다는 유머 같은데요?

소장 소통이 뭔가? 대화 부족, 대화 단절 아닌가. 대화는 잘 되는 것 같은데? 그럼 이번엔 사고思考와 관련해서 역시 한 가지만 가지고서도 설명이 가능함을 보여 주지. 좀 어렵긴 한데.

팀장 무엇인가요?

소장 이성은 대개 본능, 충동, 감정 등과 대비되는 것으로 인간이 지녀야 할 높은 사고나 의식으로 간주하지. '이성을 잃는다'는 것은 사회가 기대하는 바람직한 행위나 언동에서 벗어나는 것을 뜻하고 '이성을 찾는다'는 것은 벗어난 행위에서 원래 상태, 정상으로 돌아온다는 것을 의미하지.

팀장 그렇죠. 흔히 본능과 이성을 반대 개념으로 보잖아요?

소장　난 아니라고 봐. 이 중 한 가지만 존재한다고 생각해.

팀장　어떻게 그게 가능하죠? 아니, 어떻게 그런 생각이 가능하냐 이 말입니다.

소장　생명체는 생존과 번식을 위한 본능만이 존재할 뿐이야. 본능은 충동, 감정과 유사한 개념도 아니고, 더더욱 이성과 정반대의 의미를 갖는 것도 아니지. 생존과 번식을 위해 충동을 일으키고, 감정을 앞세우고, 이성을 발휘하여 극단을 자제하는 것이야. 본능이 필요에 따라 적절히 여러 가지 형태로 분화하는 것뿐이지. 이성은 본능을 사후에 해석·판단하는 수단이야. 본능(정확하게는 충동이나 감정)이 선행적으로 작동하면 나중에 왜 그런 것인지 이유를 찾는 것이지. '이성'이란 '이유에 부합되는 성질', '이치에 합당한 성질'이라 할 수 있어. 본능(충동, 감정)에 대해서 그럴싸하게 이유를 달아주는 것이지.

팀장　우리말이나 이성이 理性이므로 이와 같은 설명이 가능하겠지만 영어에서도 가능한가요?

소장　영어 단어를 보면 더욱 확연해져. 영어에서 '이성'을 뜻하는 단어는 'reason'과 'rationality'가 있지. 'reason'은 '이유'라는 뜻도 아울러 가지고 있어. reason에서 파생된 reasoning은 우리말로 추리推理, 추론推論이라고 번역하고, 'rationality'는 합리성으로 번역하잖아. 두 영어 단어는 모두 '이유에 부합되는 성질'과 '이치에 합당한 성질'을 그대로 드러내고 있어.

팀장　보통은 본능과 이성을 달리 부르고 서로 반대되는 개념으로 여겨서, 어느 한쪽이 작동하면 다른 쪽은 억압되는 것으로 알기 쉬운데 그게 아니라는 말씀에 충격받았습니다.

소장	이 둘은 반대 개념이 아니야. 이성은 본능을 강화하기 위해 보조하는 것이지. 정확하게 표현하자면 단순 본능과 확장된 본능으로 대별될 뿐이야.
팀장	이런 식으로도 논리 전개가 가능하군요? 한쪽으로 몰아서 설명이 가능하네요. 저는 반박할 능력이 되지 않겠지만 다른 사람들로부터는 반박당할 수 있겠는데요?
소장	반박을 떠나서 사고력을 넓히기 위해서는 이렇게 저렇게 생각해 보라는 것이야. 사고력이란 머릿속에서 지식이라는 구슬을 이리 굴리고 저리 굴려보는 거니까.
팀장	그래도 막 굴려서는 안 되잖아요? 원칙이 있어야 할 것 아닙니까?
소장	둘로 나눠서 보는 사고 즉 이분법적 사고, 대비·대조하는 사고를 지양할 필요가 있어. 재능이냐 노력이냐라고 말들이 많지만 노력도 재능에 포함시키면 깔끔하게 해결되듯이 말이야. 둘 사이의 서열 관계만 잘 정리하면 돼.
팀장	서열 관계가 쉽나요. 이를 위해서는 또다시 지식이 있어야 하고 생각을 해야겠네요?
소장	그 정도의 지식이나 생각은 있어야지. 말을 만들면 되잖아. '노력하는 재능'과 '재능있(하)는 노력' 중 어느 말이 더 어울려?
팀장	'노력하는 재능'이 더 자연스러운데요?
소장	그렇다면 노력을 재능 속에 넣으면 되지. 안 그래?

생각³

한 수 위의 지식

상대보다 딱 한 수만 위면 된다

팀장   예, 그러면 될 것 같습니다. 짧은 인생을 살면서 그 많은 지식을 언제 다 섭렵하고 어떻게 다양하게 사고하죠?

소장   『삼국지연의』를 보면 조조가 적벽대전에서 유비와 손권의 연합 부대에 패해 도망가는 도중에 화용도에 이르게 되지.

이때 조조가 묻는다.

"앞에 두 갈래 길이 있는데 어느 쪽이 가깝느냐?"

군사 한 명이 대답한다.

"큰길은 비록 넓고 평평하기는 하되 50여 리가 멀고, 좁은 길은 화용도를 지나게 되는데 50여 리가 가깝습니다."

잠시 생각에 잠긴 조조는 군사에게 두 갈래 길을 각각 살펴보게 한다.

얼마 후 정찰을 갔던 군사 하나가 조조에게 보고한다.

"좁은 길 산기슭 몇 곳에 연기가 나고 있으나 큰길에는 별다른 움직임이 보이지 않습니다."

이에 조조는 "그렇다면 좁은 길로 들어 화용도로 가도록 하자."며 대뜸 영을 내린다. 부하 장수가 묻는다.

"연기가 일고 있다면 거기에는 반드시 군마가 있을 것입니다. 그런데 왜 그쪽으로 가시는 것입니까?"

　　조조가 그런 그들을 깨우치듯이 말한다.

　　"병서에 있는 듯하며 없고, 없는 듯하며 있다實則虛之, 虛則實之는 말이 있다. 제갈량은 꾀가 많은 자라 일부러 사람을 시켜 산기슭에 불을 놓게 하여 우리로 하여금 그쪽 산길로 드는 것을 막고 있다. 큰길에다 복병을 숨겨놓고 기다리다가 우리가 그리로 가면 들이치기 위해서다."

　　결국 그들은 화용도로 가다가 관우를 만나게 되었고 옛정을 생각한 관우의 관용으로 목숨을 구걸하여 겨우 도망가게 된다.

팀장　소설 삼국지는 읽긴 읽었는데 집중하지 않고 읽어서 기억이 드문드문 납니다. 지금 인용하신 삼국지는 이문열의 삼국지죠?

소장　생뚱맞게 지금 역자가 중요한 것인가? 여기서 조조는 너무 많이 알게 된 것이 병이 되었어. 아니 어중간하게 알았지. 좁은 길에서 연기가 날 경우 병법을 모르는 사람은 군사가 매복해 있을 것 같아서 큰길로 멀리 돌아갈 것이야. 그러나 조조는 달리 생각하였지. 병법을 좀 알았고 상대는 꾀가 많은 제갈량이었기에 평범하게 생각해서는 안 되었어. 그래서 한 수 더 앞서갔던 거야.

팀장　어떻게 한 수 앞서갔다는 말인가요?

소장　조조는 제갈량이 일부러 불을 피워 군사가 있는 것처럼 보이게끔 하고 실제로는 큰길에 군사를 매복해 놓았다고 생각하였던 것이지. 그러나 그것은 오산이었어. 제갈량은 이미 조조의 생각이 거기에까지 미칠 것을 예상하고 좁은 길에 군사를 매복시켜 놓은 것이지. 제갈량이 조조보다 한 수 위였지. 모든 지식을 알 필요는 없고 상대보다 한 수 위의 지식만 있으면 되지.

팀장 그거야 말이 쉽지, 상대가 어떤 사람인지 모르는데 어떻게 딱 한 수 위만 될 수 있나요. 이 말도 결국 많은 지식이 필요할 수밖에 없다는 뜻으로 들리네요. 제갈량이 엄청난 지식의 소유자이므로 그에게나 가능한 한 수 위의 지식이죠.

소장 흥분하지 말고 잘 들어보게나. 전략이든 전술이든 또는 지식이든 판단이든 상대보다 한 수 위면 족해. 더 많은 수는 상대가 그 수를 읽지 못하기에 속이지 못하지. 상대가 내 수를 제대로 평가하면서도 감히 범접할 수 없는 수, 그게 딱 한 수 위야. 한 수 위가 물론 쉬운 것은 아니지. 상대가 어떤 수준에서 결정할 것인가를 다양한 각도, 입장에서 시뮬레이션해보고 바로 위 단계의 결정을 내릴 수 있어야 하지.

팀장 무슨 방법이라도 있나요?

소장 그러기 위해서는 두 가지가 필요해.

먼저 상대를 알아야 하지. 상대의 지식, 성격, 판단력 등에 관한 자료를 최대한 많이 확보해야 해. 지식과 성격은 남들의 평판이나 직접 대화해 봄으로써 알 수 있고. 판단력은 상대가 사안별로 어떤 판단을 하고 결정하였는지 사례를 모아 경향성을 분석하면 되지.

팀장 다음은요?

소장 다음으로 상대가 나를 어떻게 보고 있는지, 나를 어떻게 평가하고 있는지를 아는 것이 중요해. 상대가 나를 높게 평가하는지,

하수로 만만하게 보고 있는지에 따라 그에 맞는 전략을 세울 수 있어. 제갈량은 조조가 뛰어난 인물이고 꾀가 많아서 제갈량 자신을 높게 평가할 것으로 예상했지. 그래서 조조의 생각을 역이용한 바로 한 단계 위의 결정을 내렸어. 결과는 제갈량의 판단대로 들어맞았지. 조조는 제 꾀에 자신이 넘어간 것이야.

한 수 위와 메타인지

팀장 삼국지야 소설이니까 가능하죠. 실생활에 적용이 가능할까요?

소장 모든 일에 적용 가능하지. 지식이나 생각이 상대보다 한 수 위가 되려면 앞서 언급했던 방법을 그대로 응용하면 돼. 먼저 상대의 성격 등을 정확하게 파악하고 있어야 하고, 두 번째는 상대가 나를 어떻게 바라보고 있는지를 읽을 수 있어야 하지. 상대가 나를 높이 평가하거나 보통 정도로 보고 있다면 평상시 패턴을 유지하면 되고 만약 얕보고 있다고 판단되면, 즉 한 수 아래로 보고 있다면 계속 그렇게 보도록 내버려 둬.

팀장 저를 아래로 보는데 왜 그대로 내버려 둬야 하나요?

소장 사람은 상대를 얕보면 경계를 하지 않지. 언제든지 자신이 상황을 통제할 수 있다고 생각하기 때문이야. 이때 약점과 허점을 많이 노출하게 돼. 이 허점에는 사람을 허물없이 대하는 태도도 포함되지. 자신의 생각이나 기분을 무의식중에 여과 없이 드러내고 이는 나에겐 나쁘지 않아. 상대의 깊은 속을 잘 알게 되며 내가 취할 수 있는 선택도 많아져. 충격과 당황에 휩싸인 상대는 달리 어쩔 방도가 없어. 상대는 자신이 한 수 위인 것으로 알고 있었겠지만 사실은 내가 한 수 위인 것이야.

생각³

팀장　그럼 두 수 위면요?

소장　딱 한 수만 위면 되네. 두 수 위면 제갈량이 조조에게 당하지.

팀장　한 수 위 지식이 흔히들 말하는 메타인지와 관련 있나요? 제갈량이 메타인지가 높아서인 것 아닌가요?

소장　메타인지? 좀 어려운 말인데? 메타인지란 생각에 관한 생각, 자신이 무엇을 알고 모르는지를 판단하는 능력이라고 하잖아. 제갈량은 메타인지보다 한 수 위인 것이지. 메타인지는 자신의 능력을 객관적으로 알면 족하지만, 제갈량은 상대의 능력까지 파악했지. 자신의 능력도 객관적으로 알고 상대의 능력도 객관적으로 분석하는 것, 이는 메타인지로 설명할 수 없어. 메타인지가 매우 발달한 사람이 인구 100명당 또는 1,000명당 한 명이라면, 상대의 능력까지 훤히 알고 있는 제갈량은 인구 100만 명 혹은 1,000만 명당 한 명 있을까 말까 하겠지.

팀장　남의 능력을 아는 것보다 자신의 능력을 객관적으로 보기가 어려운 게 아닌가요?

소장　공부 잘하는 학생은 자신의 점수를 대충 알지. 메타인지가 높다고 할 수 있어. 하지만 경쟁자인 다른 학생의 점수는 모르지. 이 경쟁자의 점수를 아는 게 중요해. 모든 과목이 백 점이 아닌 이상 자신이 경쟁자보다 시험을 잘 봤는지 못 봤는지 알 수 없어. 진짜 고수라면 시험을 본 후 경쟁자와 몇 마디 대화를 하면서 상대의 점수를 감으로 알 수 있겠지.

팀장　메타인지도 대단한 것인데 메타인지를 넘는다면 도대체 어떻게 표현해야 하나요?

소장　보통 흔히 우리가 말하는 사고력은 '생각'으로 메타인지는 생각에 관한 생각이므로 '생각²'으로 제갈량 같은 경우는 '생각³'으로 보면 되겠지. 이들은 동사형과 명사형이 달라.

팀장 어떻게 다르다는 것인가요?

소장 '생각'의 동사형과 명사형은 각각 '생각나다'와 '생각남'이고, '생각²'은 '생각하다'와 '생각함'이며, '생각³'은 '생각해 내다'와 '생각해 냄'이라 할 수 있지.

팀장 소극적·피동형에서 적극적·능동형으로 바뀌는군요? 소장님은 생각의 세제곱에 해당하는 사람은 인구 몇 명당 한 명으로 보시나요?

소장 제갈량을 보면 되지. 당시 한나라 인구는 5,000만 명이었어. 제갈량이 5명 안에 들지 못하겠어? 인구 1,000만 명당 한 명이거나 못해도 100만 명당 한 명 정도는 되지 않겠어?

팀장 알겠습니다. 메타인지가 뛰어난 인구는 100명당 또는 1,000명당 1명 정도라고 하였는데, 보통 사람들도 즉 99% 또는 99.9% 안에 드는 사람들도 당연히 생각이라는 것을 하는 것 아닌가요?

소장 글쎄, 직관이나 감, 느낌 또는 지식을 생각으로 착각할 수도 있지. 내가 보기엔 생각은 인구 10만 명당 1명이나 가능하다고 봐.

팀장 통 감이 안 오는데요? 예를 들어 설명해 주세요.

소장 천동설과 지동설을 예로 들어 볼게. 옛날 사람들이 하늘을 보았을 때 누가 봐도 태양과 달이 지구를 도는 것처럼 보이지 않았겠어? 그들에겐 천동설이 당연한 것이지. 이는 직관적으로 사물을 본 것이야. 16~17세기에 이르자 하늘을 달리 보고 생각하는 사람들이 나타난 것이지. 이들 몇 사람에 의해 지동설이 정착하게 된 것이야. 오늘날 많은 사람들이 지동설을 믿더라도 이는 자신이 생각해 낸 것이 아니므로 생각한 것이라고 할 수 없지. 남이 생각해 낸 결과물을 기억하고 암기하여 지식으로 받아들인 것뿐이지. 다시 말해 최초만이 생각이고 두 번째 이후부터는 그냥 지식에 불과해.

팀장 전에 설명하신 내용을 상기하면 오늘날 천동설은 지식이 아니므로 인식이고, 많은 사람들이 알고 있는 지동설은 지식이고, 지동설을 최초로 주장한 몇몇만 생각하는 사람이었다는 말씀이시죠?

소장 맞는 말이네. 뭔가를 최초로 알아낸 사람은 사고력의 가장 높은 수준인 창의력 단계(6단계[1])이지만 이를 아는 데 그친 사람은 가장 낮은 레벨인 지식 또는 기억 단계(1단계)에 머문다는 것이지.

팀장 소장님 말대로라면 지금 시기에도 1,000만 명 혹은 100만 명당 1명 있는 정도의 생각을 하여야 된다는 뜻이군요?

소장 OK. 그런 사람들이 빌 게이츠나 스티브 잡스 등이지. 인구 100명당 1명이 할 수 있는 생각으로는 도저히 그들이 될 수 없지.

팀장 평범한 사람들이 세상에 없던 새로운 생각을 하기가 쉬운가요? 그렇다면 대부분의 보통 사람들은 생각을 전혀 할 수 없는 건가요?

소장 아니지. 기존 지식이나 상식도 끊임없이 다른 시각으로 보는 연습을 하면 되지. 자신의 직관이나 감을 너무 믿지 않는 것도 한 방법이지. 100명 중 1명의 범위 안에 있는 사람들의 시각과 10

....

1   벤저민 블룸의 제자 앤더슨 등이 새로 정립한 remember(기억) → understand(이해) → apply(적용) → analyze(분석) → evaluate(평가) → create(창조) 순서의 신교육목표분류학에 의할 경우.

만 명 중 1명인 사람들의 시각은 분명 차이가 나는데, 1%에 드는 사람들 대부분은 0.001%에 드는 사람들의 생각을 읽어내지 못하지. 대다수가 무지하고 생각하는 사람은 극소수이니 사회가 혼란스러운 것이지.

팀장 10만 명 중 1명 정도가 생각한다고 하였는데, 이는 고정된 특정한 사람들을 말하는 것인가요?

소장 그건 아니지. 사안이나 상황에 따라 바뀌어. 이론적으로는 누구나 0.001%에 드는 생각을 할 수 있지. 흔히들 천재라고 하는 아리스토텔레스, 뉴턴, 아인슈타인도 그들이 주장한 내용이 다 맞은 것이 아니잖아. 절반은 맞고 절반은 틀리더라고.

팀장 한 가지만 더 여쭤보고 싶은데요, '생각^3'을 '메가 인지$_{Megacognition}$'라고 불러도 될까요?

소장 그렇게 불러도 별 무리 없을 것 같아.

다담상과 다과상의 차이가 너무 크다

팀장 알겠습니다. 그래도 한 수 위의 지식은 좀 이해하기 애매한데 뭐 좋은 예나 에피소드가 없었나요?

소장 난 젊었을 때부터 십자말풀이를 즐겼지. 왜 있잖아. 가로세로 각 칸에 제시어를 보고 맞는 낱말이나 단어를 써 넣는 것 말이야.

팀장 예, 알고 있습니다. 저도 몇 번 해본 적 있습니다.

소장 내가 경험한 한 수 위 지식의 예를 지금부터 들려주지. 일간지에서 낸 십자말풀이였는데, 제시어 중에 '손님을 접대하기 위해 내놓은 상'이 있더군. '다담상'을 말하지. 처음 글자인 '다'와 마지막 글자인 '상'은 다른 제시어로 풀면 되기에 가운데 글자만 알면 되었지. 난 다담상을 알고 있기에 어려운 문제는 아니었으나 가만히 생각해 보니 다른 사람들은 다과상으로 착각할 수 있겠더라고. 단어가 어려웠으면 사전을 찾아보겠지만, 쉬운 단어라 당연히 다과상으로 알고 그대로 적어 응모했겠다는 생각이 들었어. 당첨 가능성이 높겠다고 판단하여 응모했더니 당첨되어 5만 원권 상품권을 받았지. 그리고 이후에는 응모한 적 없지.

팀장 그러니까 한 번 응모하였는데 그것이 당첨되었다는 말씀이군요? 십자말풀이에도 엄청난 생각과 판단력이 필요함을 느낍니다. 먼저 사람들이 다담상을 다과상으로 착각할 것이라는 사실을 알아야 하고, 또 그 착각이 너무 자연스럽기에 아예 사전을 찾아보지 않았을 것이라는 판단까지 한 거였군요?

소장 그렇지. 다과상이 어려운 단어였으면 처음부터 사람들이 사전을 찾아보았겠지만, 대부분 손님을 접대할 때 다과상을 내오기 때문에 당연히 다과상이라고 적을 거고, 아예 다른 단어가 있다는 생각을 하지 못하여 사전 등을 찾아보질 않지. 난 이걸 노렸거든. 물론 응모자 중에서는 다담상이라고 적은 사람도 있었겠지만 어찌 되었든 다른 회차에 비해 착각하는 사람이 많을 것 같아 응모한 것이 당첨으로 이어졌다고 봐.

팀장 이런 식으로 해서 응모에 당첨되었다고 하더라도 십자말풀이 자체는 결국 단어의 사전적 뜻만 알면 풀 수 있는 것 아닌가요?

소장 십자말풀이가 어떻게 보면 단어의 뜻만 알면 풀 수 있는 단순한 문제인 것 같지만 꼭 그렇진 않아.

팀장 꼭 그렇진 않다니요?

소장 제시어가 꼭 단어의 뜻풀이로만 나오는 게 아니고 순발력이나 센스를 요구하는 경우도 있어. 예를 들면 요가를 설명할 때 '고대 인도에서 유래한 심신 수련법' 정도면 쉽게 풀 수 있겠으나, '꼰 다리 또 꽈'라고 하는 경우도 있지. 이런 경우는 순발력과 재치 또는 감으로 알아야 하는 것이지.

생각³

비유와 유추

유추의 힘

팀장 소장님은 어떤 것을 이야기할 때 예를 많이 들더군요? 말하자면 비유를 많이 드는데 비유는 이해가 잘 되긴 하나 비유 자체는 사실이 아니잖아요?

소장 맞는 말이네. 비유 자체가 사실은 아니지만 비유는 사고력 증진에 많은 도움이 되지. 비유는 전혀 다른 물질이나 사건을 자연스럽게 연결하니까. 스티브 잡스도 말하지 않았나? 창의성은 연결이라고.

팀장 무턱대고 이것과 저것을 연결할 수는 없지 않나요?

소장 그렇지. 원래 말하고자 하는 것과 비유하는 대상 간에는 속성이나 형태, 색깔 등 유사점이 있어야 해. 아무렇게나 하면 안 되겠지. 이 유사점을 찾아내는 것도 또 다른 시각이거나 관찰력이겠지.

팀장 그런데 전 비유와 유추가 좀 헷갈려요. 명확하게 구별할 방법이 있나요?

소장 일단 비유와 유추를 예를 들어서 설명하지. 비유를 이야기하면서 또 비유를 하다니 좀 우습구먼.

기원전 500년 전 중국의 노반이라는 사람이 산길을 걷다가 풀잎에 손을 베인 일이 있었어. 연약한 풀이 어떻게 사람의 손에 상처를 줄 수 있는지 의아했던 그가 풀잎을 관찰해 보니, 풀잎에는 자세히 보지 않으면 알 수 없는 꺼끌꺼끌한 요철이 있었던 거야. 이로 인해 더 깊이 베이게 된 것을 알고 톱을 발견하게 되었지.[1]

우리가 흔히 신발이나 옷 등에서 볼 수 있는 찍찍이라는 거 알지? 이것을 벨크로라고 하는데, 스위스 전기 기술자인 게오르그 데 메스트랄이 발명한 거야. 산토끼를 쫓을 때 바지에 달라붙은 산우엉(도꼬마리) 씨가 털어도 떨어지지 않자, 호기심이 발동하여 확대경으로 살핀 후 씨 모양이 갈고리와 고리로 되어 있음을 발견하고, 이를 응용하여 발명한 것이지.[2]

팀장 유추로 인해서 발명하게 된 케이스군요?

소장 노반과 게오르그 데 메스트랄이 풀잎에 손을 베이는 것이나 가시덤불이 옷에 잘 묻고 떨어지지 않는 것을 당연히 여겼다면 발명은 이루어지지 않았을 거야. 육안으로 자세히 관찰하고 확대경으로 면밀히 살펴보고 분석해서 톱을 발명하거나 벨크로 같은 새로운 상품을 만들어 낸 것, 이는 유추의 힘이지. 즉 '이 풀은 칼날 같다'고 하거나 '이 도꼬마리는 마치 찰거머리같다'고 하면 비유이지만, 톱과 벨크로를 만들어 낸 것은 유추이지.

팀장 소장님께서 그렇게 예를 들고 차이점을 들어 설명해주니 쏙쏙

....

1   https://blog.naver.com/fusentkim/221820823878
2   특허청 공식 블로그

이해가 되네요. 그런데 비유는 직유법이나 은유법에서 쓰이는 것처럼 문학에 어울리고, 유추는 과학에 좀 더 부합된다는 생각이 드네요.

소장 비유와 유추의 속성을 잘 보고 있는 것 같네. 팀장님이 말한 대로 비유는 문학의 단골 메뉴야. 특히 시는 비유의 집합체라 할 수 있지. 물론 비유하기 위해서 유추라는 도구를 사용하긴 하지만, 시에서의 유추는 비유의 수단이라고 할 수 있지. 시적 비유는 사물의 어떤 속성을 끌어 들여와도 되지만 유추는 그렇지 않다네.

팀장 들어보니 비유와 유추는 다른 듯하면서도 서로 보완적 관계인 것 같습니다. 유추를 하기 위해서 비유를 해야 하고 비유하기 위해서 유추를 해야 하니까요. 전 시집을 읽는 것보다 과학서적에 더 관심이 많으니 유추에 대해서 더 자세하게 설명해 주실 수 있습니까?

소장 당연하지. 이렇게 탐구심과 의욕이 넘치는 팀장님을 다시 보기도 어려울 테니 내가 아는 정도에서 설명할게. 유추는 간단히 말해 하나를 알려주면 열을 아는 것이야.

팀장 그건 속담이죠? 실제로 하나를 알게 된다고 해서 열까지 알 일이 있을까요?

소장 누군가가 '하룻강아지 범 무서운 줄 모른다'는 속담을 들었고, '하룻'이 우리가 알고 있는 그 '하루'가 아니라 한 살 된 개나 말, 소 등을 뜻하는 우리말인 '하릅'에서 유래하였다는 것을 알았다고 치자.
그럴 경우 당연히 그럼 두 살이나 세 살도 표현하는 말이 있을 것 아닌가 하는 의문이 들 것이고, 나름 그 말이 뭘까 하고 유추해 볼 수 있겠지. 두릅, 세릅인가? 현명한 사람이라면 사전이나 인터넷 검색을 해볼 것이고 이렇게 해서 두 살은 두습(또는 이듭), 세 살은 사릅(세습), 네 살은 나릅, 다섯 살은 다습, 여섯 살은 여습, 일곱 살은 이릅, 여덟 살은 여듭, 아홉 살은 아습(구릅), 열 살은 열릅(또는 담불)이라고 부르는 것을 알게 되는 것이지. 그야말로 하나를 알려주면 열을 아는 케이스지.[3]

팀장 정말 말이 되네요? 하나를 알면 열을 알게 되는군요. 또한 하룻강아지가 그 뜻이었군요?

소장 좀 더 현학적으로 표현해 볼게. 일반적 사전적 의미의 유추類推란 두 개의 사물이 몇몇 성질이나 관계를 공통으로 가지며, 또 한쪽의 사물이 어떤 성질, 또는 관계를 가질 경우, 다른 사물도 그와 같은 성질 또는 관계를 가질 것이라고 추리하는 것이지. 추리란 알고 있는 것을 바탕으로 알지 못하는 것을 미루어 짐작하는 것이고. 그러니까 사람은 추리로 과거 겪었던 경험이나 지식 또는 느낌에 대입하여 시뮬레이션해 본 후 이를 기반으로 유추해서 앞으로 다가올 일이나 전혀 모르는 일을 예상하고 상상하고 짐작하고 가늠하는 것이지.[4]

팀장 유추는 학자들도 관심을 가진 분야 아닌가요?

소장 유추를 대단한 정신작용으로 본 학자도 있지. 로버트 루트번스

---

3   이대성, 한국일보, 「하룻강아지는 몇 살?」, https://m.hankookilbo.com/News/Read/201607261486753316

4   네이버 지식백과-유추, 네이버 백과 초등 국어 개념사전-추리 등에서 발췌

82   생각⁵

타인과 미셀 루트번스타인이 공동으로 저술한 『생각의 탄생』에서는 역사 속에서 뛰어난 창조성을 발휘한 사람들이 과학, 미술, 음악 등 분야를 막론하고 공통적으로 사용한 13가지 발상법을 소개하고 있는데, 그중 하나가 유추야. 또한 『사고의 본질: 유추, 지성의 연료와 불길』 저자인 더글러스 호프스태터와 에마뉘엘 상데는 유추에 대해서 지성의 연료이자 불길, 원천이자 결과물로 보았으며, 유추는 유사성을 인식하는 일, 과거 경험한 것과 현재 경험한 것과의 연결고리를 포착하는 일이라고 부연설명하였지. 어때, 개념이 좀 와닿나?

팀장 제 앞을 가로막았던 먹구름이 서서히 걷히는 것 같은 느낌입니다. 일단 비유와 유추는 어떤 것과 어떤 것을 연결시킨다는 공통점이 있네요?

소장 상황에 따라 비유와 유추를 적절히 섞어 사용해서 자신이 말하고자 하는 의도를 쉽게 전달하기도 하지만, 유추는 비유와는 차원이 다르지. 앞서 잠깐 언급하였듯이 비유는 비유일 뿐 사실 자체는 아니야. 논리에 기반을 두지 않고 있기 때문에 비유하려는 말과 비유하려는 대상 간의 연결성은 매우 취약해. 문학성으로 포장하더라도 드러난 이미지에 경도되어 원래 속성은 생략되고, 무시되고 단순화되지. 반면에 유추는 그렇지 않아. 사실에 기반하고 있어.

팀장 과학을 위해서는 비유보다는 유추에 더 관심을 가져야겠네요?

소장 비유는 문학과 친하고 유추는 과학과 친하다는 논리도 있어. 말하자면 '비유는 문학을 탄생시켰지만 유추는 과학을 잉태하였다'고 표현할 수 있지.

비유와 유추의 범위

팀장 오늘 비유와 유추가 번갈아 나오니 혼동되는 듯한 느낌도 받네요. 좀 더 쉽게 설명이 가능한가요?

소장 나는 항상 지식과 사고력을 구별하려고 노력하고 있으며 이 둘의 관계를 쉽게 설명하기 위한 비유 개발에도 심혈을 기울여 왔네. 유추는 비유의 도구로, 원관념과 보조관념 사이에 있는 속성을 드러내는 도구라는 견해에 따라 지식과 사고력의 관계를 건물로 비유 또는 유추해 볼 수 있을 것이네.

팀장 원관념? 보조관념? 또 지식과 사고력이네요?

소장 집을 짓는다면 각종 건축 자재들을 우선 준비해야 할 게 아닌가? 벽돌, 시멘트, 목재, 석재, 물, 페인트, 유리 등이 필요하겠지. 개별적인 재료들은 단편적 지식에, 완성된 건물은 종합적인 사고력에 대응시킬 수 있을 만할 것이네. '여기서 유추를 끝낼 것인가? 어느 범위까지 확장해야 할까? 벽돌이나 시멘트, 목재 등의 단계에서 끝낼 것인가? 지식과 사고력의 격차를 크게 보이기 위해 모래, 석회석 가루, 리그닌[5] 등으로 더 세분해서 유추해야 할 것인가? 아니면 분자나 원자 단위까지 더 쪼개야 할까?' 하는 문제가 남지.

팀장 지식과 사고력의 차이를 수치화하는 방법은 쓰지 않으셨나요?

소장 그것도 해봤지. 벽돌로 유추하면 지식과 사고력은 10,000배 차이이고 원자로 유추하면 수조 배 차이가 날 것이고, 방, 욕실, 창고, 주방, 거실, 다용도실, 현관, 베란다, 신발장, 드레스룸 등을

....

5   나무에서 목질을 이루는 성분

유추 요소로 봤다면 지식과 사고력은 10배 정도 차를 보일 것이고, 건물로 유추해서 각 층은 지식이고 전체 건물은 사고력이라고 가정하면 3층 건물은 지식과 사고력 차이가 3배밖에 나지 않을 것이네.

팀장 지식과 사고력을 꼭 물질로만 비유해야 하나요?

소장 역시 생각해봤지. 지식과 사고력을 꼭 물질로 한정해야 하는가, 추상적으로 유추해서는 안 되는가. 보통 신체적, 물리적인 면은 하드웨어적 요소라 하고, 지적, 정신적인 면은 소프트웨어적 요소라고 하지. 그렇다면 지식은 고정되어 있다는 점에서 하드웨어적 요소로, 사고력은 유연하다는 면에서 소프트웨어적인 요소로 유추할 수 있을 것 아닌가. 이처럼 어떤 시각이나 관점으로 유추하는지에 따라 다양한 유추의 속성이 보이는 법이지. 가장 그럴듯한, 알맞은 유추의 속성개발에 노력해야 할 것이네. 그러고 보면 우리가 노력해야 할 부분이 꽤나 많은 편이지.

팀장 비유를 통하니 지식과 사고력은 차원이 다르군요?

소장 차원? 차원 하니까 생각나는데, 지식과 사고력을 차원으로도 비유할 수 있지. 지식과 관련된 관용구에는 '지식을 넓힌다'라는 표현이 있고, 사고력과 관련해서는 '사고력을 키운다'라는 표현이 있지. '지식을 넓힌다'는 표현에서 넓이는 2차원이고, 평면적이지. '사고력을 키운다'에서처럼 사고력은 깊이나 크기이고, 3차원이지. 입체적이라는 뜻이야.

팀장 이런 식으로 차원으로 비유할 실익이 있나요?

소장 사고력은 입체적이기 때문에 산꼭대기에서 사자가 먹잇감을 고르는 것과 같고, 지식은 평면적이기 때문에 평지에서 먹잇감을 고르는 것과 같아. 먹잇감이 풍부한 시기라면 굳이 산꼭대기나 언덕 위에 올라갈 필요가 없을 거야. 그렇지만 먹이가 귀한 시기라면 산꼭대기에 올라 한번 획 조망하는 것만으로도 먹잇감이 어디에 있는지 금방 알 수 있지. 온 들판을 헤매는 것보다 훨씬 수월하게 먹이를 발견할 수 있어. 지식과 사고력의 극명한 수준 차이를 보여주지. 지식과 사고력을 단순히 비교하는 차원을 넘어 심층적인 차원에서도 비유할 수 있지.

팀장 지금까지 말씀해주신 차원은 무엇이고 또 심층적 차원이라뇨? 아리송합니다.

소장 지식과 사고력의 관계를 소방 관련 용어 중 '폭발한계' 또는 '폭발범위'로 비유할 수 있을 것 같네. 가연성 가스가 공기 중에 노출되었을 때 폭발 가능한 범위가 있는데, 그 농도가 너무 낮아도 너무 높아도 폭발을 일으키지 않지. 사고력을 이 폭발범위에 비유할 수 있을 것 같아. 적당한 지식이 있어야 폭발하는 것이지.

팀장 그럴듯한 비유인 것 같습니다. 요지는 지식이 너무 없어도 생각이 폭발하지 않고 지식이 너무 많으면 지식으로 모든 것이 해결 가능해서 생각을 하지 않게 된다는 의미로 받아들이면 될까요? 소장님의 말씀을 들으면 지식과 사고력을 세탁기에 비유해도 되겠네요. 세탁물이 너무 적으면 세탁물 간 마찰력이 작아 세탁이 제대로 되지 않고 너무 많으면 아예 돌지 않거나 돌더라도 서로 엉켜 있어 또 제대로 세탁이 되지 않는 이치와 같네요!

소장 오, 이런 짧은 시간에 그런 비유를 만들어 내다니 자네도 대단하구만. 벌써 달라지고 있는 모습이 보여. 마지막으로 한 번 더 비유해 볼게.

팀장   마지막 비유군요?

소장   앞서 내가 지식과 사고력의 관계를 건축물로 잘 비유하였는데 지식은 건축물을 짓기 위한 기본 재료라고 생각하면 돼. 모래, 자갈, 시멘트, 목재, 철근 등이 지식이고 이를 가지고 지은 건축물이 사고력이라 할 수 있지. 모래가 아무리 많아도 다른 재료가 부족하면 건물을 크게 지을 수 없어. 건물은 가장 적은 재료에 의해 결정된다고 보면 돼. 크게 짓겠다고 모래만 많이 쓰면 부실 공사이지.

팀장   그러니까 사고력은 그 사람이 최고로 많이 알고 있는 분야의 지식에서 결정되는 것이 아니라, 가장 모르는 분야의 지식량에서 결정된다는 말씀이시군요?

소장   그렇다고 봐야지. 너무 많은 지식(모래)은 사고력(건축물)에는 그다지 도움이 되지 않는다는 의미로 이해하면 되네. 남는 모래는 뭐에 쓰겠나. 남에게 팔거나 아니면 다른 재료를 보충해서 더 큰 건축물을 지어야 하겠지.

팀장   소장님은 평소에 비유와 유추에 대해서 생각을 많이 하셨나 봐요? 술술 나오네요. 특히 지식과 사고력에 관한 비유는 끝이 없네요?

소장   어떤 비유가 적확한지 취사선택하라고 그렇게 많이 든 것이야. 난 비유와 유추가 인간의 지적 능력 중에서 가장 기본적이면서도 중요하다고 생각해. 유추는 개인의 지적 성장에 도움 되기도 하지만 국가의 전체 지식 소위 '國知' 증가에도 막대한 기여를 하지. 암기 위주의 지식은 지식 돌려막기와 비슷해. 지식이 생각보다 많은 부가가치를 창출하지 못해. 개개인들이 아무리 많이 암기를 하더라도 결국 같은 내용이므로 국가 지식 총량에는 변함이 없지. 암기 위주의 지식 소비국에서 유추를 바탕으로 새로운 결과물을 만들어 내는 지식(또는 생각) 생산국 내지 지식(또는 생각) 제조국으로 탈바꿈 해야 해.

팀장 '풀은 칼이다', '도꼬마리는 거머리다'라는 언어적 유추의 한계를 극복하고 톱을 만들고 찍찍이를 만드는 과학적 유추 국가로 발돋움해야 된다는 말씀이시죠?

소장 그래야만 과학 분야 노벨상 한 개를 받지 못한 노벨상 빈곤국에서 하루빨리 탈피할 수 있다고 봐. 해방된 지 75년이 되었고 2세대 반이 흘렀잖나. 한 나라 국가 지식의 총합은 유추의 생산에 비례한다고 봐.

상상과 공상의 구별

팀장 소장님의 말씀을 들어보면 비유와 유추를 많이 생산해야 한다는 건데, 비유를 많이 사용하는 시를 써도 사고력 발달에 도움이 될까요?

소장 솔직히 이야기하면 난 시적 비유는 별로 좋아하지 않네. 시적 비유란 그 대상이 제한이 없으니 시인의 마음대로 하는 것 아닌가. 물론 시인의 입장에서는 최대한 좋은 표현을 찾아 그럴듯하게 비유를 하겠지만, 문제는 비유가 과학적 근거가 없다는 거네. 과학적 근거가 없으면 이를 우리는 몽상, 망상, 환상, 공상이라고 하지.

팀장 시를 시로 봐주면 되지, 왜 과학적 잣대를 들이대는 것인가요? 시적 상상이라는 말도 있지 않은가요? 사물을 다양하게 보는 시

생각³

각에서 창의성도 발휘되고요.

소장 물론 시는 시로 봐주면 되겠지만 온 세상 사람들이 온통 이런 식으로 시적 비유에 몰두한다면 과학적 발전은 없을 것이네. 시적 상상, 잘 말했네. 상상은 앞서의 몽상, 망상, 환상, 공상과는 다르지. 상상은 과학적 근거가 있지.

팀장 예? 상상을 통해 위대한 과학적 업적을 이루어낸 경우는 들은 것 같은데, 상상 자체가 과학적 근거가 있다는 말은 처음 듣네요?

소장 상상의 어원을 알면 쉽게 이해될 걸세. 상상은 한자로 想像인데, 想은 '생각하다'라는 뜻이고, 像은 '형상'을 말하지. 그러니까 상상은 '형상을 생각하다'라는 어원을 가지고 있어. 상상은 견골상상見骨想象에서 비롯된 단어야. 견골상상은 뼈를 보고 코끼리를 유추해낸다는 뜻이지. 『한비자韓非子』의 「해로解老」 편에 이런 대목이 있어.

> 사람들이 산 코끼리를 보기 힘들게 되자, 죽은 코끼리의 뼈를 구해 그림을 그려 산 모습을 떠올려 보곤 했다. 뼈만 보고 코끼리를 생김새를 떠올려 그림을 그리는 것이 상상이다. 뼈를 보고見骨 코끼리를 상상想像하는 것이다. 상상의 연유이다. 像은 象에서 나왔다.[6]

팀장 우리가 말하는 상상想像이 코끼리와 관련 있군요?

소장 중국에서는 4,000여 년 전부터 북경을 포함한 전 지역에 코끼리

....

6   정민, 「정민의 세설신어 109. 견골상상(見骨想象)」, https://www.chosun.com/site/data/
     html_dir/2011/06/09/2011060902530.html

가 살았다고 해. 경작지가 증가하고 전쟁, 식용 등으로 코끼리 수가 점차 줄어들어 전국시대 말기에는 살아 있는 코끼리를 직접 보기가 어려웠던 모양이야. 그래서 죽은 코끼리의 뼈를 보고 코끼리의 생김새를 짐작했지.

팀장　정말 상상은 그 어원상 근거가 있어야겠네요?

소장　상상의 유래를 보면 상상은 그 근거가 있어야 함을 알 수 있어. 코끼리의 원래 정확한 모습은 알 수 없지만 뼈가 남아 있어서 그나마 유추가 가능해. 뼈가 없어 썩은 코는 재현할 수 없겠지만 상아는 남아 있으므로 대충 거대하면서 어금니를 가진 동물은 그려냈을 거야.

팀장　소장님 말씀대로라면 공룡Dinosaur은 상상의 동물이고, 용Dragon은 망상 혹은 공상의 동물이라 할 수 있겠네요?

소장　그렇지. 그게 내가 말하고 싶은 비유야. 오늘날 공룡의 뼈 화석으로 공룡 형상을 만들어 내는 과정은 과거보다 훨씬 정교해지고 있어. 많은 시행착오 끝에 언젠가는 진짜 공룡의 모습을 만들어 낼 것 아닌가. 공룡 복원 상상도가 아니라 공룡 복원도가 되겠지. 이게 상상인 것이지. 언젠가는 가능한 것. 하지만 용은 아무리 시간이 흘러도 그 형상을 만들지 못할 거야. 더군다나 중국의 용과 우리나라 용은 발톱 수가 서로 다른데 어디 용을 기준으로 한다는 말인가?

팀장　용의 발톱 수가 왜 다른가요?

소장　중국은 황제국이라 발톱이 5개, 우리나라는 조공국이라서 발톱이 4개 내지 3개였지. 아, 물론 지금은 대등하니 5개로 해도 되겠구면.

팀장 용 자체도 상상의 동물인데 거기에 나라마다 발톱 수가 다르다니요?

소장 그래서 용은 상상의 동물이 아니라 공상 또는 망상의 동물이라 할 수 있지. 그 근거가 전혀 없기 때문이야. 想像에서 말하는 뼈도 없는 것이지. 그냥 무에서 유가 나오는 것이랄까. 이는 황당무계할 뿐이야.

팀장 우리가 그동안 상상의 나래를 펼친 것이 아니라, 공상 또는 망상의 날개를 달려고 한 것이군요?

소장 그렇게 되겠구먼. 어떤 아이가 하늘을 나는 일을 상상할 수는 있어. 큰 연을 만들어서 타든가 동력을 이용한 기구를 만들면 될 것이야. 아니면 수십 마리의 새를 잡아서 바구니를 매단 후 타고 가는 것도 가능하겠지. 그러한 상상이 쌓이고 쌓여 오늘날 인간이 하늘을 나는 일이 가능해졌다고 봐.

　하지만 아이가 자신의 몸에 새 날개가 생기는 상상을 하고 그것으로 하늘을 난다고 가정해 보자. 이게 가능하겠는가? 이는 상상이 아니라 망상妄想이나 환상幻想이며 공상空想일 뿐이야. 내가 그래서 시적 상상이나 그런 표현을 싫어하지. 공상이나 망상, 환상의 산물이라고 보기 때문에. 상상력이라는 말은 있어도 망상력, 환상력, 공상력은 없는 이유를 알겠지? 그들은 힘이 아니기 때문이야.

팀장 지금은 공상이지만 언젠가는 실현 가능성이 생길 수 있잖아요? 상상과 공상의 경계가 모호하잖아요?

소장 물론 현재는 공상으로 보일 수 있지만 언젠가는 가능한 상상도 있을 수 있겠지. 상상은 과학지식이 뒷받침되어야 하지. 우리는 흔히 콜럼버스를 무모한 몽상가나 망상가라고 하지만 그는 상상가야. 당시에는 지구는 둥글다는 사실을 알았고 항해술도 어느 정도 발달했기에 서쪽으로 가면 동양을 만날 수 있을 것이라고 생각했지. 거리 계산을 잘못했지만 어쨌든 실현 가능한 상상이었어. 시적 표현 또는 은유 같은 경우는 이게 현실성 있는 상상으로 발전하긴 힘들지. 공상이 상상으로, 나아가 현실로 바뀔 수 있는 것은 역시 과학 분야야. 공상과학이라는 말이 있잖아. 과학은 상상과 공상을 품을 수 있지만 시를 포함한 문학은 아닐세. 그냥 은유와 비유일 뿐이지.

팀장 그럼 시를 쓰지 말고 읽지도 말라는 말인가요? 시를 좋아하는 사람들이 들으면 불쾌할 수도 있겠는데요?

소장 시는 개인의 역량 또는 지적 수준을 그 전보다 높일 수 있는 좋은 도구이지. 결코 나쁜 건 아니야. 좋은 시적 표현들이 얼마나 많은데. 다만 현대가 과학의 시대이니 만큼 과학과 시를 같은 비중으로 봤으면 하는 마음에서 말하는 거야. 과학하는 사람이 시집을 보는 빈도와 시를 좋아하는 사람이 과학책을 보는 빈도 중 어느 것이 더 많다고 생각되나?

팀장 제 생각에는 과학하는 사람들이 시집을 볼 확률이 높다고 봅니다. 과학책은 접하기 어려우나 시집은 그래도 주위에서 쉽게 볼수가 있어서요.

소장 그니까 균형을 맞추라는 것이지. 시를 한 편 쓰거나 시집을 한 권 읽었다면 반드시 과학 서적도 그와 비례해서 읽어야 한다고 보네. 과학적 지식과 인문학적 지식의 균형이 필요하니까. 한 손엔 시집, 다른 손엔 사이언스 잡지를 들고 있어야지.

팀장	사회과학도 있는데 굳이 자연과학책을 읽어야 한다고 말한 이유라도 있으신가요?
소장	수학이나 물리학은 인풋과 아웃풋이 100% 정확하지만 심리학이나 사회학은 정확도가 60~70% 정도야. 말하자면 확률적이라는 것이지. 인문학은 그보다 못해서 정답이 없을 수도 있고. 시는 인문학이므로 100% 정확한 물리학으로 상쇄, 균형을 맞추라는 의미로 말한 거야.
팀장	소장님은 비유 하나하나에도 깊은 뜻이 있네요. 언젠가는 물리학과 수학을 접목한 그런 시도 유행할 날이 있겠죠. 시가 과학과 거리가 멀다고 하더라도 시인이 과학과 거리가 멀다고 볼 수는 없잖아요? 과학적 지식이 풍부하더라도 감성이 풍부해서 시를 쓸 수 있잖아요?
소장	플라톤이 '시인추방론'까지 주장했지.
팀장	갑자기 웬 플라톤? 그리고 시인추방론은 뭔가요?
소장	진짜 세계는 이데아의 세계이고 가짜 세계는 현실 세계인데 시는 현실 세계를 모방하고 있으니 가짜의 가짜라고 보았지. 이는 표면적인 이유이고, 실제로는 '시인들은 시를 짓는 능력이 있기에 다른 분야에서도 가장 현명하다고 착각하곤 한다.'[7]고 말했지. 당시 시인들의 지적 자만을 싫어했다고 볼 수 있어.
팀장	저는 시나 소설은 둘 다 상상의 산물이라고 보았는데 유독 시를 싫어하는 이유는 무엇인가요?
소장	시는 자유로워서 브레이크 없는 상상, 엄밀히 말하면 상상想像이

....

7   https://blog.naver.com/kemsan/222387603557

아닌 것까지 가능하지만, 소설은 제약이 있지. 일단 소설은 인물, 사건, 배경이라는 3대 구성 요소가 있어야 하고, 발단, 전개, 위기, 절정, 결말이라는 구성단계도 있고 전지적 작가 시점 등 시점도 있고 인물 갈등과 사건의 전개 과정이 합리적이어야 하지. 시가 추상적이라면 소설은 어느 정도 구체성을 갖는 편이야.

팀장 소장님도 플라톤의 생각과 같으신가요?

소장 그 정도는 아니지. 난 플라톤의 이데아론도 이상하거든.

사고력과 논문

팀장 시에 대한 소장님의 생각 잘 들었는데요. 하지만 예로부터 수많은 시를 통해 인간의 지적 능력을 키워 왔잖아요?

소장 인간의 지적 능력을 키워 오는 데 시가 일정 부분 기여한 것은 사실이지만 분명 한계는 있었지. 영국이 인도를 정복할 때, 스페인이 남미를 식민지 삼을 때, 피식민지 국가에도 시와 소설은 있었지. 하지만 그들은 과학이 없었어. 과학을 몰랐지. 여기서 과학과 기술을 구별해야 해. 기술은 유에서 유를 창조하는 것이고, 과학은 (어느 정도) 무에서 유를 창조한다고 보면 돼. 동양도 유에서 유를 만들어 낸 발명품은 있었지만 과학에 비할 바가 아니었지.

팀장 좀 더 구체적으로 말해주세요.

소장 동양이나 서양 모두 시, 소설, 에세이 등은 공통적으로 존재하였지만, 서양에는 동양에는 없는 게 하나 있었지. 그게 논문이야. 특허출원도 일종의 논문이라고 할 수 있지. 논문 형식을 빌리니깐. 오늘날의 선진국과 후진국은 이 논문을 쓰고 못 쓰고의 차이가 컸어. 과거 식민지 시대, 제국시대에 피식민지가 된 거의 모든 나라는 이 논문을 몰랐기 때문이지. 논문 → 과학 → 발명, 발견으로 이어지는 과정이 없었지.

팀장 발명과 발견에 창작도 들어가나요?

소장 우리는 흔히 이탈리아 르네상스의 3명의 천재, 즉 레오나르도 다빈치, 미켈란젤로, 라파엘로 등을 높이 평가하는데 그들은 창작자야. 주로 그림을 그린 창작자. 창작은 그저 '만들다'라는 의미밖에 없어. 레오나르도 다빈치가 비행기나 잠수함의 설계도를 그렸다는 이야기가 있지만, 이게 비행기나 잠수함의 발명으로 이어지진 않았지. 후세에 다른 나라 사람들이 발명하였거든. 발명과 발견만이 문명의 발전과 관련 있어. 창작은 지극히 개인적인 것이야. 창작을 발작發作이나 발조發造라 하지 않는 이유이지. 단순히 만들다는 뜻의 創을 (문명을) 피어나게 한다는 發의 반열에 올려놓을 수 없기 때문이야. 직업으로서의 창작자는 많으나 발명가는 드물고 발견가(혹은 발견자)는 거의 없어.

팀장 그럼 그림 같은 경우는 발명이나 발견이 될 수 없나요?

소장 유화나 캔버스화 등은 새로운 발명이라 할 수 있겠지. 원근법은 발견이라 할 수 있고. 당연히 그림에도 발명과 발견이 있을 수 있지만, 그림 자체는 창작이라는 것이지.

팀장 그렇군요. 창작보다 발명이나 발견이 상위에 있네요. 우리나라나 중국도 시나 소설, 수필 등은 있었지만 논문이라는 글은 없었네요. 논문이 모든 과학의 결과물인데도 말이죠. 다시 말해 창작은 있었으나 발명이나 발견이 드물었다는 의미네요?

소장 동양이 서양에 비해 부족한 게 그것뿐인가. 지식 활동 중 독서,

경험 등은 있었으나 실험이 없었지. 실험 역시 과학의 산물이지. 실험 결과를 발표하는 것 역시 논문이고.

팀장 논문의 중요성은 알겠는데 논문이 어떻게 우리의 사고를 키워주나요?

소장 논문 자체도 사고력을 요하지만 그 나라의 지식사회가 논문을 통해 지식을 생산한다면 모든 지식인이 논문을 염두에 둘 것 아닌가? '이게 논문으로 작성할 수 있는 주제인가' 등으로 말이야. 모든 지식인이 시와 소설, 에세이를 쓰는 국가와 시도 쓰고 소설도 쓰고 일부는 논문을 쓰는 국가는 차이가 현격하지. 논문은 앞서 말했듯이 과학의 일부를 이루고. 과학 또는 논문이 없는 동양은 사고의 한계가 명확하지. 좀 체계성이 없다고 할까.

팀장 체계성이 없다고 하셨는데, 그 근거라도 있나요?

소장 오늘날 지구상에 존재하는 수많은 생명체를 체계적으로 분류할 수 있는 것은 린네가 고안한 '이명법' 덕분이지. 이명법은 한 종의 이름을 속명과 종명으로 표시하는 방법이야. 속명은 고유명사이고 종명은 보통명사나 형용사를 사용하는데, 이때 속명의 첫 글자는 대문자, 종명은 소문자를 써. 인간의 학명이 무엇인지는 알지?

팀장 '호모 사피엔스Homo sapiens' 아닌가요?

소장 이명법에 따른 명명법으로, 18세기에 '종속과목강문계' 체계에 따라 린네가 직접 붙인 이름이야. 린네는 겉으로 드러나는 모습을 비롯해 생물의 습성 및 생태, 생물학적 특징 등을 꼼꼼하게 구분하여 분류했지. 즉, 학명만 알면 그 동식물의 출신은 어떻게 되고 조상과 자손이 무엇인지를 알 수 있게 된 셈이지. 그의 분류 체계는 오류도 있어서 이후 많이 수정되기도 했지만, 근간은 변하지 않았어.

팀장 동양에도 린네의 분류법은 아니더라도 동물을 분류하는 방식은 있었을 것 아닌가요?

소장 서양의 분류법은 그 당시 동양은 상상도 하지 못했지. 18세기 청나라의 동물 분류는 '황제에 속하는 동물', '향료로 처리하여 박제로 보존된 동물', '사육동물', '전설상의 동물', '광폭한 동물', '낙타털과 같이 미세한 붓으로 그릴 수 있는 동물', '물주전자를 깨뜨린 동물' 등으로 나누었지.[8] 어때? 어디가 과학적으로 보여?

팀장 서양이 합리적으로 보이는데요?

소장 이것뿐만 아니야. 서양은 광물의 이름을 붙일 때도 속성, 형태, 색깔 등의 특징으로 명명하는데 동양은 그렇지 않았지. marble은 우리말로 대리석이라고 하지. 원래 이름인 한자어는 大理石이야. 풀어보자면 '크게 다스리는 돌'이라는 뜻인데 돌에 다스린다는 뜻이 있다니 뭔가 이상하지 않아? 대리석은 중국 운남성 대리 지역에서 나는 돌을 말해.

팀장 그러니까 대리석은 중국 운남의 대리에서 난 돌이라는 뜻인가요? 이렇게 허접할 수가 있나요?

소장 marble은 그리스어 마르마로스marmaros에서 기원하였으며 빛나는 돌이라는 뜻이 있어. 화강암은 영어로 granite인데 입자를 뜻하는 라틴어인 'granum'에서 유래했지. 우리 말의 화강암花崗巖의 화강은 중국 지명이고, 고령토高嶺土(백자의 원료가 되는 흙)도 중

....

8   https://www.youtube.com/watch?v=_iHR4mimY1s 5분뚝딱철학, 김필영, 미셸 푸코 편

국 고령산에서 난 흙을 말하는 것이야. 현무암은 일본 효고현에 있는 현무동굴에서 유래하였고. 이렇게 주먹구구식으로 명명하니 어처구니가 없지. 영어로 현무암은 basalt[9]인데 에티오피아어로 철을 함유한 돌이라는 뜻이지. 이 차이가 결국 과학의 차이이고 국력의 차이로 나타났다고 봐도 무리가 없겠지.

9   서양 암석 명은 네이버 지식 백과 등에서 참조하였음

생각³

적용의 어려움

아는 것보다 어려운 적용

팀장 벤저민 블룸의 학습 단계에서 3번째가 적용인데 적용도 물론 어렵겠죠?

소장 벤저민 블룸의 사고력 발달 단계는 상위 레벨로 갈수록 레벨마다 10배 최소한 서너 배 어렵다고 봐야지. 지식 쌓기가 10이라면 이해는 100이고 적용은 1,000이라 할 수 있어. 그러니 5단계 상위 레벨은 말할 나위 없이 어렵다고 볼 수 있지.

팀장 사고력 발달 단계가 높아질수록 난도가 높을 것임은 직감적으로도 알겠습니다.

소장 어디 그것뿐인가? '적용' 단계에서도 어느 분야인지에 따라서 적용이 쉽고 어려울 수도 있지.

팀장 같은 적용 단계의 레벨임에도 말입니까?

소장 수학 공식 또는 물리 공식 등 자연과학적 지식은 새로운 분야에 적용하는 일이 쉬울 수도 있어. 그렇지만 추상적이고 관념적인 개념이나 현상을 구체적인 사안에 적용하는 것은 더욱 고난도라 할 수 있지. 사회과학적 지식 그러니까 경제·사회·문화 현상 등을 어떤 방식으로 진단하고 적용하는 일이 마냥 쉬운 일이겠어? 어떤 이론을 적용해도 딱 들어맞질 않거든. 어쩌면 불가능할지도 몰라. 그러니 확대·축소 적용, 잘못 적용 등 적용에 대해서 비난이나 지적이 나올 수밖에 없지.

팀장 이런 식이면 어디 적용이 가능하겠습니까?

소장 우리는 매 순간 판단에 직면해. 하루에 수천 번 이상일 때도 있어. 무의식적으로 이루어지는 자동적인 판단, 비몽사몽 같은 반무의식에서의 판단, 어느 정도 인식하고 있는 상태에서의 판단, 고도의 집중을 요하는 판단 등 이루 헤아릴 수 없지. 하다못해 교훈을 얻는 데에도 판단이 필요해. 그 판단의 전제가 정확한 적용이지.

팀장 교훈도 결국 정확한 적용의 문제군요?

소장 우리가 역사를 배우는 목적은 교훈을 얻기 위한 것이라고 하지. 다시는 그러한 실수나 실패를 되풀이하지 않기 위함이야. 사실 역사적 교훈이라는 말도 궤변에 불과해. 수만 가지 역사적 사실이 있고 각각이 교훈을 담고 있다고 가정하더라도, 현재 상황에 과거의 어떤 역사적 교훈을 대입한단 말인가? 현재의 관점에서 가장 최근에 있었던 사례를 적용할 것인지, 아니면 가장 비슷한 사례를 적용할 것인지, 이도 아니면 우리나라 사례를 적용할 것인지 등은 모두 적용하는 개별자들의 능력에 달려 있어. 사람마다 적용 기준이나 처지나 입장이 다르기 때문에 역사적 교훈 자체를 아전인수로 해석하지.

팀장 속담이나 격언도 마찬가지겠네요?

소장 고사성어나 위인들의 명언, 속담과 격언도 마찬가지야. 흥진비래興盡悲來는 즐거움 뒤에 슬픔이 온다는 뜻이고 고진감래苦盡甘來는 고생 끝에 낙이 온다는 기쁨의 표현인데, 어렵게 공부해서 승진에 성공한 가장이 집에 돌아가다가 교통사고가 나서 다쳤다면, 또는 아들은 대학입시에 실패하였다면 이것은 고진감래인가, 홍진비래인가? 같은 시간대에서 동시에 반대되는 감정을 느끼는 게 정상적인가? 남자가 여자를 상대로 작업 중인데 뜻대로 되지 않는다면 '열 번 찍어 안 넘어가는 나무 없다'는 속담을 믿고 좀 더 밀어붙여야 하는가? 아니면 '못 오를 나무는 쳐다보지도 말라'는 말이 실감 나서 포기할 것인가? 모두 적용의 문제야.

팀장 고진감래나 홍진비래의 적용은 좀 어렵다고 하더라도 '열 번 찍어 안 넘어가는 나무 없다'와 '못 오를 나무는 쳐다보지도 말라'는 우선순위가 정해진 것 아닌가요? '열 번 찍어 안 넘어가는 나무 없다'가 먼저 아닌가요? 10번까지는 아니더라도 최소한 3~4 번까지 도전해 보고 안 되면 그때서야 '못 오를 나무는 쳐다보지도 말라'를 생각해야 하는 것 아닌가요?

소장 듣고 보니 맞는 말 같군. 도전이 우선이군. 도전을 해야 포기를 할 수 있으니깐. 우리가 교과서에서 배운 공식을 적용해서 어떤 문제를 푸는 것은 쉬운 일이야. 공식에 대입해서 응용해서 그 결과를 얻으면 되거든. 하지만 추상적인 관념에 적용하는 것은 결코 만만한 일이 아니야.

팀장 구체적으로 어떤 것을 의미하는지요?

소장 '기회'에 대해서 예를 들어보겠네. 학교에서 선생님이 성냥개비 문제를 내면서 정답을 알아맞혀 보라고 하면서 3번의 기회를 준다고 하면, 보통 세 번 안에 문제를 풀겠지. 백화점에서 1년에 3회 할인 쿠폰을 받은 고객은 세 번의 기회를 얻은 것이고 그 기간 안에 할인 쿠폰을 쓰면 되겠지. 하지만 '인생에 있어서 세 번의 기회가 온다'는 속담에 대해서는 적용하기가 아주 힘들지.

팀장 마지막 기회는 언제가 기회인지 적용하기가 어렵겠네요?

소장 이 경우는 기회 잡기가 거의 불가능하다고 봐야지. 사례를 들어 설명해 보겠네.

어느 작은 마을에 선량하고 신앙심 깊은 신부가 살고 있었다.

큰비가 내려 마을 전체가 물에 잠기게 되자 마을 주민 하나가 배를 타고 와 신부에게 함께 가자고 했다. 신부는 "저는 괜찮을 거예요. 하느님께서 저를 구해주실 겁니다."라며 거절하였다.

마을이 점점 물에 잠기자 경찰 경비정이 왔다. "신부님, 빨리 배에 타세요!" 신부는 "하느님께서 저를 구원해주실 겁니다."라고 말하며 역시 거절하였다.

그때 구조대원들이 구명보트를 몰고 왔다. "이 보트가 마지막입니다. 신부님, 빨리 제 손을 잡으세요! 빨리 빠져나가셔야 합니다." 그러나 신부는 고개를 저으며 말했다. "아닙니다. 저는 여기서 하느님이 구해주실 때까지 기다릴 겁니다." 결국 물은 성당 꼭대기까지 차올랐고 신부는 죽었다. 그는 천국에서 하느님께 다가가 원망 섞인 목소리로 말했다. "당신께서 저를 구해주실 것으로 믿었습니다. 그러나 결국 나타나지 않으셨습니다. 정말 실망스럽습니다."

하느님은 말했다. "너의 신앙심에 감동하였다. 그래서 내가 너에게 세 번의 기회를 주지 않았느냐. 마을 주민을 너에게 보냈고, 경찰을 보냈으며, 구조대원까지 보냈다. 하지만 너는 모두 거절했다."[1]

....

1   『일생동안 꼭 피해야 할 17가지 생각의 함정』, 사오유에, 씽크뱅크

팀장 이 이야기는 어디서 들은 것 같기도 하고 기억이 날 듯 말 듯 하네요?

소장 이 이야기에서 팀장님이라면 세 번의 기회를 포착할 수 있었을까?

팀장 저도 그 상황이었다면 신부처럼 세 번의 기회가 왔음을 알지 못했겠는데요. 물에 빠진 다른 사람을 구하라고 해야 할지, 아니면 자신이 살아야 하는지에 대한 판단도 서지 않을 것이고요.

소장 그렇지. 이처럼 인간은 앞으로 일어날 일에 대해서 전혀 몰라. 신부에게는 선택의 폭이 매우 제한되어 있었어. 한쪽만 선택하면 되었지. 자신이 사느냐 죽느냐였지. 신부에게는 세 번의 기회가 주어졌지만 모두 거절했어. 신의 구조 방법은 단순했어. 그냥 먼저 온 보트에 신부를 타게 하는 것이었지. 그러나 신부는 달리 생각하였지. 신의 구조 방법을 이해하지 못하고 자신의 고집만 부린 거야.

팀장 만약 그 신부가 '인생에는 세 번의 기회가 찾아온다'는 통념을 알았으면 그 보트에 탔을까요?

소장 신부는 그래도 그 보트를 타지 않았을 거야. 일반적으로 인생에서 세 번의 기회라 하면 20대, 40대, 60대 때 등 매우 긴 시간 단위로 생각하기 쉽지. 불과 몇 시간 사이의 홍수 상황에서 '아, 이게 그 세 번의 기회인가?'를 생각하기란 쉽지 않아. 설사 그때가 세 번의 기회라고 생각했더라도 토탈 한 번의 기회였을 뿐이지. 신부뿐만 아니라 사람들은 무엇이 '기회'인지 알 수가 없지. 사람마다 그 기회의 개념이 다르니까. 또 세 번이라는 횟수도 언제부터 언제까지인지 알 수가 없고. 만약 신부가 인생에서 세 번 기회가 찾아온다는 것을 포착하려면 하루에 세 번 정도 그 생각을 늘 했어야만 가능하겠지. 그가 젊었다면 세 번의 기회가 뒤에 올 수도 있다고 생각해, 역시 다음으로 넘기거나 간과하겠지. 이래저래 기회를 잡을 수 없는 거야.

팀장 신부의 경우는 개념, 이해력 부족, 판단력 부족으로 상황을 기회로 연결하는 데 실패했군요. 그냥 남의 말을 들었으면 살았을 텐데. 그것도 고집 때문에 날리고.

소장 기회는 그것이 기회임을 깨닫는 사람에게만 오는 축복이지. 사람들이 기회가 기회임을 알지 못하는 이유는 기회를 너무 거창하고 대단하고 극적인 것으로 착각하기 때문이야. 매번 기회는 오고 있지. 다만 본인이 눈치채지 못할 뿐. 그래서 세 번의 기회가 온다는 속담을 알고 있어도 구체적으로 적용은 하지 못하는 것이야. 그야말로 적용의 어려움이지.

적용을 법률에 규정하는 경우도 있다

팀장 소장님 말씀은 어떤 지식을 알더라도 실제로 그 지식을 상황에 적용하는 것은 별개의 문제로 어렵다는 뜻이지요? 적용을 잘해야 판단을 정확하게 할 텐데. 적용 단계부터 실수하면 그 판단은 보나 마나네요?

소장 그래서 우리 사회에서는 법률로 적용을 잘하라고 규정하고 있지.

팀장 오, 그런 것도 있어요?

소장 법률이 그렇다고 방금 말했잖아. 다른 분야 등은 개별자들이 알아서 적용하든가 말든가 어떤 것을 적용해도 관여하지 않지만, 법률은 그렇지 않아. 어떤 법률을 적용할지 그 법률의 어떤 조항을 적용할지 등을 아예 정해놨거든.

팀장 그렇게라도 한 이유가 있나요?

소장 그야 잘못 적용하면 안 되니까 적용 단계에서 올바르게 하라고 정해놓은 것이지. 다른 분야는 잘못되어도 수정·보완 등으로 개선할 수 있지만 법은 그렇지 않거든. 한번 판결이 나면 일사부재리의 원칙에 따라 비슷한 사안으로 다시 처벌하지 못하니까.

팀장 처벌해서는 안 되는 사람을 처벌하는 것도 문제지만, 처벌할 사람을 처벌하지 못하는 것도 사회정의 실현 차원에서 문제가 있죠?

소장 이 적용이 얼마나 어려운지 경찰 수사단계, 검찰의 기소단계에서 꼼꼼히 살피고, 재판 과정에서는 변호사까지 참여하여 적용이 잘 되었는지 여부를 다투지. 판사는 (법률) 적용이 잘못되었으면 적용을 제대로 하라고 검사에게 공소장 변경 등을 요구하며, 변호사는 상해치사죄가 살인죄로 잘못 적용되었다며 살인죄의 무죄를 주장하기도 해. 하여간 이런 식으로 해서 3심까지 재판은 이어지지. 3심까지 가더라도 1심, 2심, 3심이 각각 다른 법률이 적용되어 판결 결과가 달라지기도 하고 심지어 재심까지 가기도 하잖아.

팀장 그렇군요. 재판 과정도 적용의 문제네요. 어느 한쪽이 제대로 적용을 하지 못한 것이겠죠? 설사 제대로 하였더라도 그 적용을 상대편에서 받아들이지 못하여서겠죠?

소장 그러니까 나는 이게 제일 의아하더라고. 제대로 적용하라고 법률에 규정까지 해놨는데 그걸 해석을 잘못한 것인지 검사, 변호사, 판사까지 각자가 보는 시각이 다르니 이해가 안 되더라고.

팀장   에이, 그거야 인권 보호 또는 죄 없는 자를 처벌해서는 안 된다는 원칙 때문에 치열하게 법리 다툼하는 것이겠죠.

소장   물론 그 원칙을 모르는 것은 아닌데 그 분야의 전문가라면 동일한 사안에 대해서 같은 결론이 나오는 게 맞다고 봐. 설사 처음에는 달랐더라도 법정에서 서로 논쟁할 때 '아, 그렇게 생각할 수 있구나. 내가 왜 저런 생각을 못 했을까? 이제는 상대방을 인정해야겠다'는 마음을 왜 갖지 못하는지 모르겠더라고.

팀장   각자 자기의 위치에서 최선을 다하는 것 아닌가요? 서로 상대방이 모르는 점을 지적해야 올바른 결론이 나오는 것 아닌가요?

소장   그니까 내가 자꾸 하는 소리지만, 올바른 결론이 나와야 하는데 왜 그들은 그러지 못하고 자기 생각만 고집하는지 모르겠더라고. 일단 사물·사건을 보는 시각은 일치해야 하지 않나. 나중에 정상참작을 바라더라도. 내가 말하고 싶은 요지는 법이나 법률가를 불신한다는 게 아니라 법률에 적용할 내용이 규정되어 있고 방대한 공부를 하고 어려운 시험에 합격한 사람도 법정에서 서로 딴소리하는 것으로 보아 그만큼 적용이 쉽지 않다는 거야. 그러니 법률에 적용 규정이 없는 수많은, 우리가 일상생활에서 부딪치는 일반 사안들에서는 적용이 얼마나 어렵겠나.

팀장   소장님 말대로라면 처음에는 다른 생각을 하더라도 수차례 재판정에서 서로 논쟁을 하였다면 어느 한쪽 말이 맞는다는 것을 인지하였을 터인데, 인정하지 못하는 것은 아무래도 직업 또는 직업윤리겠죠. 검사는 기소하고 변호사는 변호해야 하는 그런 거 말이죠.

소장   직업의식이기도 하겠지만 나는 법정에서 서로 공방하고 서로 인정하지 않는 것을 보고 하나 깨달은 게 있다네. 법은 적용에 있어서 전혀 객관적이지 못함을. 객관적이라면 변호사가 있든 없든, 대형 로펌이 붙든 아니든, 전관예우와 관계없이 동일한(동일하다고 예상되는) 판단이 나와야 하는데, 그렇지 않거든.

팀장   그래서 유전무죄라는 말이 나오는군요?

소장   범죄는 객관적 사실이므로 유전이나 무전에 전혀 영향받지 않아야 하는데 실상은 그렇지 않잖아. 한마디로 법을 제대로 적용을 하지 못한다는 말이지. 그런데 근본적으로 대부분의 법은 근거가 미약하지. 어떤 행위를 처벌하는 것에 대한 법률 조항이 미약하다는 의미가 아니라 법 제정 자체가 근거가 없는 것이야.

팀장   엥? 그게 무슨 말인가요?

소장   살인죄를 예로 들어볼게. 사람을 죽인 행위는 사실행위야. 그리고 이를 처벌하는 행위는 당위야. 그러니까 법 조항은 같은 조문 안에 사실행위와 당위가 동시에 존재하지. 일반적으로 사실에서는 사실만, 당위에서는 당위만 나온다고 보고 있지. 그런데 법 조항은 사실행위에서 당위가 곧바로 나와. 어떤 근거도 없어. 그냥 개인·사회·국가를 보호한다는 미명하에 말이지.

팀장   이렇게라도 하지 않으면 죄를 짓는 사람을 처벌할 수 없잖아요. 일종의 필요악이라고 봅니다. 만약 법이 없다면 홉스가 말한 '만인의 만인에 대한 투쟁'만이 존재하지 않겠어요?

소장   칸트도 팀장님처럼 비슷하게 말했지. 인간은 이기적이기 때문에 법으로 통제하지 않으면 생존 자체마저 염려해야 하는 사회가 될 것이라고. 그나마 법이 있어야 개인의 자유를 최대한 보장할 수 있다고 보았지. 칸트도 법을 일종의 필요악이라 본 것이지.

팀장   칸트도 법을 필요악으로 보았군요? 만인의 만인에 대한 투쟁은 막는 것이 바람직하다고 생각됩니다.

소장   결과적으로 법이 당위가 아닌 필요악이 되었네. 논리적 오류 중에 '자연주의적 오류'가 있어. '-이다'라는 사실에서 '-해야 한다'는 당위를 설정할 때 생기는 오류를 말하지. 법은 항상 이 자연주의적 오류에 시달리고 공격받고 있지. 또 범주의 오류이기도 해. 사실과 처벌은 전혀 다른 범주이거든. 사회가 유지되기 위해서 어쩔 수 없이 법을 제정하더라도 최소화해야 한다는 것이지. 법률만능주의, 형식적 법치주의에 끌려가서는 안 돼. 적용도 제대로 못 하면서 말이야.

생각³

단어 의미의 제한성이
사고에 미치는 영향

'공부하다'와 '연구하다'의 차이

소장   영어나 한자를 보면 한 단어가 굉장히 많은 뜻을 포함하고 있지. 둘 다 제국주의 경험이 있어서 의미가 확장될 수밖에 없었을 거야. 다양한 뜻을 가진 단어가 사고에 도움이 된다고도 생각해.

팀장   한 단어 가지고 이것저것 생각해 볼 수 있으니까 그렇다는 말씀이지요?

소장   같은 철자를 가진 단어에 여러 가지 의미가 있다면 혼란스러운 면도 있을 거야. 특히 어떤 경우는 문맥을 통해서만 그 뜻을 유추할 수 있겠지. 하지만 어떤 단어에 다른 추가적인 뜻이 있고 그것도 기본 개념에 더해 더 깊은 의미가 있다면 사고력 증진에 많은 도움이 되겠지.

팀장   어떤 것을 말씀하시는지 통 감을 잡을 수가 없네요?

소장   우리말에 '공부' 또는 '공부하다'라는 단어가 있지. 이 단어는 중국에서 왔지만, 지금 우리말이 된 '공부工夫하다'는 장인 工, 지아비 夫로 기능공, 숙련공, 목공, 석공 등의 그 '공', 인부, 잡부, 배달부 등의 그 '부'라 할 수 있지. 공부의 기본적인 뜻은 모두 단순 반복해서 습득이 가능한 기능을 뜻하지. '공부하다'는 우리말에서는 '학습하다, 습득하다, 배우고 익히다' 정도의 단순한 뜻만을 내포하고 있지만, '공부하다'의 영어 단어인 'study'는 '공부하다' 외 '연구하다'라는 뜻이 있고, 일본어 '工夫'는 '연구하다', '궁리하다(궁극의 이치를 파다)'라는 뜻이 내포되어 있어.

팀장 영어와 일본어만 공부하다는 말에 '연구하다'라는 개념이 있을 수 있잖아요?

소장 노벨상을 가장 많이 받은 민족인 유대인들이 사용하는 히브리어의 '공부'라는 단어 לַהַג[lahag] 역시 '공부, 연구, 학문'이라는 뜻을 동시에 가지고 있고, 인구수 대비 가장 많은 노벨상 수상자를 배출한 스웨덴도 läsa와 studera라는 어휘가 모두 '공부하다, 연구하다, 살피다'라는 뜻을 함께 가지고 있지. 독일어에서도 '공부하다'라는 뜻을 가진 'studieren'[1]은 '(정확하게) 연구하다, 관찰하다, 조사하다'라는 뜻이 있는 등 소위 선진국에서 사용하는 '공부하다'라는 말에는 대부분 '연구하다'라는 의미가 있지만, 우리말에는 그런 의미가 거의 없다고 할 수 있어.

팀장 우리말 '공부하다'에도 '연구하다'라는 뜻이 있는데 혹시 우리가 모르고 있는 것 아닐까요? 그리고 설사 '공부하다'라는 말에 '연구하다'라는 의미가 더해진다고 해서 달라질 게 무엇인가요? '공부하다'에 '연구하다'라는 뜻이 없어도 사람에 따라서는 공부하면서 더 나아가 연구까지 할 수 있는 거 아닌가요?

소장 일단 사전적 의미를 볼 때, 우리말 '공부하다'라는 단어에는 '연구하다'라는 의미는 없는 것 같고, 사람들은 단어의 뜻에 충실하려는 경향이 있기 때문에 한 단어의 개념을 자의적으로 확대

....

1   외국어 등은 네이버 어학 사전 등을 참고하였음

하려고 하진 않지. 개념이 없으면 사고가 없기에 '공부하다'에서 '연구하다'라고까지 의미를 확장하기는 어렵다고 봐야 해. 단순히 '학습하다'라는 뜻으로 받아들이는 경우와 '연구하다'라고 의미를 넓혀서 받아들이는 경우 학습 결과가 얼마나 달라지는지 예를 들어 보겠네.

허수아비 논증의 오류, 대완마, 조박

팀장   예. 예를 들어주십시오.

소장   옛날 영국은 법원 앞에서 신발에 밀짚을 두르고 얼쩡거리는 사람이 있었다고 하네. 이들은 돈을 받고 거짓 증언을 해주는 것을 직업으로 삼는 소위 허수아비straw man들이지. 여기에서 유래된 허수아비 논증의 오류straw man fallacy[2]가 있어. 허수아비들은 잠재적인 고객들에게 존재감을 알리려는 표식으로 밀짚을 이용하였는데, 돈을 받고 상대방의 주장을 교묘하게 왜곡하여 핵심을 비켜 가게 하는 일이 그들의 주 업무였지. 허수아비 논증의 오류는 일단 상대편 주장에서 공격할 빌미를 찾아내고, 그런 다음 그 공격거리가 마치 상대방 주장의 전부인 것처럼 왜곡하여 후려치는 것이지.

그런데 straw man fallacy에서 straw man을 허수아비로 번역하는 게 맞는지 의심해볼 수 있지.

팀장   왜 의심해야 하나요?

....

2   https://blog.naver.com/lovecall1243/221927579041

소장 straw man은 과거 실제로 존재한 사람이고, 우리가 흔히 아는 허수아비는 꼭두각시나 짚으로 된 인형을 말하기 때문에 둘은 엄연히 다르다고 볼 수 있어. 비유적으로 표현하였다면 몰라도 straw man은 '지푸라기 인간' 또는 '밀짚 인간'으로 번역되었어야 한다고 봐. 우리가 논밭에서 흔히 볼 수 있는 허수아비는 영어로 scarecrow이지. 이제 느끼겠나?

팀장 뭔가 번역이 좀 이상하다는 생각이 드는 것은 사실이네요. 자세히는 몰라도.

소장 허수아비 논증의 오류는 번역도 그렇지만 수많은 오류 중에 가장 강력하면서도 야비하고 잔인한 것이지. 흔히 허수아비 논증의 오류 설명을 보면 '일종의 허수아비를 만들어 놓고 상대방의 주장이 무너진 것처럼 기정사실화하는 수법'이라고 하는데 내가 보기에는 상대의 조그마한 허점이나 약점을 집요하게 물고 늘어지는 것이라고 봐. 일종의 물타기, 아니 그보다 심한 덤터기 같아. 정치인들이나 재판정에서 많이 사용하지.

팀장 이런 식으로 정의나 개념, 단어의 뜻을 유추하고 차이점을 구별하는 것이 '공부하다'에서의 '연구하다'라는 뜻이 아닐까 싶습니다.

소장 그렇지. 단순히 straw man fallacy를 허수아비 논증의 오류로 번역한 것을 그대로 받아들여 암기하는 것이 아니라 왜 그렇게 번역을 하였는지 따져보는 것이 '연구하다'의 의미라 할 수 있지. 이게 바로 '공부하다'에서 더 나아간 '연구하다'의 의미이지. 예를 한 개 더 들어 보겠네.

팀장 또 있습니까?

소장　대완마大宛馬라고 있어. 대완大宛은 중국 한나라 시대에 중앙아시 아 타시켄트 지방에 있었던 나라로 명마의 생산지였는데, 그곳 에서 나는 말을 대완마라고 해. 우리나라에서는 대부분 대완마 로 발음하지. 그런데 한자 宛은 '완연宛然하다'라고 할 때는 발음 이 '완'이지만 고을 이름이나 나라 이름으로 쓸 때는 '원'으로 발 음하거든. 大宛에서 '완'을 '완연하다'의 의미로 쓰진 않을 것 아 닌가. 나라 이름 '원'이라는 음이 별도로 있는데, 이를 놔두고 뜻 도 다르고 발음도 다른 음을 사용할 이유가 있겠는가? 大宛에서 宛은 나라 이름이라고 보는 것이 타당하기에 '대원'으로 발음하 고 그곳에서 나는 말은 대원마라고 해야 맞지. 그럼에도 우리나 라에서는 대부분 대완마라고 해. 이것도 공부만 해서는 알 수 없 어. 그냥 외울 테니까. 연구까지 해야만 가능하지. 장황하게 설명 했는데 뭔 말인지 알겠어?

팀장　그러니까 소장님 말씀은 '공부하다'라는 말이 '연구하다'라는 의 미까지 지니게 된다면 자신도 모르게 연구 모드로 전환되어 저 절로 한 문장이라도 더 깊이 생각하게 된다는 뜻인가요?

소장　이해를 확실히 돕기 위해서 『장자』의 「천도天道」 편에 나오는 이 야기를 하나 들려주지.

　　춘추시대 제나라의 환공桓公이 책을 읽고 있었다. 윤편輪扁이 마루 아래서 수레바퀴를 깎고 있다가 물었다.
　　"감히 묻자온데, 왕이 읽고 계시는 것이 무엇입니까?"
　　환공은 윤편을 내려다보며 말했다.

"성현의 말씀이네."

윤편은 다시 물었다.

"그 성현이 살아계십니까?"

환공이 대답했다.

"이미 돌아가셨네."

그러자 윤편이 환공을 바라다보며 말했다.

"그렇다면 왕께서 읽고 계신 것은 옛사람의 찌꺼기이군요."

이 말을 들은 환공이 버럭 화를 내면서 말했다.

"과인이 책을 읽고 있는데 수레바퀴나 만드는 놈이 감히 시비를 건단 말이냐. 합당한 설명을 한다면 괜찮겠지만 그렇지 못하면 죽음을 면치 못할 것이다."

윤편은 차분하게 설명했다.

"제가 하는 일의 경험에서 말씀드리겠습니다.

수레바퀴를 깎을 때 많이 깎으면 굴대가 헐렁해지고 덜 깎으면 너무 죄입니다.

그래서 더도 덜도 아니게 정확하게 깎는 것은 손짐작으로 터득하고 마음으로 느낄 뿐 입으로 표현할 수 없습니다. 이러한 요령은 자식에게도 가르치지 못하고 자식도 저에게 배우지 못합니다.

그래서 제가 칠십이 되도록 이렇게 손수 수레바퀴를 만드는 것입니다.

마찬가지로, 옛 성인들도 자기의 생각을 제대로 전하지 못한 채 죽었을 것입니다.

그러므로 전하께서 읽으시는 것이 옛 성인의 찌꺼기라고 말씀드린 것입니다."

생각³

팀장　저도 알고 있는 내용입니다.

소장　여기서 술 찌꺼기를 나타내는 글자로 원문에서는 '糟魄'이라는 한자를 사용하고 있지. 보통 술 찌꺼기는 한자로 '糟粕'이라고 쓰는데 말야.

팀장　같이 쓸 수 있는 단어인가 보네요? 문제없어 보이는데요?

소장　응. 그런가 봐. 문제는 이 '糟魄'의 발음이야. 많은 사람들이 이 글자의 음독을 '조백'인지 '조박'인지 헷갈려하지. '魄'이 넋 백, '혼백魂魄' 할 때의 그 '백' 자거든. 그래서 조백으로 발음하는 경우도 많아. 魄의 뜻 중에는 '술 찌꺼기'[3]도 있는데 이때는 '박'으로 발음하지. 이건 몰라도 돼.

팀장　왜 몰라도 되나요?

소장　술 찌꺼기를 뜻하는 원래 한자어인 '糟粕'은 발음이 '조박'이거든. 그러니까 원래 술 찌꺼기를 뜻하는 糟粕이 있고, 糟魄의 魄은 粕을 대신하여 쓴 글자이므로 '박'으로 읽어야겠다고 생각할 수 있지. 糟粕이라는 본디 쓰는 말이 있고 '조박'으로 발음하는데, 굳이 糟魄을 '조백'으로 발음할 이유가 없지. 혼란스럽게. 이는 三이라는 숫자 대신 쓰는 參을 '참'이라고 발음하지 않고 '삼'이라고 발음하는 이치와 같지. 이게 다 '공부하다'에서 '연구하다'로 생각을 넓히면 금방 알 수 있는 것이지.

팀장　그런데 糟魄을 '조박'으로 발음하려면 원래 술 찌꺼기를 뜻하는 한자인 糟粕을 먼저 알아야겠네요?

소장　그렇다고 볼 수 있지. 연구하는 자세를 가진다면 이런 식의 유추

....

3　술지게미, 재강이라고 한다.

나 지식 확장이 가능하다고 봐. 세계를 선도하는 대부분의 선진국에서 사용하는 '공부하다'라는 단어는 모두 '연구하다'라는 뜻이 있어서 그들에겐 '공부가 곧 연구'인 것이지. 우리는 '공부하다'라는 단어에 '연구'라는 뜻이 없어 별도로 '연구하다'라는 단어를 가져와야 하는 불편함이 있어. '공부하다'에서 '배우다', '익히다', '학습하다'라는 말까지는 연상이 가능하겠지만 이를 건너뛰고 '연구하다'를 떠올리기란 쉽지 않다고 보네. 우리의 공부법은 그저 단순 반복만 할 뿐이지.

팀장 그래서 누군가가 '공부하라'고 말한다면 그것은 뭔가를 암기하라는 뜻으로 받아들이겠네요?

소장 공부에서 '연구나 궁리'까지 해야 한다는 생각 자체를 하지 못하지. 단어 자체에 그런 의미가 없으니 연구나 궁리는 대학원이나 연구소에서 하는 것으로 인식할 뿐이야. 자녀들에게 '너 공부 좀 해라'라는 말이 '너 단순 반복 암기나 해라'라는 뜻으로 전달되는 나라와 '너 연구 좀 해라', '너 궁극의 이치 좀 파라'라는 뜻으로 받아들이는 나라는 연구 성과나 이에 따른 과학 격차가 엄청나다고 할 수 있지.

생각³

속담이나 고사성어를 제대로 모른다

청출어람의 뜻

팀장 속담이나 고사성어를 많이 알아도 사고력에 도움이 되나요?

소장 당연하지. 하지만 뜻을 제대로 알아야지.

청출어람靑出於藍이라는 말이 있어. '푸른색은 쪽藍에서 나왔지만 쪽빛보다 더 푸르다'라는 뜻으로, 제자가 스승보다 더 나음을 비유하는 고사성어야. 그런데 이 청출어람만 가지고는 '푸른색에서 나왔지만 쪽빛보다 더 푸르다'라는 말이 도저히 연상되지 않았어. '푸른색이 쪽에서 나왔다' 정도로 해석되는데, 쪽빛은 일반적으로 남색이라고 해서 한자로 藍色이며 푸른靑색보다 더 색깔이 짙어. 영어로는 dark blue, indigo blue로 역시 blue보다 더 짙은데, 어떻게 진하고 짙은 데서 그보다 옅고 밝은색이 나온 것을 전보다 더 좋은 것이 나왔다고 좋은 쪽으로 해석되는지 이해가 가지 않았어.

팀장 원문을 보면 정확하게 알 수 있을지 모르잖아요?

소장 청출어람은 중국 전국시대의 사상가로서 성악설性惡說을 창시한 순자荀子의 사상을 집록한 『순자』의 「권학勸學」 편에 나와. '학문은 그쳐서는 안 된다學不可以已. 푸른색은 쪽에서 취했지만 쪽빛보다 더 푸르고靑取之於藍而靑於藍 얼음은 물이 이루었지만 물보다도 더 차다水水爲之而寒於水.'라고. 여기서 제자가 스승보다 뛰어나다는 뜻인 '청출어람'이 나왔으며, '청출어람 청어람靑出於藍 靑於藍'이라고 해야 '쪽빛보다 더 푸르다靑於藍'라는 의미가 갖추어지지만 일반적으로 줄여서 청출어람이라고 써.[1]

팀장 원문을 봐도 달라지는 게 없는데요?

소장 원문을 봐도 모르겠더라고. 아무리 생각해도 남藍에서 나온 청靑이 남藍보다 더 진하지는 않기 때문이지. 내 생각으로는 靑出於藍이 아니라 藍出於靑이 되어야 말이 되지 않나 싶어서 항상 의아했어. 이래야 '남색은 푸른색에서 나왔지만 푸른색보다 더 진하다'라는 뜻이 되기 때문이지.

팀장 듣고 보니 저도 혼란스럽네요?

소장 아마도 내가 남藍을 잘못 해석하고 있어서인 듯해. 고사성어에서 말하는 쪽은 가공하지 않은 쪽풀, 즉 녹색을 의미한 것이었으며 나는 쪽풀에서 만들어낸 색, 즉 남색으로 알았기에 이런 혼란이 생겼을 것이야. 청출어람의 뜻은 '푸름은 쪽(또는 쪽풀)에서 나왔다'라고 하는 표현이 바른 것이지. 색色을 넣어서는 안 돼. 쪽 자체의 색과 쪽에서 나온 남색은 엄연히 색깔 자체가 다르니까.

팀장 정말 별걸 다 궁금해하셨네요. 우린 그냥 그런가 보다 하는데. 사전의 해석인 '푸른색은 쪽藍에서 나왔지만 쪽빛보다 더 푸르다'를 자세히 보니 혼란스러울 만도 하겠는데요. 앞에서는 '쪽'이라고 하고 뒤에서는 '쪽빛'이라고 하면서 '빛', 즉 '色'을 쓰니까

....

1　네이버 지식 백과(두산백과)-청출어람

요. 그냥 둘 다 '쪽'으로 했으면 그런 혼란은 없었을 터인데 말입니다.

소장   응, 그렇게 해석하면 좀 나아지겠는데? 아주 괜찮아. 그런데 참 팀장님은 '쪽 팔리다'의 어원이 쪽인 건 알고 있지?

팀장   예, 전에 소장님이 말씀해주셨습니다. 전 낯짝을 유추해서 '얼굴 팔리다'에서 나온 줄 알았는데 그게 아니더군요?

소장   쪽빛 즉 남색을 내는 일이 어렵기 때문에 염색장이가 제대로 쪽빛을 내지 못할 때 '쪽팔리다'라는 말을 쓴다고 하더라고.[2] 참고로 서양에서는 남색을 바다 달팽이로 만들어. 그래서 귀해. 반면에 우리는 남색이 흔하지. 그래서 '쪽팔리다'의 또 다른 어원도 있어. 우리나라는 쪽이 흔하니까 남색 옷이 흔하게 팔려서 '쪽팔린다'라고 했다는 설도 있지.

'쇠뿔도 단김에 빼라'로 내기를 하다

팀장   정말 소장님은 별걸 다 알고 있네요?

소장   쇠뿔도 단김에 빼라고 이번에는 '쇠뿔도 단김에 빼라'라는 속담에 대해서 이야기해 줄까?

팀장   예, 쇠뿔도 단김에 빼야죠.

소장   20년도 더 된 일 같아. 당시 대검찰청에서 근무했었는데 우연히 '쇠뿔도 단김에 빼라'라는 속담의 원래 뜻이 무엇인지에 대해 직원들 사이에서 열띤 토론이 벌어진 일이 있었어. 직원 대부분은 '소의 뿔을 단박에 빼내라'라는 뜻의 '소뿔牛角'로 이해했는데 다

....

2   2011년 10월 디스커버리 채널 '염색장' 내레이션 중에서

른 직원은 '쇠뿔'을 쇠鐵의 불火로 이해하여 '쇠를 풀무질해서 빨
갛게 달구어졌을 때 식기 전에 늘리고 펴라'라는 뜻이라고 주장
하였거든. 듣고 보니 둘 다 맞는 거 같았어. '단숨에'를 '단박에'
로 해석하느냐 '달군 김에'로 해석하느냐에 따라 결과가 달라졌
지. 추후 몇 명이 이 토론에 가세하여 나중에는 쇠뿔은 '소의 불
알'이라고 주장하는 사람까지 나왔어. 소의 불알을 없애서 거세
우를 만들면 소가 순해지고 육질이 좋아지기 때문에 예로부터
해왔지. 이 주장도 그럴듯하더라고. '소의 불알'을 떠올린 사람은
'쥐뿔도 없다'에서 '쥐뿔'이 '쥐의 불알'임이 연상되어서 그렇게
주장하였다고 하더군.

팀장 3파전으로 붙었네요?

소장 우리끼리는 결론을 내지 못하고 결국 인터넷을 검색하여 소뿔은
'우각'으로 결론이 났지만, 이것도 명쾌한 설명은 아닌 듯싶어.
지금도 인터넷에는 '소의 불알'을 제외한 두 가지 모두 언급되고
있으며 '우각' 주장이 우세한 편이야.

팀장 이게 실제로 있었던 일인가요? 어떻게 이런 논쟁이 가능했죠?

소장 순전히 나 때문이지. 내가 저번에 십자말풀이를 응모해서 상품
권도 받았다고 했잖아. 그것을 사회생활 하기 전부터 쭉 즐겼기
에 회사에 입사해서도 하게 되었는데, 그날도 아마 십자말풀이
가 끝나고 난 후 이런저런 이야기를 하다가 속담에까지 이르러
쇠뿔에 대한 논쟁으로까지 번진 거였을 거야. 이왕 말이 나왔으
니 하는 말인데 난 젊었을 때 십자말풀이로 내기를 많이 한 것
같아. 1,000번 정도 했는데 한 번도 진 적이 없었지.

팀장 단 한 번도 없다는 것인가요? 그리고 1,000번이 가능한가요?

소장 진 기억이 거의 없고, 하루에 2개 내지 3개 신문사의 십자말풀이를 거의 5년 동안 했으니 1,000번이 훨씬 넘지. 무림 고수가 타 지역의 다른 고수를 찾아가 결투를 신청하듯, 나도 공부 좀 하거나 낱말 많이 안다는 사람을 찾아가 배틀을 걸었지.

팀장 하긴 저번에 직원들과 도다리쑥국을 드실 때 한 직원이 '소장님 도다리도 가자미의 일종이죠?'라고 질문했을 때 '도다리를 다른 말로 문치가자미라고 하지.'라고 하신 적 있었죠. 그 외 몇 개 더 생각나네요. 청사 건물 꽃 주변에 작은 새 같은 게 날아다녀서 어느 직원이 '벌새인가?' 할 때 벌새는 우리나라에서 살지 않는다며 '박각시나방'이라고 알려주었고, 아파트 동 호수 추첨할 때 쓰는 '수기 추첨'이 한자로 '手記'가 아닌 '隨機抽籤'이라면서 '隨機'는 'Random' 즉 무작위를 뜻한다고 하신 일 등 이루 헤아릴 수 없이 많았네요.

소장 뭐, 그냥 알고 있어서 알려준 것뿐이지. 다른 곳에서 실수하지 말라고.

팀장 압권은 이거였죠. "우리가 어떤 원로 가수의 별명을 '엘레지의 여왕'이라고 하는데 물론 이 엘레지는 외국어로 비가悲歌라는 뜻이지만, 우리말로 개의 음경이라는 뜻도 있어. 엘레지의 여왕이라고 할 때마다 '개자○의 여왕'이라는 말이 생각난다."라는 얘기에 정말 정말 많이 아신다는 생각이 들었습니다.

어떤 연결도 가능하다

동양 고사성어와 서양 고사성어의 연결

소장   난 엘레지에서 '개자○'란 뜻을 먼저 알아서 그래. 오가피도 그래. 보통 오가피五加皮, 가시오가피라고 알고 있잖아. 난 이 나무를 알기 전에 이미 오카피Okapi라는 아프리카 기린과 동물을 먼저 알았어.

팀장   어떤 것을 먼저 알든 대단하시네요. 십자말풀이 하나에서 속담 풀이까지 나왔다니 그저 놀라울 따름입니다. 고사성어도 많이 아실 것 같고 더 재밌는 일은 없었나요?

소장   동양의 고사성어와 서양의 고사성어를 함께 연결한 적이 있었지. 지인으로부터 아인슈타인급 연결 능력이라고 칭찬받았어.

팀장   그게 뭔가요?

소장   별거 아닌데 지인은 둘 다 알면서도 이 둘을 쉽게 연결시키지 못했나 봐. 먼저 동양 고사성어를 들어봐.

고사성어에 상저옥배象箸玉杯라는 말이 있어. 작은 낭비가 결국 나라를 망치게 한다는 뜻인데 상저象箸는 '상아象牙로 만든 젓가락'이고, 옥배玉杯는 '옥으로 만든 술잔'이야. 중국 상商의 마지막 임금인 주왕紂王은 상아로 젓가락을 만들게 하였는데, 주왕紂王의 숙부叔父인 기자箕子가 이를 두고 "상아 젓가락으로 식사를 하면 그 때까지 사용하던 질그릇이 성에 차지 않아 뿔과 옥으로 그릇을 만들게 하고, 상아 젓가락과 옥 술잔을 쓰게 되면 평범한 음식으로는 성에 차지 않아 반드시 진귀한 음식을 찾게 될 것이며, 그런 음식을 먹으면 평범한 옷이나 집으로는 만족하지 못해 비단 옷과 화려한 고대광실高臺廣室을 찾게 될 것이다. 그러니 나는 상아 젓가락이 두렵기 그지없다."라고 훈계하였어. 그러함에도 사치를 멈추지 않아 주왕은 상의 마지막 임금이 되고 말았지.[1]

팀장 그럼 서양 고사성어는요? 그런데 서양에도 고사성어가 있나요?

소장 서양에는 고사성어는 없지만 유명인들의 일화 등이 있지. '디드로 통일체' 또는 '디드로 효과'라는 게 있어. 친구가 준 세련된 빨간 가운과 자신의 낡은 물건들이 어울리지 않는다고 생각해서 가운과 어울리도록 의자, 책상 등을 빨강 계열의 새것으로 바꾸다가 마침내 모든 가구를 바꾸게 되어 결국 돈을 낭비한 후 후회했다는 내용으로, 이도 하나를 보면 열을 알 수 있다는 충분한 예가 될 수 있지.

팀장 둘 다 알고 있더라도 쉽게 연결시킬 수 없는데 용케도 연결시키네요?

소장 지식이 짧아서 그래. 몇 개 알지 못하는 것으로 어떻게든 많아 보이게 하려고 이리 연결하고 저리 연결해보는 것이지. 그러다 하나 얻어걸린 것이고. 지식이 많은 사람은 그럴 필요가 없지. 안 그래?

....

1   네이버 지식백과

팀장 그건 아니죠. 단순히 개별 지식을 많이 아는 것보다는 연결 능력이 탁월한 것이 진짜 능력인 것이죠. 그런데 상저옥배를 들으니 범주의 오류가 아닌가 싶은데요? 상아 젓가락을 사용하는 것과 나라가 망하는 것은 별개의 범주인데 말이죠? 결과는 맞았지만 말입니다.

소장 논리로 보면 범주의 오류가 분명하네. 그래서 난 이를 프랙털로 설명하려고도 했어. 부분을 보면 전체가 보이고, 전체를 알면 부분이 보이는 것 말이야. 그런데 프랙털은 나뭇잎이나 눈 결정체 등에서 실제로 보이는 것인데, 이런 추상적인 것에도 사용할 수 있는지 모르겠더라고.

팀장 부분을 보면 전체가 보이고, 전체를 알면 부분이 보이는 것은 논리에서는 결합의 오류가 아닌가요?

소장 맞네. 결합의 오류 또는 분해의 오류로 볼 수 있지. 벌써 실력이 꽤 늘었네. 내가 중요시하는 게 범주의 오류거든. 이 오류만 이해해도 생각하는 데 도움이 많이 되지. 내가 말하는 것이나 사례 등에서 범주의 오류를 찾아보고 그때그때 이야기해줘. 그래야 나도 범주의 오류를 줄일 수 있거든.

팀장 예. 알겠습니다. 소장님이 항상 논리의 오류를 공부하라고 해서 잠깐 공부해 둔 것인데 많이 도움이 됩니다.

누워있는 눈, 서 있는 눈

소장 고맙군. 이번에는 동양과 서양을 직접 연결하는 것을 들어 볼래?

팀장 예? 직접 연결하다니요?

소장 난 태어나서 해외를 딱 한 번, 법무부 근무할 때 갔었지. 해외 공관 공증감사 일로 6박 7일[2]로 캐나다에 다녀온 적이 있어. 첫 일정은 토론토였지. 시간 여유가 있어서 같이 간 직원들과 나이아가라 여행 일정을 잡고 교포 가이드를 섭외했어. 그 가이드 차로 우리 일행 셋이서 함께 이곳저곳 관광을 하였는데 토론토시 구청사에 이르러 가이드가 "저 구청사가 위에서 보면 뭐로 보일까요?" 하고 묻더군. 난 1초도 안 걸려 '눈동자' 또는 '눈'이라고 대답했지. 그분은 놀랍다는 듯이 쳐다보면서 맞는다고 말하더군.

팀장　어떻게 그렇게 쉽게 알아맞혔나요?

소장　내가 그렇게 금방 알아맞힐 수 있었던 것은 대검찰청에서 근무할 때 항상(솔직히 항상 본 건 아니고 가끔 눈에 띄길래, 저런 동상이 있나 보다 하고 생각할 정도였지만) 보던 '서 있는 눈' 동상이 연상되어서였을 거야. 토론토시 구청사와 서 있는 눈은 크기나 생김새 등은 전혀 다르지만, 머릿속에서 순간적으로 매칭되어 '눈'이라고 말하게 된 것 같아. 나는 이에 덧붙여 구청사를 새로이 명명까지 했지. 그 전에 어떤 애칭이 있었는지 모르지만 '누워있는 눈' 또는 '하늘을 향한 눈'으로 말이야.

팀장　설사 '서 있는 눈'을 그 전부터 봐왔을지라도 동상은 높이가 기껏해야 $3{\sim}4m$이고, 토론토시 구청사는 높이도 수십 m에 넓이도 수십 m^2이고 더군다나 하늘에서 봐야 알 수 있다는데, 연상 실력이 대단하시군요? 혹시 미리 캐나다 여행을 위해서 정보를 찾아본 건 아닌가요?

소장　가이드가 어디로 안내할지 모르는데 어떻게 일일이 찾아본다는

2　시차로 인해서 6박 8일 같기도 한데 확실하지는 않음.

말인가? 그 일이 있은 후 당일 저녁에 숙소 호텔에 와서 인터넷 검색을 해봤는데 당시는 2015년도여서인지 사진을 찾을 수 없더군. 최근에 검색해보니 여러 블로거들이 사진을 올렸더군. 그 후 하루 더 같이 그 가이드랑 다니면서 관광을 계속 이어갔어. 가이드가 장애인 단체가 운영하는 농장인가 공장으로 우리를 안내하면서 주차장에서 멀리 보이는 '꽃시계'를 가리키더니 시계에 쓰인 시침과 분침이 뭐로 보이느냐고 또 묻더라고. 난 당연히 망설임 없이 목발이라고 대답했지.

팀장 그 시침과 분침이 목발로 보였나요?

소장 그 거리에서 목발로 보였다면 다른 일행도 알았겠지. 가까이서 보아야 목발이라는 것을 알 수 있어. 난 장애인을 위한 단체라는 말을 듣고 장애인을 상징하는 것으로 목발과 휠체어를 생각했던 것 같고 휠체어는 아니라서 바로 목발이라고 대답한 것 같아. 나중에 그곳이 '나이아가라 파크 보태니컬 가든'이라는 곳임을 알았지.

팀장 또 다른 에피소드도 있었나요? 소장님은 에피소드 메이커 같군요.

소장 다행이네. 트러블 메이커라고 하지 않아서. 관광하는 도중에 또 가이드가 메이플라워호에 앞서 존 롤프가 먼저 미국에 왔다는 이야기를 하더군. "아, 포카혼타스요!" 하고 대답했지. 포카혼타스 이야기를 할 것 같아 미리 말한 것이지. 그런 후 작은 마을 근처에 이르렀는데 'Prince of Wales'라는 술집 간판이 보이더라고. 그래서 이번에는 내가 가이드에게 먼저 물었지. 저 뜻이 무엇인지 아느냐고. 가이드는 '웨일스의 왕자'라는 뜻은 알지만 더 자

생각³

세한 것은 모르더라고. 그래서 내가 설명했지.

팀장 가이드에게 설명한 내용이 저도 궁금합니다.

소장 영국이 웨일스를 병합할 때 끝까지 저항하는 웨일스에게 그만 항복하라고 종용했지. 그러자 웨일스는 '웨일스의 황태자가 항복하라고 하면 몰라도 영국 황태자가 항복하라고 하면 절대 항복하지 않겠다'고 농담 식으로 이야기하였는데, 영국이 '그럼 우리 황태자 명칭을 'Prince of Wales'라고 부르면 항복하겠네'라고 한 후 황태자명을 바꾸었고 실제로 웨일스는 항복했지. 그 후 영국 황태자의 공식 명칭은 'Prince of Wales'가 되었던 거야. 지금까지도. 난 이국 타향에서 그 가이드가 낸 3개의 문제를 다 맞혔고 그 가이드는 내가 낸 문제를 맞히지 못했지. 가이드가 그러더군. '정말 많이 아신다'고.

팀장 가이드가 그럴 만도 하죠. 거의 모르는 게 없으시니.

소장 그래서 내가 겸손 떤다고 "제가 어찌 다 알겠습니까? 다만 오늘 어디로 가고 거기에는 뭐가 있으며 이쯤이면 가이드가 이와 같은 질문을 하겠다고 예상해서 검색한 후 외우고 있을 뿐"이라고 대답했지.

팀장 소장님은 잔인하네요. 아주 두 번 죽이는군요. 가이드 입장에서는 질리기도 하고 얄밉기도 했겠네요?

소장 겸손이 왜 잔인하게 되었는지 지금도 알 수가 없네. 이건 농담이고. 외국에서도 내 지식이 통한다는 것이 좀 신기하더라고. 물론 교포라서 영어를 쓰지 않아서 좀 아쉽지만.

팀장 어찌 되었든 연결은 연결이네요. 서울에 눈 하나, 토론토에 눈 하나.

소장 전혀 관련 없는 두 눈을 연결하고 나니 두 눈이 불쌍하더라고. 하나는 대한민국 서초동에 하나는 캐나다 토론토에. 눈 가지고 장난하는 거 아닌데 그냥 딱 눈감고 모른 척할까?

팀장 그러시죠. 소장님은 뭐든지 연결하는 능력이 탁월하신 것 같아요. 그것도 역량이라면 역량이라고 할 수 있죠. 그런데 여기서 질문이 있는데요.

소장 뭐지? 질문 자체는 좋은 것이지.

연결, 연상, 영감

팀장 누워 있는 눈을 서 있는 눈으로 연결하였다고 하셨는데 이게 정확하게 연결인가요, 연상인가요 아니면 영감인가요? 생각과 관련해서 어떤 이는 전혀 다른 이것과 저것을 연결하는 것이라고 하고, 다른 이는 기존 지식과 새로운 지식을 혼합해서 이리 굴리고 저리 굴려보는 연상이라고도 하고, 한 유명한 사람은 영감이라고도 하는데 어떤 표현이 맞을까요?

소장 뭐, 그게 그 말인데 굳이 구별하자면 연결은 적극적이고 능동적인 행위라 할 수 있지. 즉 '연결한다'라는 표현을 보면 알 수 있고, 연상은 소극적인 행위라고 볼 수 있지. 적극적으로 의욕하는 게 아니라 소극적으로 마음 한구석에서 표상이 일어나는 것이지. '그것이 연상되네' 같은 표현이 있잖아. 영감은 연결하거나 연상된 것에서 그치지 않고 뭔가 결과물을 획득하는 거야. 그래서 '영감을 얻다'라고 표현하는 것이겠지. 연결은 사물과 사물, 지식과 지식을 결합하는 행위라 할 수 있고, 연상은 추상적으로 뭔가 떠오르는 정신작용이라고 볼 수도 있지. 영감은 아이디어,

생각[3]

힌트, 착안, 사안 등 구체적인 것을 구하는 것이라고 할 수 있고. 나의 서 있는 눈과 누워있는 눈은 연결이나 연상이지만 영감은 아니지.

팀   보통 지능 검사할 때 도형의 전개도를 보여주면서 점선대로 접으면 어떤 도형이 될까 하는 문제가 나오잖아요? 공간지각능력을 측정하는 것인데 이것과 소장님이 말하는 연결, 연상, 영감은 어떻게 다른 건가요?

소장   지능지수 측정에 사용되는 도형은 말 그대로 지능을 측정하기 위한 것으로, 여기서 말하는 연상, 연결, 영감과는 큰 관련이 없다고 봐. 정답이 반드시 존재하고 4개 중에서 고르는 것, 어찌 보면 단순한 것이지만 연결이나 연상, 영감 등은 그 이상이지. 지능지수 측정 문제는 1~2단계의 사고를 거치면 가능하겠지만 연결, 연상, 영감은 몇 단계의 사고를 연장해야지. 흔히 말하는 사고의 연장선이라고 할 수 있어. 생각이 범위와 한계를 알 수 없을 정도로 여러 단계까지 확장되어야 가능한 것이지. 촉, 감, 순발력, 재치, 직관, 임기응변, 예지력 등이 관여한다고 봐야 해.

Episode 12 　　　　**역량과 기량의 차이**

역량과 기량의 의미

팀장　소장님은 연상, 연결 능력이 좋으신 것 같아요. 영감까진 모르지 만요.

소장　그런 칭찬을 들으니 기분 좋네. 팀장님은 혹시 역량과 기량의 차 이를 아는가? 표정이 굳는 걸 보니 괜히 칭찬했다는 생각이 드 는 모양이구만?

팀장　아, 그게 아니라 설명만 들으면 새로운 지식을 얻어서 좋은데 가 끔 소장님이 차이를 물어보면 대답을 못 할까 봐 난감한 적이 있 어서, 지금도 저도 모르게 그런 표정을 지은 것 같습니다.

소장　배려는 상대방이 모를 것 같으면 묻지 않는 것도 포함될 수 있 지. 어차피 모를 것이라고 생각되어서 물었는데 대답을 바란다 면 잔인한 것이지. 바로 이야기함세.

> 　남북조 시대에 남조의 송宋나라와 북조의 북위는 강남江南의 사진 四鎭을 둘러싸고 대립하였다. 북위의 태무제가 북쪽을 무력으로 통 일한 다음 서기 449년에 유연을 선제공격하자 송나라 제3대 문제는 이때가 숙적 북위를 공격할 절호의 기회라고 판단하여 문신들과 북

　　　　　　　　　　　　　　　　　　　　　　　　생각³

위를 공격할 구체적인 방법을 논의하였다. 이때 무관인 심경지는 이전에 결행한 북벌 출병의 전례를 들어 반대하고 다음과 같이 올바른 말을 한다.

"폐하, 밭갈이는 종에게 물어보고, 베를 짜는 일은 하녀에게 물어보아야 합니다. 지금 폐하는 적국을 공격하려고 하면서 백면서생과 일을 도모하면 어찌 적을 이길 수 있겠사옵니까?"

그러나 문제는 심경지의 말을 듣지 않고 문인들의 의견을 받아들여 출병을 강행하였다가 대패한다. 심경지의 말에서 유래한 백면서생이란 얼굴이 검은 무관과 대비하여 집 안에서 책만 읽어 창백한 얼굴의 문신들을 가리키며, 말로만 떠들고 전혀 경험이 없는 사람, 또는 초년생을 비꼬아서 하는 말이다.

출전 경험이 많은 심경지는 비록 글에는 능숙하지 못하지만 어릴 때부터 무예를 연마하여 그 '기량'이 뛰어났다. 10세 때 동진東晉의 장군 손은이 반란을 일으켰을 때 사병들을 이끌고 반란군을 진압할 정도였다. 40세 때는 이민족의 반란을 진압한 공로로 장군에 임명되었으며, 이후에도 혁혁한 전공을 세워 건무장군에 임명되어 변경 수비군의 총수로 부임하기도 하였다.[1]

팀장　백면서생白面書生이라는 고사성어에 관한 내용이군요?

소장　이 고사성어에서 눈여겨봐야 할 단어가 '기량'이야. 역량力量은 '어떤 일을 해낼 힘'을 말하지. 역량을 끌어올린다는 것은 개인적인 능력 범위 안에서 생성되는 내적인 힘을 최대한 발휘한다

....

1　　두산백과-백면서생

는 뜻이라고 볼 수 있지. 쉽게 말해서 '어떤 일을 감당해 낼 수 있는 능력'을 의미해. 기량技倆은 '기술상의 재주'야. '기량 차이가 난다'는 말에서 보듯이 기술상의 재주가 차이가 난다는 것이지. 기술이 특출나다는 뜻 말이야.

팀장   역량이나 기량이 동의어 아닌가요? 전 같은 말로 알고 있었는데요?

소장   두 사람이 있다고 쳐. 한 사람은 A 나라의 장군이 되고 또 한 사람은 B 나라의 장군이 되었어. 이 둘은 자기 나라에서는 역량이 뛰어난 장군들이므로 전투의 선봉장이 될 수 있었지. 하지만 두 사람 간의 우열은 있어. 어차피 전투는 승패가 갈릴 수밖에 없으니까. 이 우열은 기량에서 차이가 나지. 기량에서의 한자 '량倆'은 '재주'라는 뜻도 있지만 '두 사람'이라는 뜻도 있어. 한 사람이 두 사람이 가질 수 있는 능력을 갖췄다는 의미야. 사람이 자신의 역량을 최대한 개발한다고 하더라도 남을 능가하기란 쉽지 않아. 그것은 기량의 문제이기 때문이지. 기량은 한 사람의 능력(역량)과 두 사람의 능력(역량)과의 관계야. 한 사람만의 능력을 갖춘 사람이 두 사람을 통합할 정도의 능력을 가진 자를 뛰어넘기에는 많은 어려움이 따를 것임은 자명하지.

팀장   송 문제는 기량이 부족한 것인가요?

소장   송 문제는 한나라를 통치할 역량은 있었는지 몰라도 전쟁에서 이길 수 있는 기량은 역부족이었어. 사람을 보는 기량 역시 부족하였지. 그래서 실전 경험이 없는 문인들의 말을 너무 믿었지. 기량은 전방위적이야.

팀장   전방위적이라뇨?

생각³

소장 기량은 전 영역에 걸쳐 있다는 뜻이야. 심경지는 송 문제의 곁에는 뛰어난 문관이나 책사가 없는 것을 이미 간파했고, 그래서 송 문제가 북위를 공격하면 패할 것을 금방 알았지. 기량이 탁월한 자는 전쟁에 나서면 반드시 승리하고 또한 승산 없는 전쟁에는 나서지도 않아.

팀장 기량과 역량을 수치적으로 차이를 들어 설명해 줄 수 있으신가요?

소장 간단해. 어떤 사람이 100의 역량이 가지고 있다면 이 사람은 최대한 100까지 역량을 끌어올릴 수 있지. 이것만으로도 평생 해도 모자랄 대단한 일이지. 하지만 기량은 두 배이므로 기량이 출중한 사람이 자신의 역량 100%를 발휘한다면 그 수치는 200에 가깝지. 100이 200을 이길 수는 없지 않은가? 내가 아무리 역량을 100% 끌어올린들 리오넬 메시의 70% 기량[2]을 따라잡을 수 있겠나. 그렇다고 메시가 기량의 50%만 발휘하는 것도 아니고. 그도 최선을 다해서 100%를 발휘한다면 기량 면에서 떨어지는 나는 그를 이길 수 없는 것이지. 내가 축구를 연습해서 그전보다 잘한들 이는 역량을 키운 것이라고 봐야지, 기량은 아니라고 보면 되네. '현격한 기량 차이', '출중한 기량으로 승리하다' 뭐 이런 표현이 딱이지.

팀장 역량과 비슷한 말 중에 '용량'이라는 말도 있잖아요? 역량과 용량은 어떻게 다른가요?

소장 용량은 그릇 크기라 할 수 있지. 어떤 사람을 평가할 때 '그릇이

....

2   메시는 나의 역량 100%를 넘는 140%의 역량을 발휘하였으므로

크다, 작다'라고 표현하잖아. 그 그릇 말이야. 용량을 역량으로
볼 수도 있지. 용량의 영어 표현은 Capacity이고 역량 역시 같은
단어를 쓰는 경우가 있지.

팀장 역량을 용량으로 치환해보니 훨씬 이해가 잘 되네요. 용량은 그
릇 크기이니 아무리 노력해도 그 그릇 이상으로 담을 수 없는 것
이고요.

소장 역량에는 Capability나 Competence라는 말도 쓰니 용량이 역
량의 뜻을 모두 담지는 못하지. 자네 『삼국지연의』 읽어봤다고
했지?

팀장 예. 한두 번 정도 읽은 것 같습니다.

역량과 기량 차이의 예

소장 『삼국지연의』에 나오는 대목을 통해 기량과 역량의 차이를 설명
해 보겠네.

후주 유선에게 출사표를 올린 후 처음 기산으로 나와 북벌을 감
행할 때이다. 연전연승을 거듭하고 있던 차에 원래 촉의 장군이었
다가 위에 항복하였던 맹달이 다시 위를 배반하고 촉으로 귀순한다는
소식을 접한다. 이에 제갈량은 몹시 기뻐하며 맹달에게 다음과 같은
내용의 편지를 써 보낸다.

"근자에 듣자니 조예가 사마의를 복직시켰다 하오. 공께서 거사한
것을 안다면 반드시 먼저 올 것이오. 모름지기 만전을 다해 방비할
것이지 절대로 등한히 여기지 마시오."

이때 사마의는 제갈량의 말대로 시골로 물러나 있다가 막 복직되

던 시기였다.

편지를 본 맹달은 웃으며 말한다.

"사람들이 공명은 생각이 많다고 하던데 이제 이것을 보니 정말 그렇구나!"

그러면서 다음과 같이 회신한다.

"사마의의 일은 두려워할 것이 없습니다. 사마의가 저의 거사를 듣더라도 1천2백 리 떨어진 낙양까지 가서 위주에게 보고하여야 하고 그렇게 될 경우 한 달이 걸릴 것입니다. 그때까진 우리는 외진 요충지에 있을 것이니 걱정하실 일은 아닙니다."

이를 받아본 제갈량은 서신을 바닥에 내던지고 발을 구르며 탄식한다.

"맹달은 기어코 사마의의 손에 죽고 말겠구나!"

제갈량의 말대로 사마의는 복직과 동시에 곧바로 군사들을 소집한 후 위 명제에게 보고하지 않고 밤낮을 쉬지 않고 열흘 만에 달려가 맹달이 지키고 있던 신성에 도착한다. 갑작스러운 위군의 침입에 방심하던 맹달은 속수무책으로 당한 후 결국 죽임을 당한다.

팀장 다행히 저도 이 부분은 기억이 나네요.

소장 맹달은 안이하게 대처하다가 사마의에게 죽임을 당했지. 사마의는 맹달이 제갈량과 내통한 후 배반하였을 것으로 보고 곧바로 제갈량을 향해 파상공세를 펼쳐. 제갈량은 사마의의 15만 대군과 자신의 군대 2,500명이 대치하는 절체절명의 위기에 빠지기도 해.

팀장 왜 같은 지휘관급인데 이런 결과를 초래하는 것이죠?

소장 맹달은 자신의 생각과 판단을 과신하였고 자신의 역량을 과대 평가했어. 그보다 앞선 사람은 사마의였으며 더욱 뛰어난 사람은 제갈량이었지. 제갈량은 맹달이 사마의의 적수가 아님을 알고 있었고 맹달의 패배로 자신도 위험해질 것임을 내다봤으니깐. 사마의는 맹달은 제거하였지만 사로잡을 수 있었던 제갈량은 의심 때문에 실패하게 되었지. 맹달과 사마의, 제갈량 사이에는 기량의 차이가 있었고, 사마의와 제갈량은 비슷한 기량을 가진 자들로, 우열의 차이라고 보면 돼. 이 우열도 결국 기량 차이겠지만.

팀장 맹달이 다른 때는 잘 판단하였으나 이번 경우에만 잘못 판단하였을 수도 있잖아요?

소장 그전에는 잘 판단해서 살아남았다면 그저 역량 때문이었겠지. 이번 경우에는 자신의 역량을 뛰어넘는 엄청난 기량을 지닌 사마의를 만난 것이야. 적수가 될 수 없었지. 사마의란 인물이 가진 기량을 판단할 기량이 맹달에게는 없었던 것, 이것이 그의 죽음을 불러온 것이지.

팀장 기량은 저번에 설명해주셨던 '한 수 위'의 지식에서 '한 수 위'와 비슷한 것 같은데요?

소장 '한 수 위의 기량'이라는 말이 있잖아. 어쩌면 동의어 반복이지. 이제 사고력의 최종 단계인 판단에 대해서 말해줄게.

생각³

사고의 최종 단계는 판단

연역적 사고보다 귀납적 사고를

팀장 잠깐만요. 벤저민 블룸의 교육목표 위계를 보면 지식 → 이해 → 적용 → 분석 → 종합 → 평가인데 왜 분석을 빼시나요?

소장 내 말을 들으면 몰라? 지금까지 설명한 게 다 분석의 결과지. 분석은 그냥 내가 말하는 대로 따라오면 저절로 알게 되는 것이고 이왕 말이 나왔으니 분석에 대해서는 귀납과 연역에 대해서만 잠깐 언급하고 다음으로 넘어가자고!

팀장 하긴 지금까지 소장님이 말씀하신 게 다 분석의 결과이니 따로 분석에 대해서는 언급하지 않아도 되겠네요?

소장 팀장님은 귀납적 사고와 연역적 사고 중에서 더 중요한 것이 뭐라고 생각하나?

팀장 전 둘 다 중요하다고 봅니다. 때에 따라 상황에 따라 다르겠지요?

소장 그렇긴 한데 되도록 귀납적 사고를 해야 해.

이 내용은 어려우니까 네이버 지식백과 내용을 인용할게. 보통 귀납과 연역을 쉽게 이해하도록 삼단논법을 사용하잖아.

귀납은 이렇지.

소크라테스는 죽었다.

플라톤도 죽었다.

모든 사람은 죽는다.

귀납歸納은 개별적인 특수한 사실이나 현상에서 그러한 사례들이 포함되는 일반적인 결론을 이끌어 내는 추리의 방법이야. 곧 귀납은 개개의 구체적인 사실이나 현상에 대한 관찰로써 얻어진 인식을 그 유類 전체에 대한 일반적인 인식으로 이끌어가는 절차이며, 인간의 다양한 경험, 실천, 실험 등의 결과를 일반화하는 사고방식이지.

연역적 추리는 이래.

모든 사람은 죽는다.

영희는 사람이다.

영희는 죽는다.

연역演繹이란 이미 알고 있는 하나 또는 둘 이상의 명제를 전제로 하여 명확히 규정된 논리적 형식들에 근거해 새로운 명제를 결론으로 이끌어 내는 추리의 방법이지. 연역은 전제에 없었던 새로운 사실적 지식의 확장을 가져다주지는 못하며, 이미 전제 속에 포함되어 있는 정보를 명확하고 새롭게 도출해낼 뿐이야.[1]

....

1   네이버 지식 백과

여기서 중요한 것은 연역법을 얻어내기 위해서는 최초에는 귀납적으로 사고해야 한다는 것이야.

팀장 예. 알 것 같습니다. 연역도 귀납이 우선되어야 가능하겠네요. 하긴 귀납이 반드시 옳은 결론을 유도하지 않더라도 실험이라는 방법을 사용하니 언젠가는 옳은 결론을 유도해 낼 것이며, 이 옳은 결론을 통해 연역적 추론을 하겠네요?

소장 지퍼라고 있어. 옷은 이 지퍼 이빨이 서로 맞물려야 잠글 수 있지. 지퍼는 보통 아래에서 위로 잠그잖아. 아래에 있는 멈춤쇠를 bottom stop이라고 하는데 여기서부터 좌우로 이빨이 시작되지. 지퍼를 중간에 끊어서 보면 어디가 시작인지 몰라. 분명 좌우 둘 중 하나에서 시작되었지만. 연역법은 그런 경우야. 중간에서 툭 자른 것 같은. 하지만 귀납법은 그 시작점을 분명히 알 수 있지.

소크라테스는 죽었다.　　①

플라톤도 죽었다.　　②

모든 사람은 죽는다.　　③

영희는 사람이다.　　④

영희는 죽는다.　　⑤

귀납법부터 시작하면 위의 문장 5개가 매우 자연스럽지. 하지만 연역법으로 해봐. ③④⑤부터 다시 ①②로 하는 순서인데 어딘지 이상하지 않아?

모든 사람은 죽는다.   ③

영희는 사람이다.   ④

영희는 죽는다.   ⑤

소크라테스는 죽었다.   ①

플라톤도 죽었다.   ②

팀장   연역법은 확실히 이상하네요. 연역법은 귀납적으로 확실히 증명 되었을 때에야 가능하겠네요?

소장   바로 그 점이야. 처음 또는 최초를 알고 싶거나 순서를 바로 찾 고 싶을 때는 귀납적으로 사고를 해야 해. 연역법은 귀납적으로 얻은 결과로, 확실해졌을 때나 가능한 것이지. 지금에 와서는 많 은 부분이 귀납적으로 사고해서 논증이 되었기 때문에 연역적으 로 사고해도 문제는 없지만, 어찌 되었든 연역적 사고보다는 귀 납적 사고를 해야 한다고 말하고 싶어.

팀장   연역은 귀납의 응용이거나 결과라고 보면 되겠네요?

소장   사실 가만히 보면 연역법은 전제가 참이면 결론도 참이고 전제 가 거짓이면 결론도 거짓이야. 그러니까 전제만 알면 굳이 결론 까지 갈 필요도 없어. 하나 마나 한 거지. 아, 이런 말도 있잖아. 첫 단추를 잘못 끼우면 모든 게 헝클어지는 법이라고. 단추나 지 퍼나 매한가지지.

팀장   귀납과 연역을 확실히 배웠으며 귀납의 중요성을 알게 되었습 니다.

소장   방금 지퍼 이야기를 했잖아. 지퍼의 개념만 잘 이해하고 이를 응 용해도 사고에 유용하지. 즉 최초의 행위가 뭔지 알게 됨으로써 내가 해야 할 우선순위를 알 수 있게 되는 것이지. 귀납과 연역을 배웠으니 내가 문제 하나 낼까?

팀장 뭔데요? 괜히 긴장되는데요?

소장 개인이 아닌 인류 또는 인류 역사 전체로 확대했을 때 책을 쓰는 행위가 먼저였을까, 아니면 책을 읽는 행위가 먼저였을까?

팀장 책을 읽고 쓰는 거잖아요. 읽어야 내용을 알아서 책을 쓸 수 있겠죠.

소장 지퍼와 연역과 귀납을 응용해서 잘 생각해 봐.

팀장 가만히 생각해보니 인류 전체의 역사에서 보면 책을 쓰는 행위가 먼저겠는데요? 일단 책이 쓰여야 읽을 테니까요. 읽기와 쓰기 중 최초의 행위는 쓰기가 먼저입니다.

소장 대부분 현대 개인들은 책과 관련해서 보는 행위를 먼저하고 나중에 소수의 사람만이 책을 쓰는 행위를 하지. 우리말 순서도 읽고 쓰기지. 그동안 연역적 사고를 해온 결과야. 하지만 범위를 확대해서 인간, 인류 종으로 넓히면 책과 관련된 최초의 행위는 쓰기가 먼저였지. 귀납적으로 사고하면 바로 알 수 있어.

팀장 귀납과 연역 확실히 알았습니다.

판단이 어려운 이유

소장 자, 분석은 이쯤에서 끝내고 판단으로 넘어가자고. 사람들이 어떤 정보를 기억하고 이해하고 분석하고 최종적으로 판단하지만 이 판단이 끝이 아니야. 판단을 왜 하겠어. 보통 사람들이 뭔가를 결정하기 전에 판단하잖아. 어떤 행위를 또는 실행을 하기 위해서 판단하는 것이지. 이해, 적용, 분석은 다 판단을 옳게 하려고 하는 사전 작업이고, 그 기저에는 지식이 있어야 하고, 지식은 당연히 검증된 과학적 지식이어야 해. 그래야 이해 → 적용 → 분석 → 판단의 과정이 올바르게 되지.

팀장 판단의 중요성은 알겠는데, 우리는 왜 판단을 정확하게 하지 못하는 것인가요?

소장 그것은 한마디로 우리가 이성적이 아니라는 것이지.

팀장 엥? 그게 무슨 뜻인가요? 판단과 이성이 무슨 관계인가요?

소장 이성의 사전적 의미는 옳고 그름 또는 선과 악을 판단하는 능력을 말해. 이성이 있는지 없는지는 막연하지만 판단력이 없거나 판단을 못 하는 것은 쉽게 알 수 있지. 그러니까 판단력이 없으면 이성이 없는 것으로 간주하면 되지. 우리가 판단을 못 하는 이유는 그야말로 수백, 수천 가지라고 할 수 있어. 선입견, 편견, 성격장애, 고집, 아집, 인지부조화, 확증편향, 방어기제, 논리적 오류, 신념, 이념, 집착, 본능, 연민, 동정, 궁박, 강요, 순진, 익숙함, 결과론적 설명, 의미부여, 이중잣대, 기질, 성향, 상황, 남탓, 변명, 핑계, 체면, 과대 또는 과소평가, 소심, 짜증, 혼동, 혐오, 증오, 근심, 걱정, 과몰입, 중요도 혼동, 선호, 간과, 타성, 인과관계 전도, 피로, 컨디션 난조, 보상심리, 보답, 미안함, 배려, 긴장 또는 이완, 눈치 보기, 피해의식, 가해의식 또는 죄의식, 우월감, 열등감, 낙관, 수치심, 시기, 질투, 허기, 이해력 부족, 적용을 잘못함, 분석 실패 그리고 심리학에서 나오는 각종 효과 그런 것도 포함되지. 하여간 너무 많아 일일이 열거할 수 없어.

팀장 다른 건 이해가 가는데, 허기가 뭔가요? 배고픔을 말하나요? 배고픔도 판단에 영향을 미치나요?

142   생각³

소장　당연하지. 배고픔은 인지능력을 떨어뜨려 판단을 흐리게 하지. 미국의 가석방위원회의 위원들이 가석방을 심사할 때 점심시간이 가까워질수록 기각률이 높아지고, 점심을 먹고 난 이후에는 석방률이 높아진다고 하잖아. 점심 먹기 전에는 집중력이 떨어져 쉽게 결정할 수 있는 기각을 선택한다고 하더라고.[2]

팀장　정말 별게 다 판단력에 영향을 미치네요?

소장　판단의 가짓수와 사람 수가 같다고 보면 틀린 말이 아니야.

판단은 아무나 하는 게 아니다

팀장　백인백색이라는 말이 생각납니다. 판단이 중요함을 다시 한번 느낍니다.

소장　앞서 난 생각과 판단을 동의어로 본다고 했잖아. 우리는 진정으로 생각하는, 다시 말해 현명한 판단을 하는 사람을 주위에서 쉽게 볼 수 없지. 생각이 생각보다 어렵기 때문이야. 사실 생각은 아무나 할 수 있는 것이 아니지. 생각=사고=판단이라고 할 때 판단은 어느 시대, 어느 나라나 극소수에게 주어진 특권이었어. 조선을 예로 들면 판서判書라는 직책이 있었지.

팀장　오늘날 장관급 벼슬이죠?

소장　맞네. 정이품이지. 여기서 '判'은 '판단하다'라는 뜻이야. 그러니깐 판단은 정이품이 하는 것이지. 차관급을 참판參判이라고 하는데, '판단에 참여한다'는 뜻이고(판단 주체가 아니라 남의 판단에 도움을 준다는 의미), 그 밑의 실장급인 참의參議는 아예 판단에는 참

....

2　『생각에 관한 생각』, 대니얼 카너먼, 김영사

여하지도 못하고 의견만 낼 뿐이었지. 그토록 판단이 어려워서 조선시대에서도 상위 직책에 랭크되어 있는 거야.

팀장 그렇다면 나머지 하위 직급자 또는 일반 백성은 판단하지 않았다는 말인가요?

소장 모든 상황에서 그렇다고 볼 수는 없겠지만, 판단할 수 있는 직책이나 위치에는 결코 다가갈 수 없었겠지. 적어도 공식적으로 '判'자를 쓸 수는 없었다고 봐. 하위 관료나 일반 백성들이 어떤 일에 대해 '내 판단은 이건데'라는 말은 할 수 없었을 것이고 '미천한 제 소견', '아낙네의 알량한 소견' 등으로 표현했을 것이 분명해 보여.

팀장 조선시대 직책에 그런 심오한 뜻이 있는 줄 몰랐네요.

소장 젊었을 때, 정확하게 언제인지 몰라도 신언서판身言書判이라는 당나라 시대 관리 채용 기준과 중국 사서삼경 중 『대학』에 나오는 구절인 수신제가치국평천하修身齊家治國平天下를 거의 동시에 알게 된 것 같아. 당시 이 두 개의 성어가 거의 비슷한 구조라서 신기했어. 각 4개 항목으로 이루어져 있으며 앞의 첫 단어가 각 身과 修身으로 시작되었기 때문이야.

팀장 무엇이든지 연결하려는 소장님의 본능이 작용했겠네요?

소장 그렇지. 혹시 身言書判이 修身齊家治國平天下의 당나라 버전이 아닌가 하는 생각이 들었어. 修身齊家治國平天下는 먼저 자기 몸을 바르게 한 후에 공경대부가 다스리는 家를 운영하고, 제후가 다스리는 國을 경영하고, 그런 다음 천하를 평정해야 한다는 의미로, 유교의 유학자들에게 강조하는 이념이라 할 수 있지.

팀장 家가 가족의 범위보다 넓군요?

소장 이를 당나라에서 관리 임용 기준으로 채택하면서 간결하게 身言書判으로 정리한 것이라고 믿었어. 修身은 身으로, 齊家는 言으로, 治國은 書로, 平天下는 判으로 대입해서 말이야. 修身은 자신의 몸을 수양하면 되는 것이고, 齊家는 가정(가문)의 범위 안에 있으므로 굳이 문서화할 필요 없이 가장(공경대부)이 말(언어, 구두)로써 통제가 가능하였겠지만, 治國은 영토와 백성들이 만만치 않기에 법과 율령이 필요하므로 반드시 문서로 해야만 했고, 천하를 평정하는 平天下는 올바른 판단력이 있어야만 가능하다는 생각을 했을 것이라고 보았기 때문이었지. 어린 나이었을 당시에는 그럴듯하다고 잠깐 흥분도 되었지만 지금 와서 보면 전혀 터무니없는 유추가 아닐 수 없다고 봐. 엉뚱하게 유추한 거야. 유추가 아니라 망상 정도지.

팀장 맞고 틀리고를 떠나서 어린 나이에 그렇게까지 유추할 수 있다니 정말 대단하네요? 지금 들어도 그럴듯한데요?

소장 身言書判에서 난 중요도가 身＜言＜書＜判이 됨을 유추할 수는 있었지. 수신제가치국평천하는 자신의 몸을 닦아서 결국 천하를 통일한다는 의미잖아. 신언서판도 동등한 가치가 아니라 먼저 '신'을 갖추고 나중에는 판단력으로 천하를 통일한다는 뜻으로 이해했지. 그 이후 난 판단력을 제일 높이 평가하게 되었어. 앞서 이야기한 조선의 관직명 중 판자가 들어가는 직책은 판중추부사判中樞府事, 판서判書, 판윤判尹, 의금부판사義禁府判事, 돈령부판사敦寧府判事 등 대부분 정이품 이상이지. 판단할 자리에 있어야 하기 때문이야. 물론 '判' 자가 들어간 말 중에는 종사품인가, 정사품인가 약간 낮은 계급도 있긴 하지만 그래도 높은 관리이지.

Part 2

자유 주제

　 민주 혹은 민주주의의 진정한 의미

민주주의와 민본주의

팀장　오늘 안 좋은 일이 있으셨나요? 표정이 별로 좋지 않네요?

소장　기분이 나쁘다기보다는 생각할 게 있어서 그래.

팀장　무슨 일이 있었습니까?

소장　팀장님 시간 되는가? 30분만 내 이야기 좀 들어보겠나?

팀장　당연히 들어야지요. 금과 옥 같은 말씀이신데.

소장　언행일치라는 말이 있듯이 언표일치가 생각났네. 자네 대답과
　　　　표정이 일치하니 이를 믿고 말하겠네.

팀장　예.

소장　오늘 다른 팀장과 동산 집행을 나갔는데 세입자를 내보내달라는
　　　　명도였지. 우리가 현장에 도착하여 세입자가 사는 호실에 가서
　　　　문을 두드리니 그 세입자는 우리를 믿을 수 없다며 경찰을 부르
　　　　더군. 그래서 얼마 안 있어 경찰이 왔지.

팀장　뭐 명도 집행하면 흔한 일이지요. 채무자가 경찰을 부르는 것은.

소장　대한민국 국민이라면 자신이 국가의 보호가 필요하다고 느낄 때
　　　　경찰을 부르는 일이야 당연하겠지만, 민사집행법에 보면 집행할
　　　　대상이 폭력을 사용하거나 물리적 저항을 하면 우리가 경찰의
　　　　원조를 받게 되어 있잖아. 원래는 우리가 불러야 하는데 우린 그

러지 못하잖아.

팀장 경찰이 와서 채무자의 저항이 잠잠해질 수도 있지만, 경찰을 믿고 오히려 심하게 저항하는 경우도 있고 해서 그렇기도 하죠?

소장 그 과정에서 불상사라도 발생하면 우리가 시간을 내서 조사를 받는 일도 일어나잖아. 또 막상 경찰이 오더라도 민사라면서 거의 수수방관하고. 그래서 경찰을 잘 부르질 않지. 그런데 오히려 채무자 측에서 경찰을 부르는 일이 아이러니했어. 우리야 부르고 싶어도 부르질 않는데 채무자가 불러줘서 고맙긴 하지만. 일단 채권자가 다음에 집행하자고 해서 연기했지만 이 상황을 처음 본 난 '민주'라는 개념을 생각해 봤어.

팀장 민주 또는 민주주의가 쉽게 생각할 주제가 아닌데 그 단순한 사건을 가지고 그 어려운 민주를 생각해봤다는 말인가요? 한번 듣고 싶습니다.

소장 원래 민주民主라는 말은 옛날부터 있었던 말이야. 지금과는 뜻이 달랐지. 민주는 왕이나 통치자를 의미했지. 民의 主人이라는 뜻이었으니까. 지금의 '국민이 주인이다'라는 뜻의 데모크라시democracy는 대중을 뜻하는 demo와 권력을 뜻하는 cracy가 합쳐진 용어로, 직역하면 대중의 권력 정도 되겠지. 이를 일본에서 민주주의로 번역하였지. 이때가 메이지 천황 시절이었는데 국민을 직접 통치하던 황제가 버젓이 있고 왕권신수설을 믿고 있던 사람들이라 처음부터 democracy를 차마 민주 또는 민주주의로 번역하진 못했지.

팀장 왕이 있는데 민주주의로 번역하기엔 좀 부담스러웠겠는데요? 일종의 불충이었으니까요.

생각³

소장   그래서 처음에는 하극상下剋上으로 번역했지. 계급이나 신분이 낮은 사람이 윗사람에게 대든다는 뜻인데 지금 시각으로 보면 좀 심하게 잘못된 번역이라 할 수 있지. 그러다가 정말 일본이 확실히 서구화된 이후에 민주주의로 번역해서 오늘날 우리나라도 그대로 차용했고.

팀장   민주 또는 민주주의에 그런 유래가 있었군요?

소장   팀장님은 그럼 민주주의와 민본주의의 뜻을 아는가? 아니, 이 둘을 구별할 수 있는가?

팀장   그게 비슷하거나 같은 말인가요? 어떤 차이가 있는지 모르겠습니다.

소장   한자 그대로네. 민주주의는 백성이 주인이라는 뜻이지. 백성, 그러니까 국민 한 명 한 명이 나라의 주인이라는 의미일세. 민본주의는 백성이 주인이 아니고 왕이나 통치자들이 백성을 근본으로 해서 통치한다는 것이지. 그러니까 오늘날 미국 같은 나라를 민주주의 국가라 할 수 있고 조선의 세종대왕 시절처럼 왕이 절대적인 권한을 가지고 있으면서 백성들을 위해 많은 정책을 시행하는 것이 민본주의에 해당해. 민주주의는 국민이 지배자이고, 민본주의에서 국민은 여전히 피지배자일 뿐이지.

팀장   아, 그렇군요. 이제야 확실히 차이를 알게 되었습니다. 그런데 이 민주주의 또는 민본주의가 명도 집행이랑 무슨 연관이 있나요?

주인 행세와 주인의식

소장   민주주의 경험이 일천한 우리나라는 즉 민주주의 투쟁 없이 서양의 제도를 그대로 받아들이다 보니까 제도 정착 과정에서 제대로 된 시행착오를 겪지 않았지. 그러다 보니 민주주의가 왜곡되었다고 볼 수 있지.

팀장 시행착오를 겪지 않으면 좋은 것 아닌가요? 그만큼 시간과 에너지 낭비를 줄일 수 있으니까요?

소장 그렇지 않지. 시행착오가 영어로 뭔가? trial and error試行錯誤 아닌가. 문제해결을 위해 어떤 행동을 반복하는 과정에서 발생한 오류를 수정해 나감으로써 점차 최적의 방법을 적용 또는 찾아내는 것이지. 시도한 후 실패에서 여러 가지 경험이나 교훈을 얻어 그 착오를 수정하면서 최적의 결과를 만들어 낸 것과 그냥 남이 만들어 낸 결과만 차용한 것에는 엄청난 차이가 있지. 시행착오를 겪지 않았다는 것은 지식을 연역적으로 얻는다는 거야. 그 바탕이 되는 귀납적 사고는 항상 남이 해놓은 것이고. 그런 시행착오가 없는 우리나라는 아직도 민주주의가 아니라 민본주의가 시행되고 있다고 봐.

팀장 다만 왕이 아니라 국민들이 선출하는 정부로 바뀌었을 뿐이네요?

소장 민주는 이념적·추상적 개념이긴 하지만 개인 각자가 주인이라는 뜻이지. 주인이면 주인다움이 있어야지. 지금의 우리는 주인 노릇이나 주인 행세를 하고 있는 거야. 행세行世가 뭔가? 해당되지 아니하는 사람이 어떤 당사자인 것처럼 처신하여 행동함을 이르는 말 아닌가. 그냥 정부에 이거 해 달라 저거 해 달라 하고 있잖아. 그것은 주인이 할 일이 아니지. 스스로 알아서 하는 게 주인이며 주체이지.

팀장 국민으로서 가질 수 있는 권리라는 게 있잖아요? 국민이 정부에게 요구할 권리 같은 거 말이지요. 모든 국민이 강한 것은 아니고 약자도 있잖아요?

소장 그러니까 선거에 참여할 수 있는 참정권과 재판을 받을 권리 등을 보장하고 있지. 생활 능력이 떨어지는 사람을 위해서 국가가 도와주는 일은 현대 복지국가에서는 당연히 해야 할 책무겠지만, 민주의 개념에 의하면 말이 안 되는 것 같아. 주인은 자기 스스로 판단하고 스스로 결정하고, 그 결과에 책임지는 것이어야 하는 것 아닐까?

팀장 현실에선 대부분의 사람들이 스스로 판단하고 결정하고 책임지려고 하지 않는다는 건가요?

소장 재판 같은 경우를 예로 들어보면 알 수 있지. A와 B가 시민이야. 당연히 민주국가니까 각자 주인이지. 이 두 사람이 무슨 일로 다투게 되었다고 치자. 둘 다 주인이니까 스스로 생각하고 판단하고 결정해야 하는 것이지. A가 제대로 판단하고 B도 정확하게 판단하면 이론적으로는 같은 결론이 나와야 해. 현실은 안 그렇지. 둘이 싸우다가 법정까지 가게 되지. 둘 다 주인인데 스스로 판단하지 못하고 왜 그 결론을 다른 사람에 맡기느냐 이 말이지.

팀장 모든 사람이 다 어떤 지식에 통달할 수 없으므로 부족한 지식은 남의 도움을 받을 수 있지 않은가요?

소장 뭐 국민 각자가 다 스스로 판단해야 한다고 말하는 것은 아니야. 현실적으로 그럴 수도 없고. 다만 우리 각자가 주인이라면 그리고 주인의식을 갖는다면, 1년에 발생하는 수백만 건의 분쟁 중 몇 퍼센트 정도의 소송 건수는 줄일 수 있다고 봐.

팀장 소장님이 말하는 민주는 주인 노릇이나 주인 행세하면서 남에게 이래라저래라 하는 것이 아니라 주인의식을 갖고 스스로 판단하고 결정하면 그만큼 분쟁이 많이 줄어들 것이라는 말이군요. 공감이 갑니다.

소장 미안해. 바쁜데. 이번 집행 건도 채권자 채무자 모두 주인의식을 가졌다면 이렇게까지 되지 않았을 텐데 하는 안타까움에서 하는 말이야.

팀장 모든 국민이 주인의식을 가지고 있고 현명하다면 법원이나 저희나 굶어 죽는 것 아닌가요?

소장 그럴 수도 있겠지만 사회적으로 국가적으로 불필요한 소모적 논쟁이나 무익한 소송은 줄일 수 있다고 봐. 우리나라 사람은 툭하면 '법대로 하자. 법정에서 보자'라고 말하면서 실제로 소송이나 고소를 남발하지. 이게 다 국민 각자 스스로의 판단이 부족해서 그래. 1심에서 안 되면 2심, 3심, 헌법소원까지 가잖아. 자존심도 없나.

팀장 권리 위에 잠자는 자는 용서받지 못한다, 가만있으면 당한다는 그런 말도 있잖아요?

소장 손해 본다는 피해의식이 강해서 그런 거 같아. 우리 사회가 고학력 사회이니까 웬만한 일은 스스로 해결해야 하는데도 오히려 법정으로 몰고 가지. 법을 이용하는 게 배운 사람의 태도라고 생각하는 것 같아. 스스로 해결하는 게 배운 사람이 가져야 할 자세이거늘. 소위 지식인이라는 사람들이 어떤 상황을 보는 일이 정반대인 경우가 많아.

팀장 모두 자신의 관점에서 상황, 사태, 사물을 바라보기 때문인가요?

소장 정당의 여야가 그렇고, 회사와 노조가 그렇고, 진보 단체와 보수 단체가 그래. 이들이 민주 의식을 제대로 발휘하였다면 해결책은 한쪽 방향이었을 것이야. 어느 한쪽이 생각을 잘못하고 있다고 봐야지. 물론 어쩔 수 없이 소송에 휘말리는 경우도 있고, 법으로 해결해야만 할 억울할 때가 있지만 그런 경우를 최소화하자는 것이지. 그냥 마음이 그래서 여러 가지 긴 이야기를 해봤어. 내일 보자고.

팀장 알겠습니다.

Episode 15 　　　　　**생각과 유머**

유머는 자국어로 하는 외국어

팀장　사람들이 보통 유머러스한 사람들을 보고 머리가 좋다고 하는데 사실이라고 생각하나요?

소장　유머는 자국어로 쓴 외국어라고 할 수 있지. 보통 4개 국어를 구사한다고 할 때의 그 '구사'를 '유머를 구사하다'에서도 사용하지. 구사驅使는 사전적으로 '말이나 수사법, 기교, 수단 따위를 능숙하게 마음대로 부려 씀'을 뜻해. 다른 나라 언어야 우리말에 대응해서 그 뜻을 전달하는 말로 바꾸어주면 되지만 즉 암기지만, 자기 나라 말의 수사, 기교, 수단 등을 능숙하게 마음대로 부려서 더군다나 다른 사람을 웃긴다는 게 그게 쉬운 일이겠어? 팀장님은 잘 웃기거나 유머가 발달한 편인가?

팀장　그렇지는 않은 것 같습니다.

소장　하긴 명도할 때의 저항, 압류할 때의 변수 등 민원인과의 긴장 속에서 웃음이 나올 리 없겠지. 이런 근무 환경에서 웃는다는 게 웃기는 일이지. 난 그래도 옛날에는 유머 감각이 뛰어나다는 소리를 들었어. 법무부에서 다른 곳으로 전출 갈 때 주는 기념패에 유머 감각을 언급한 부분이 있었거든. 내용이

154　　　　　　　　　　　　　　　　　　　　　　　생각³

…각별한 애정과 관심 및 남다른 유머 감각으로 모두가 즐겁고 화
목하게…

기념패에 넣을 정도의 유머 감각이 도대체 어떤 것인가 궁금하
지 않나?

팀장   궁금합니다. 정말 궁금합니다.

소장   법무부에 근무할 때인데 경조사 알림장이 돌더라고. 그런데 장
지가 미국인 거야. 보통 직원이 상을 당하면 해당 과 직원 중에
서 1명이 조기를 가지고 가서 상주에게 전달하거든. 문상도 겸
하면서. 장관 명의의 조기 말이야. 그런데 가야 할 곳이 미국이
야. 우리 직원들끼리는 그 과 직원이 진짜로 조기 들고 미국에
갈 것인지 궁금해했어. 그러다가 내가 '조기弔旗 들고 미국 가서
영어英語 때문에 영어囹圄의 몸이 되어 조기早期 귀국하겠네'라고
했는데 옆에 있던 우리 직원들이 그렇게나 많이 웃었지. 잘 웃지
않던 여직원까지 말이야. '영어의 몸'에서 영어囹圄가 뭔지 알겠
지? 감옥을 말하는 거야. 미국에서 영어를 못하니 감옥 같은 상
황을 맞이할 것이라는 의미로 표현한 거지.

팀장   웃지 않는 여직원까지 빵 터졌다면 사무실 분위기 좋았겠네요?

소장   어떤 남자 직원이 그러더군. 한 번도 웃은 적이 없었는데 내가
웃겼다고.

팀장   소장님의 순발력이 보통이 아니네요?

소장   사실 유머는 모든 것의 집합체야. 어느 정도 머리도 있어야 하
지. 유머를 구사할 때도 물론 머리가 있어야 하지만 남이 하는
유머를 알아듣기 위해서라도 어느 정도 지적 능력은 있어야 해.

팀장 유머를 이해하는 데에도 머리가 필요하네요?

소장 2017. 11. 17. 뉴스위크 한국판은 "남을 잘 웃기는 사람이 머리도 좋아"라는 기사를 실은 적이 있었어. 기사 내용에 따르면, 유머는 정신적 건강과 지적인 민첩성의 상징이고, 자신감과 능숙도, 지위를 높여주는 효과도 있다고 하였지. 유머를 이해하고 지어내려면 인지력과 정서적 능력 둘 다 필요하다는 오스트리아의 연구 결과도 소개하였지. 남을 웃기는 사람은 머리가 좋을 뿐만 아니라 친화력도 좋아서 파트너로서 아주 바람직한 자질을 갖췄다는 것도 강조하고 말이야.

팀장 제가 생각하기에도 유머를 구사하는 사람이 머리가 좋을 수밖에 없을 것 같아요.

소장 내가 앞서 말했잖아. 유머는 자국어로 하는 외국어라고. 외국어를 마스터하는 일이 어디 쉽겠어. 유머는 상당히 강력한 자질이지. 남들은 하지 못하는 독창적인 유머를 구사한다면 그 호감의 강도는 훨씬 강해질 것이 분명해. 자신만의 독특하고 기발한 유머를 구사하는 것, 상황과 맥락에 맞는 새로운 유머를 창출 또는 생산하는 것은 암기한 유머를 다른 사람에게 그대로 전달하는 것이나 상대방이 말한 유머를 이해하는 것보다 훨씬 어렵다고 봐. 고차원의 무엇인 것이지. 관찰력, 통찰력과 지식, 재치, 순발력, 임기응변, 만족감, 여유로움, 자신감, 상당히 광범위한 지식과 창의성이 있어야 가능한 일일 거야.

팀장 유머가 창의성과도 관련 있나 보죠?

생각³

유머는 비대칭 전략

소장   창의성을 연구하는 학자들은 유머가 창의적인 활동이라고 주장하고 있지. '수평적 사고'라는 창의적 사고 스킬을 만든 드 보노는 '창의성과 유머는 뇌에서 작동되는 원리가 똑같다. 둘 다 비대칭 현상에서 생긴다'고 말했어.

팀장   비대칭은 또 뭔가요?

소장   우리 두뇌는 뭔가를 경험하면 머리에 흔적을 남긴다고 해. 한번 남긴 흔적은 다음에도 예전과 같은 경험을 하게 되면 이미 만들어진 흔적대로 흐르게 된다나 봐. 여기서 논리적으로 시작되어 경험의 흔적을 따라 흐르다가(대칭), 갑자기 그 흔적(논리) 밖으로 벗어나는 현상을 드 보노는 '비대칭'이라고 하였어.

팀장   이건 예를 들어야겠는데요?

소장   예를 들어 볼게.

> 직원이 신경질적으로 헛기침을 한 뒤 굳은 자세로 사장에게 말했다.
>
> **직원**   저는 25년간 일하면서 한 번도 월급을 올려 달라고 부탁하지 않았습니다.
>
> **사장**   (???)

많은 사람들이 사장이 (???) 안을 '그래, 경기가 좋아지면 올려줄게'처럼 흔적대로 말할 것이라고 기대하지. 그런데 이렇게 흔적대로 논리적 방식으로 대응하면(대칭) 웃음이 만들어지지 않아. 여기서 사장의 대답이 다른 사람들이 전혀 생각하지 못하는(비대칭) 방향일 때 사람들은 웃게 마련이야.

사장은 말하지.

'음, 바로 그 때문에 자네와 내가 25년 동안 일할 수 있었던 거야' 라고.

팀장   아. 이게 비대칭이군요. 일종의 반전이라고 볼 수도 있겠네요?

소장   이렇게 말함으로써 직원의 무능함에 일침을 놓아 스스로 반성의 기회를 만들고, 동시에 다른 사람들에게는 웃음을 주는 것이야.[1] 모든 유머의 원리는 이런 방식으로 만들어진다고 하네.

팀장   유머가 이 정도이면 창의성이라고 할 만하네요?

소장   창의성은 인간의 두뇌활동 중 최고의 지적 수준이기에 유머 구사력 또는 유머 감각 발휘 능력 역시 최고의 지적 수준 단계에서나 가능한 일이지.

창의성을 떠나서 유머의 가치는 긴장을 누그러뜨리는 데 있어. 웃음은 생각보다 중요한 기능을 수행하는데, 뇌 과학자들의 연구에 의하면 웃음이 상대방에게 무장해제를 선언하는 것과 같다고 말해. 원시시대 인류의 조상이 다른 종족들을 갑작스럽게 맞닥뜨렸을 때 이때 언어보다 더 빠르고 효과적인 것이 웃음이라는 거야.

팀장   그런데 이 유머에서는 다른 사람은 웃을 수 있어도 직원 당사자는 웃을 수가 없네요?

소장   맞아. 앞서 예를 든 유머는 직원 당사자 입장에서는 오히려 기분 나쁘겠지. 진정한 유머라면 상대도 웃게 만들어야 하지.

....

1   『대한민국 창의력 교과서』, 박종안, 푸른솔

유머는 상대방까지 웃게 만드는 것

팀장 어떻게요? 보통 상대는 기분 나빠서 웃지 않을 텐데요?

소장 지인이 항상 힘들다고 하면서 또 다른 지인에게 '한강 가자. 한강에 가겠다'라는 말을 달고 살아. 나도 그 이야기를 여러 번 들었어. 그 상황이라면 팀장님은 뭐라고 말해 줄 거야?

팀장 뭐 '생명은 소중한 것이다, 가족과 친구를 생각해 봐라, 지금 힘들더라도 조금만 참으면 좋은 일 있을 것이다'라는 식으로 말하겠지요?

소장 그건 상대를 생각이 없는 사람으로 만드는 말이야. 그들이라고 그 생각을 안 해 봤겠어? 그 생각을 해도 더 이상 버틸 수 없으니까 너무 힘드니까 그런 말을 하게 되는 것이야. 선택이 잘못되었다고 말해야지.

팀장 아, '극단적 선택 자체가 잘못된 선택이다'라고 말해야 된다는 것이죠?

소장 아니. '멀리 떠날 사람이 너무 가까운 곳만 찾는 것 아니냐? 왜 한강만 선택하느냐. 낙동강도 있고 금강도 있다'라고 말이야.

팀장 그럼 어떤 반응을 보이나요?

소장 그냥 자신도 웃고 말지. 옆에 있는 다른 지인은 더 크게 웃고 말이야. "야, 오늘은 낙동강 가기에 너무 늦었다. 술이나 마시고 다음에 가."라고 하고, 한강 가겠다고 말한 지인도 "아이 씨, 나의 한강행은 오늘도 낙동강 오리알이네. 술이나 마시자!"라고 말함으로써 상황은 종료되는 것이지.

팀장 정말 수준 높은 유머네요.

소장 어쩌면 유머는 초기 기 싸움에서 상대방을 웃게 만들어서 항복을 받아내는 것과 같은 것일지도 몰라. 먼저 웃으면 지는 것이라는 생각에 기를 쓰고 웃지 않으려는 사람을 자신도 모르게 웃게 하는 게 진정한 유머가 아닐까?

지금은 아니지만 과거에 나는 좀 과장해서 평균 30초에 한 번 웃겼던 것 같아. 거의 포복절도 수준이었지. 믿거나 말거나.

팀장　전 믿습니다. 안 믿을 이유가 뭐가 있겠습니까?

소장　유머는 잘 써먹어야 해. 괜히 잘못했다간 낭패당해. 그래서 유머도 생각(사고력)이라고 이야기한 거야.

유머를 구사할 때 유의할 점

팀장　이 부분은 잘 들어야겠습니다. 그래야 실수를 안 하죠.

소장　먼저 강자 또는 직장 상사와의 관계에서의 유머야.

강자 또는 상사는 어떤 상황에서나 분위기에서도 유머를 구사할수 있어. 대부분의 약자는 분위기가 어색해지는 것을 방지하거나 상사의 기분을 맞춰주기 위해 그냥 웃어주면 되지. 그런데 부하 직원을 유머에 끌여 들이는 상사도 있어. 권력관계 또는 상하관계에서 유머를 구사할 때 유념할 점은 둘이 대등한, 동등한 관계가 아니라는 거야.

팀장　상사 또는 권력자에 대한 유머 구사는 상당한 위험성이 따르겠는데요?

소장　유머를 할 것인지 포기할 것인지 재빨리 판단해야 하며 유머를 구사하더라도 상대방이 꼼짝 못 하게 해야 해. 태조 이성계와 무학대사의 일화가 있어. 다들 알고 있는 내용이야.

> 태조　　대사는 돼지처럼 보입니다.
>
> 무학　　저는 전하가 부처님같이 보입니다.
>
> 태조　　재미없기는. 제가 농담했으니 대사도 농담으로 대꾸해
> 　　　　야죠?
>
> 무학　　돼지 눈에는 모든 것이 돼지로 보이고, 부처의 눈에는 모
> 　　　　든 것이 부처님처럼 보이는 법입니다.
>
> 태조　　껄껄껄

팀장　　예, 많이들 알고 있는 유머죠.

소장　　태조는 권력자이기 때문에 언제 어디서든, 어떤 상황에서도 유
머를 구사할 수 있지. 하지만 무학대사 입장에서는 마음대로 태
조에게 유머를 구사할 수 없어.[2] 설사 태조가 먼저 유머를 구사
하였고 자신에게도 유머를 하라는 액션을 취하더라도 무학대사
는 함부로 할 수 없지. 태조의 기분에 따라 그 결과가 어떻게 될
지 알 수가 없기 때문이야.

팀장　　그래서 태조가 돼지처럼 보인다고 할 때도 속으로는 농담하신
거라고 생각했음에도 짐짓 부처님 같다고, 태조가 기분 좋아할
말을 던진 것이군요?

....

2　　이 농담을 한 시기가 중요하다. 이성계와 무학이 언제 이런 대화를 나누었는지에 대해서는 사
람마다 다르게 이야기한다. 1996~1998년까지 지상파에서 방영된 정통 사극 '용의 눈물'에
서는 이성계가 함흥에 머물 때 한 것으로 묘사한다. 그때는 조사의가 이성계를 내세우며 난
을 일으켰다가 막 평정된 시기였다. 함흥에 오는 모든 차사를 죽인 이성계였기에 무학도 조
심하지 않을 수 없었을 것이다. 비록 이성계의 신세가 고립무원이긴 하였으나 무학 한 명 죽
이는 일은 식은 죽 먹기였을 것이기 때문이다.

소장　태조가 농담을 하든 진담을 하든 무학대사의 이 말에 태조가 노여워할 일은 없을 거야. 오히려 태조가 거드름을 피우지. 농담한 것 가지고 정색을 하면서 이야기하면 어떡하냐고. 태조가 농담이니까 농담으로 대답하라고 할 때야 비로소 무학대사는 돼지의 눈에는 돼지만 부처의 눈에는 부처만 보인다고 말할 수 있었어. 태조와 무학대사의 유머는 평등한 관계에서의 유머가 아니라 권력관계에서 오는 대등하지 않은 관계에서의 유머이지.

팀장　부하 직원이 한 유머가 마음에 들지 않는다면 상사는 언제든지 책을 잡을 수가 있으니 조심해야겠네요?

소장　그래서 부하는 유머를 할 때도 무학대사처럼 확실하게 상사를 제압해야 해. 비대칭으로 탄생한 유머는 강자를 한 방에 훅 가게 할 수 있는 비대칭 전략이라고 할 수 있지.

팀장　예, 알겠습니다. 전 소장님 앞에서만 조심하면 되겠네요? 또 다른 조심할 것은 없나요?

소장　여자에게 할 때도 당연히 조심해야지. 요즘 같은 시기에 섹드립은 큰일 날 일이지.

나의 학창 시절

짧은 글짓기에 대한 일화

팀장　소장님의 학창 시절은 어떠하였나요? 일화가 많았을 것 같은
데요?

소장　나의 학창 시절은 분석의 실패로 꼬였다고 봐야지.

팀장　무슨 분석을 어떻게 하였길래요?

소장　사람은 누구나 위인이나 훌륭한 사람이 되고픈 마음 또는 출세
하고 싶은 욕망이 있잖아. 청소년기에는 더욱 간절하겠지. 중학
교에 다닐 때 도대체 성공한 사람들은 어떤 행동을 취했거나 삶
을 살았기에 그렇게 되었을까를 나름 분석해 봤지. 두 가지 큰
공통점을 발견했어. 하나는 대부분이 어렸을 때 가정환경이 가
난하였다는 건데, 아마도 링컨의 영향을 받은 듯해. 다른 하나는
위인들이 유난히 에피소드나 일화가 많다는 것이야. 이는 에디
슨 일화를 떠올렸던 것 같아. 그때 나는 우리 집은 이미 가난하
기 때문에 가난 부분은 저절로 해결되었고, 이제부터는 일화·에
피소드 만들기에만 주력하면 성공하고 위인이 되는 것은 '따 놓
은 당상이구나'라고 쉽게 결론을 내렸지.

팀장　그럼 공부는요?

소장　당연히 '공부는 내가 할 일이 아닌 남이 할 일'이 되었고 나는 에

피소드 만들기에만 골몰하였지. 꿈을 이루는 유일한 방법, 그것은 공부를 열심히 하는 것인데 당시에 나는 그 평범한 사실을 몰랐지. 그러니 공부를 잘할 수 있었겠나.

팀장   분석을 잘못하였다기보다는 어려서 뭘 몰랐던 것 아닌가요?

소장   중학교 시절 분석 잘못으로 사회생활이 남보다 다소 늦긴 하였지만, 다행히 에피소드 만들기에서 형성된 독특한 사고방식과 분석 능력은 장점으로 특화되어 남들과는 전혀 다른 시선과 관점으로 세상과 사물을 바라보는 능력이 생겼지.

팀장   단점이 장점으로 승화된 것인가요? 어떤 에피소드가 있었나요?

소장   중학교 국어 시험에 짧은 글을 작성하는 주관식 문제가 있었어. 제시어는 '비로소'였어. 선생님이 원하는 답은 '…하자 비로소 문제가 해결되었다' 같은 것인데 난 이런 답이 너무 싱겁더라고. 그래서 이런 답을 내놨지. "나는 오늘 국어 시험 시간에 제시된 '비로소'라는 단어를 가지고 짧은 글을 지었다."라고 말이야. 며칠 후 선생님이 내 시험지를 들고서 정답을 학생들에게 알려주는 시간을 가졌어.

팀장   국어는 좀 했나 보네요?

소장   응, 그런가 봐. 선생님은 맨 마지막 주관식 시험 문제를 채점할 때 내가 작성한 답안을 보고 무슨 이런 답이 있나 하면서 틀린 것으로 쫙 그었었는데, 다시 곰곰이 생각해 보니 재치가 있더라는 것이야. 다시 맞는 것으로 판단해서 동그라미를 쳤다는 거지.

팀장   그 사실을 선생님이 직접 학생들 앞에서 밝혔다는 건가요? 보통 학생은 그런 생각을 갖지도 않을 뿐 아니라 설사 마음을 먹더라도 잘못하면 문제 하나를 틀리는 거라서 그런 모험을 안 할 텐데 소장님은 하셨군요?

소장　내가 앞서 말했잖아. 에피소드 만드는 일에 전력을 쏟았다고. 역사에 남을 에피소드가 중요하지, 문제 하나 틀리는 게 대수였겠어. 물론 지금은 문제 하나 더 맞히는 것이 중요함을 알고 있지만.

스케이트와 썰매를 연결하다

팀장　또 에피소드가 있나요?

소장　1970년대, 이때도 중학생이었을 때지. 돈이 없었던 나는 스케이트를 살 수 없었어. 그렇다고 앉아서 타는 썰매는 어딘지 불편하고 속도가 느려 재미도 없고 무엇보다도 스케이트 타는 애가 옆에 있으면 굴욕적이었지. 물론 스케이트장이었다면 썰매를 탈 수 없었겠지만 나는 스케이트장을 직접 만들었거든. 집 주변에 있는 논을 하나 선택해서 지푸라기와 쓰레기를 버린 후 산에서 흐르는 물줄기를 꺾어서 물을 댔지. 논의 크기는 지금 기억이 정확한지는 모르겠지만 대충 세로 $15m$ 가로 $10m$ 이상은 되었던 것 같아. 내가 만든 스케이트장에서 썰매와 스케이트 모두 함께 즐길 수 있었던 거야.

팀장　소장님네 논이었나요?

소장　당시 우리 집이 논을 가지고 있었겠어? 남의 논인데 겨울이라고 놀고 있어서 아무도 말리는 사람은 없었지. 당시가 1970년대잖아. 지금이야 그렇게 할 수 없겠지만 그때는 가능했지.

팀장　논으로 스케이트장 만든 게 대단한 일인가요? 아닌 것 같은데요?

소장　아, 기다려 봐. 스케이트장은 만들었고 그 위에서 탈 것이 문제였는데 고심 끝에 얼음 위에서 스키를 타면 어떨까 하는 생각이 들었어. 나는 행동파잖아. 즉시 실행에 옮겼지. 지름이 5㎝, 길이가 60~70㎝ 정도 되었던 수도용 PVC 파이프를 동네 철물점에서 구했어. 이 파이프를 쇠줄 톱으로 반으로 나눈 후 앞쪽이 들리도록 불을 이용하여 살짝 위로 휘게 만들었지. 얼음에서 탈 수 있는 스키 본체가 만들어진 거야.

팀장 폴대도 있어야 할 것 같은데요?

소장 다음에 만들 것이 스키에서 사용하는 폴대인데 주위에 흔하게 널려 있는 아카시아 나뭇가지를 꺾어서 그 끝에다 못을 박아 해결하였지. 여기서 고민이 좀 있었어. PVC 파이프라 얼음에서 그대로 지치면 회전할 때 옆으로 미끄러지는 것이 아닌가 하는 걱정이 들었거든. 방법은 PVC 스케이트 바닥에 철사를 덧대어 스케이트 칼날 같은 역할을 하도록 하는 것인데, 결국 시도하지는 않았어.

팀장 왜 시도하지 않았나요?

소장 문득 옛날 기차를 처음 만들어 운행하려고 할 때 철도 제작자들이 했다는 고민이 생각나서였어. 당시 그들은 기차 바퀴와 철로에 요철이 없어서 기차 출발이 빨리 되지 않거나 제동할 때 미끄러질 것을 염려하여 기차 바퀴와 선로에 톱니를 만들 생각을 했던 것이야. 얼마 후에 이러한 톱니가 굳이 필요 없다는 것을 알고 곧 지금의 맨들맨들한 형태를 유지하게 된 것이지. 철도 운행자의 시행착오를 겪지 않으려고 철사를 대지 않은 채 그대로 탔으나 옆으로 미끄러지는 일은 없었지. 아주 잘 타고 다녔어.

팀장 주위의 반응도 좋았겠는데요?

생각³

소장 새로운 탈 것에 스케이트 타는 친구들도 부러워했지. 나중에 어떤 친구들은 가로 10㎝ 세로 30~40㎝ 널빤지나 각목에다 세 줄로 철사를 덧대어 나처럼 타더라고. 누군가 한번 창의적인 일을 하면 그게 다른 아이디어를 창발시킴을 알게 되었지. 그래서 항상 처음에 누군가가 어떤 일을 시작하는 게 중요한 것 같아.

팀장 아이디어가 새로운 아이디어를 계속 만들어 내는군요. 그런데 중학교 다닐 때 철도 바퀴에 톱니가 없어도 발차나 정차에 문제가 없는 이유를 생각해 봤다는 말인가요?

소장 그렇지. 당시 내가 궁금했던 4가지가 있었지. 나는 이를 '지식 동기 4명'이라고 불러. 거의 같은 시기에 알게 되었거든. 하나는 지금 말한, 철도 바퀴가 톱니로 되어 있지 않음에도 제동이 잘 되는 이유야. 또 하나는 제2차 세계대전을 다루는 영화를 보면 전투기끼리 싸울 때 조종석에서 앞쪽 정면으로 기관총을 쏘더라고. 커다란 프로펠러가 돌아가고 있는데. 내 생각에는 그렇게 되면 총알이 프로펠러 날개를 맞출 것 같은데 말이야. 세 번째는 기관총 같은 거 보면 왜 그렇게 빨리 연사가 되는지 궁금했어. 리볼버를 보면 아무리 방아쇠를 빨리 당겨도 그렇게까진 되지 않잖아. 마지막으로는 재봉틀이야. 보통 바느질할 때 바늘이 좌우로 통과해야 하는데 재봉틀은 상하 왕복운동 하면서 옷이 꿰매지거든. 나중에는 다 알게 되었지. 기차 바퀴의 톱니는 방금 전에 말했고, 전투기에서 총알을 발사하는 것은 동기화同期化기어 Synchronization Gear 장치가 발명되었기 때문이지. 전투기 프로펠러가 돌아갈 때 그 사이로 총알이 나가도록 설계한 거야. 재봉틀은 윗실과 아랫실을 맞물려 엮이도록 한 것이지. 기관총 연사는 다음에 따로 이야기해 주지. 말할 게 많아서.

팀장 전 영화를 보거나 기차를 보거나 재봉틀을 볼 때, 총 쏘는 것을 볼 때, 그런가 보다 하고 아무 생각 없는데 중학교 때 그런 생각을 하였다니 신기하네요?

소장 이상하잖아. 이상한 건 해결해야지.

팀장 궁금하니깐 총 연사에 대해서 지금 말씀해주세요.

특별한 경험을 통해 배우기

소장 응, 그러지. 난 어린 시절부터 총을 좋아하여 완구점에서 모형총을 사서 조립하기도 하였고 서부 영화나 전쟁 영화를 통해 많은 종류의 총기를 보아 왔지.

그 당시, 그러니까 그때도 중학생이었을 때인데 내가 이해하지 못한 것이 몇 개 있었어.

　i) 내부에 있는 화약끼리 마찰이 일어날 수 있는데도 실탄(총알)이나 유탄榴彈 또는 수류탄手榴彈 등이 불시에 폭발하지 않는 이유

　ii) 빠른 연사가 가능한 이유

　iii) 탄피가 방출되는 이유

팀장 저도 지금이야 군대를 다녀와서 이해하지만 중학교 때라면 이해한다는 게 불가능한 일이죠?

소장 당시에는 이 의문을 풀지 못했고 군대에 가서 모든 것을 해결하였지. 당연할 수밖에 없지. 우리나라는 총기 소지 금지국이라 군대 아니면 총을 만져보기가 어렵거든.

i)의 경우 어렸을 때 장난감용 딱총 종이 화약을 가지고 논 적이 있었는데, 사용할 때마다 화약 종이를 벗겨내는 것이 귀찮아서 모든 화약을 플라스틱 통에 한꺼번에 넣고 다니다가 폭발한 적이 있었어. 당시에는 화약끼리 마찰을 일으켜서 폭발한 것으로 추측하였기 때문에 실탄이나 M203 유탄 또는 수류탄을 들고 다니거나 뛰어다닐 때 그 속의 화약끼리 마찰을 일으켜 폭발하는 것이 아닌가 하는 두려움이 항상 있었지.

팀장 과거에 그런 경험이 있었다면 트라우마가 생길 만도 하네요.

소장 군 복무 시절, 한번은 실탄에서 탄두(탄자)를 제거하고 그 속에 있던 무연화약을 꺼내 돌로 내리쳐보았어. 일반 사제 화약은 돌로 충격을 가하면 터지는데 이 실탄 화약은 터지지 않더라고. 장난감용 화약보다는 군용화약이 화학적으로 더 안정적인 것이지. 이후 실탄이나 M203 유탄, 수류탄이 불시에 터질 것이라는 공포는 사라졌어.

팀장 군대에서 실험까지 하고, 이게 말이 되나요?

소장 그렇다고 하면 그런 것으로 봐주게. 실험 정신은 때와 장소를 가리지 않고 발휘되지.

ii)의 경우는 손가락을 아무리 빨리 움직여도 한계가 있는데 계속해서 연사되는 것이 이해되지 않았어. 소총이나 기관단총의 경우 손가락으로 방아쇠를 당기는 속도보다 훨씬 더 빨리 연사되고 있었던 것이지. 군대에 가서 알게 된 내용은 M16의 경우 총알이 발사될 때 약실 압력이 $52{,}000psi$라는 거야.

팀장 그 정도면 엄청난 압력인가요?

소장 당시 논산훈련소 조교가 $80kg$ 쌀가마니가 몇십 m 위에서 떨어지는 힘이라고 하였는데 정확하게는 기억나지 않아. 그 정도로 강력한 힘이기에 반동이 세고 평균 1초에 1*km*로 직진할 수 있지. 이 총알이 총열을 빠져나가는 총구 근처에 바늘 굵기의 구멍이 있어. 이 구멍을 통해 총구로 빠져나갈 가스 일부가 노리쇠뭉치를 자동으로 후퇴시켜 연속으로 격발하게 되는 것이지. 방아쇠만 당기고 있으면 평균 1초에 10발 정도가 자동으로 발사된다고 해.

팀장 전 총의 연사보다도 논산훈련소에서 조교가 말한 약실 압력을 정확하게 기억하고 있다는 게 더 놀랍네요!

소장 그런가. iii)의 경우는 왜 실탄 전체가 발사되지 않고 항상 탄피가 나오는지 이해가 잘 가지 않았어. 중학생일 때 탄피가 필요 없는 실탄을 직접 만들기로 했지.

팀장 어떻게 중학생이 탄피 없는 총알을 만들 생각을 하였나요?

소장 그냥 단순하게 생각한 것이지. 탄피까지 날아가면 맞았을 때 충격이 더 크기 때문에 적에게 더 큰 데미지를 주지 않을까 해서. 고물상에서 뒷부분은 구멍이 나 있고 앞부분은 막혀 있는 총알 크기의 파이프를 구해서 딱총 화약을 넣고 뒤에 뇌관 역할을 하는 못대가리를 삽입한 후 우산대를 구해서 총열까지 만들었지.

팀장 오! 뭔가 큰 실험을 앞두고 있는 듯해서 긴장감 같은 게 흐르는데요?

소장 우산대에 만든 총알을 넣고 다른 일 하려고 잠시 벽에 세워둔 사이에 친구 동생이 그 우산대를 땅에 내리꽂아 버렸지. 화약 터지는 큰 소리와 동시에 친구 동생의 비명이 들렸어. 총알이 친구 동생 팔에 맞은 거야. 난 그대로 도망갔어. 겁이 나서. 그 이후로

이 실험은 접었어.

팀장   큰일 날 뻔했네요. 총알이 지금의 미사일처럼 본체가 다 날아간 것이네요?

소장   당시에는 몰랐지만 지금 생각해 보니 본체 그러니까 탄피까지 날리면 저항 때문에 멀리 날아가지 않을 것 같더라고. 화약도 더 필요하고. 제일 문제가 연사가 힘들 것 같고. 탄피와 탄두가 분리되는 것이 훨씬 더 좋은 시스템이라는 것을 알았지.

팀장   계속 연구했으면 성공했을지도 모르겠는데요? 아쉽습니다.

소장   아쉬운 것은 없고 내 능력으로 감당할 수 없었을 것 같아. 이 탄피 없는 총알은 서독에서 HK G11이라는 제식명으로 1980년대 말에 만들었다고 하더군. 사정상 나토 제식 소총으로 채택되지는 못하였는데 시대를 앞서간 총이었지. 개발비도 엄청 소요되었다더군. 회사와 서독 정부에서 수천억 원을 지출하였다고 해. 작동 방식도 내가 생각한 허접한 것이 아닌 대단한 기술력이 동원되었지. 어떤 유튜버는 우주적인 기술이 적용되었다고 설명하더군. 난 학창시절 치기로 그냥 한번 구상해 봤다는 것만으로도 만족해.

팀장   3가지 사례가 모두 중학교 때 이루어진 것이라는 말인가요? 더군다나 중학교 때 무탄피 총을 만들려고 했다는 게 믿기지 않습니다.

소장   그렇지. 그때가 내 인생 최고 황금기였던 것 같아. 그 이후는 내리막이고. 난 에피소드에 치중하느라 공부를 등한시했지.

　　　　나의 직장 생활

남이 예상할 수 있는 결정은 회피하라

팀장　소장님은 직장 생활은 어떠셨어요? 전 검찰 생활을 하지 않아서 궁금합니다.

소장　뭐 내가 특별한 능력이 있어서 검찰 업무에 족적을 남겼다고 하기보다는 일화 몇 개는 있었지.

팀장　어떤 일화인지 궁금합니다.

소장　벌금 미납자를 직접 검거하러 다닌 이야기 하나 들려줄게. 수도권 모 지청에서 집행과장으로 근무할 때였지. 한번은 담당 수사관이 내게 와 보고하는 거야. 폭행벌금 70만 원을 미납 중인 학교 교사가 있는데, 잡으러 가도 저항하여 검거할 수가 없고 월급을 압류하려고 해도 그 교사가 행정실을 압박하는 바람에 협조를 받지 못해 압류하지 못하고 있다고. 그날도 오후에 그 미납자를 검거하러 간다고 보고하기에 그럼 나도 같이 가겠다고 했지.

팀장　반드시 검거하겠다는 의지인가요?

소장　끝까지 들어봐. 검거 대상자가 여자라 혹시 몰라 신규 여자 수사관 1명 등 총 4명이 나섰지. 미납자의 집은 다세대 3층이었으며 다행히 안에 있었어. 하지만 수사관이 방문한 이유를 설명해도 문을 열지 않은 채 소리를 지르며 문고리를 잡고 계속 버티었지.

이렇게 몇 분간 대치하다 보니, 교사임에도 남을 폭행하고 벌금을 내지 않은 채 압류도 못 하게 하는 것 등이 아무래도 이상한 것 같았어.

팀장 제가 보기에도 이상한데요? 교사가 폭행을 하고 또 벌금도 내지 않고.

소장 더 강하게 밀어붙이면 검거 대상자가 뛰어내리거나 자해할 것 같은 예감이 들어 내가 오늘은 그냥 철수하자고 했어. 늦었기 때문에 근처 식당에서 함께 저녁을 먹는데 신규 수사관이 말하더라고. '전 과장님도 가신다기에 그 미납자를 꼭 잡으려는 줄 알았어요.'라고. 처음 검거 활동이라 설렘 반 기대 반인 데다 베테랑 수사관에 더군다나 과장까지 갔으니 반드시 잡으려는 의지로 간 줄 알았던 모양이야.

팀장 저도 당연히 검거하려고 소장님까지 가신 줄 알았어요.

소장 내가 말했지. '미납자가 교사임에도 벌금도 안 내, 압류도 못 해, 그래서 저항이 심할 것 같아서 내가 직접 간 거야. 검찰 수사관이 두 번씩이나 가서 잡지 못하면 자존심 상할 것 같아 억지로 검거하려고 무리수를 두다가 사고로 이어질 것 같아서. 상황 봐서 안 되면 적당할 때 철수하려고.'

팀장 소장님은 그 직원들의 결정을 덜어주려고 갔던 것이네요?

소장 그렇지. 내가 이 말을 하자 그제야 고개를 끄덕끄덕하더군. 며칠 후에 그 미납자가 벌금을 납부하였다고 보고받았어. 미납자도 수사관들이 자꾸 자기네 집에 오니 동네 사람 보기 창피하기도 하고 겁이 났던 모양이지. 이렇게 잘 해결되었어.

팀장 정말 훌륭한 리더십이었네요? 누구나 과장이 가면 미납자를 잡으려고 가는 줄 알지, 그냥 철수할 거라고 예상하겠어요? 또 다른 일화는 무엇인가요?

큰 결과를 위해 작은 단점을 노출시키는 것도 괜찮다

소장 역시 같은 지청에서 과장으로 근무하고 있는데 전에 근무지였던 청의 계장에게서 전화가 왔어. 부천에 있을 때 수사하여 혐의없음 사건으로 종결한 상조회사 사건이 남부지검에서 재수사 중에 있다는 거야. 그런데 그 혐의자들이 이미 부천지청에서 조사받고 혐의없음 처분받았다고 어필한 모양이야. 남부지검은 부천지청에 관련 기록을 대출하려고 한 것이고 내가 혹시 돈이라도 받았나 하는 걱정에 계장이 전화를 준 것이지. 나는 돈을 받지 않았기에 떳떳했지. 나중에 뉴스에서 보니 내가 조사했던 상조회 임원들이 모두 구속되었더라고.

팀장 소장님은 혐의없음 처분하였는데 다른 검찰청에서 그 사람들이 구속되어 좀 그랬겠습니다.

소장 내가 수사할 때는 대검에서 하달한 죄명으로만 조사하였지. 조사하면서 돈이 이리저리 출금되어 그들이 만든 자회사로 흘러 들어가는 것을 보고, 내가 수사 경험은 일천하지만, 뭔가 심상치 않다고 느끼긴 하였지. 하지만 당시에는 수사 범위를 확대할 수는 없었어.

팀장 왜요? 왜 수사를 확대할 수 없었나요?

소장 아, 당시 승진 공부를 하고 있어서. 압수수색이나 계좌추적도 하여야 하고 참고인 조사도 해야 하는데 나는 그런 여력이 없었거든.

팀장 이건 좀 아닌 것 같은데요? 그래서 어떻게 하였나요?

소장 그대로 혐의없음 처분하면 내가 사건을 무마하거나 고의로 직무를 유기한 것으로 보일 것 같아 당시 그 회사의 고문 회계사를 불러 조사하였지. 그에게 이것저것 물어보면서 조서에 '문) 이렇게 돈이 인출되어 자회사로 나가는데 이게 횡령이나 배임 등이 되지 않는다는 말인가요', '답) 예, 합법적으로 처리해서 문제가 없습니다.'라고 답변하는 것을 그대로 기재하였지.

팀장 이건 수사를 해보지 않은 제가 보더라도 이상한데요? 횡령 여부를 밝혀야지. 그런 식으로 질문하다니요.

소장 사실 그 당시에도 팀장님이 말한 내용을 생각하지 않은 것은 아니었어. 이 질문은 나의 무능함을 드러내서 나중에 흑역사로 남을지도 몰랐지만, 일단 수사를 확대하지 않고 내 시간을 내야 했기에 어쩔 수 없었지. 돈을 받거나 청탁을 받고 수사를 미진하게 했다는 인상을 주기보다는 내가 뭘 모르는 무능한 사람으로 보이게 한 것이 더 낫다고 판단하였거든. 무능도 때론 전략이 될 수 있다고 봐. 무능은 죄가 아니잖아. 동료가 불편할 뿐. 영원히 무능하게 보여서는 안 되겠지만. 물론 나는 그해에 사무관 시험에 합격하였고 그들도 남부지검에서 구속되었지.

팀장 소장님이 처음에 무혐의 처분해서 더 많은 회사 공금을 유용한 것이 아닌가요?

소장 그럴 수도 있지. 그들은 우리 조직이 개인은 무능할 수 있어도 전체는 유능한 조직인 줄 몰랐지.

팀장 다른 검찰 출신 소장들은 과거의 화려한 수사 경력을 자랑하는데 소장님은 실패하였거나 알려주기 부끄러운 이야기를 하네요?

소장 상조회 사건은 내가 앞날을 미리 내다보고 그렇게 조서에 남긴 것이야. 나중에 분명히 무슨 일이 있을 것 같더라고. 조서에 어리석을 정도의 질문을 남겨 놓음으로써 무능하다는 소리를 들을지언정 금품을 수수하였겠다는 추측은 하지 못하도록 한 것이지.

팀장 그 추측이 맞았나요?

소장 내 예측이 맞았는데 남부지검 누구에게서도 그 일로 전화 온 적 없었어. 피의자들도 한 번 무혐의 처분받고 더욱 불법을 저지르다가 이번에는 변명이 통하지 않을 정도로 범죄 사실이 명확해져 구속이 되었다고 봐야지. 범죄를 키워 완전한 범죄행위가 되도록 했다고 보면 내가 아주 잘못한 일은 아니라는 생각도 들어. 보다 큰 이익을 위해서는 작은 실수는 드러내도 괜찮다고 봐. 물론 궁색한 변명이고 합리화이지만.

적을 내 편으로 만드는 지혜가 필요하다

팀장 저번에 한번 악성 민원인과 친해졌다는 말씀도 하신 것 같은데 자세하게 이야기해 주실 수 있나요?

소장 난 원래 옛날에 있었던, 특히 직장 이야기는 하지 않으려고 하는데 28년을 다닌 직장 이야기를 빼고 나면 할 이야기가 없더라고. 그래서 몇 개만 들려주는 것인데, 그 이야기는 춘천에서 있었을 때의 일이야.

팀장 호반의 도시 그 춘천 말인가요?

소장 그때도 과장이었지. 한번은 민원실 부근이 시끄럽더라고. 무슨 일인가 해서 알아봤더니 직원들 말로는 악성 민원인 1명이 소란을 피운다는 것이야. 그는 우리 회사에서 유명한 사람이었지. 사무실에 직원이 없으면 스마트 폰으로 몰래 찍기도 하고, 12시가 되지도 않았는데 점심 먹으러 가도 되느냐며 큰소리도 치고, 기관장 나오라고 면담하겠다고 고래고래 고함을 지르는 등 직원들이 그를 통제하느라고 애를 먹었지.

팀장　민원 내용이 당시 과장님 업무와 관련 있었나요?

소장　그 민원인과 관련된 부서는 검사실이나 사건과 정도라 나와 크게 관련은 없다고 방심하고 있었지. 하루는 직원들 상대로는 민원 해결이 안 된다고 느꼈는지 기관장이 출근하는 차량 앞을 가로막고 면담을 요구하였어. 기관장은 무슨 일이냐고 물었고 그는 국장과 면담 좀 하고 싶다고 말했어. 당시에 국장은 휴가여서 대직을 하던 내게 방호원이 그 민원인을 데리고 왔지.

팀장　소장님은 영문도 모르고 그 사람과 면담을 하게 된 것이었네요?

소장　그렇지. 그 민원인은 내 방에 와서도 소리치고 관공서가 이래서 되느냐, 공무원이 정신이 틀려먹었다 등 여전히 씩씩거렸어. 나는 '이곳에 소리치러 온 것이냐, 아니면 민원을 해결하러 온 것이냐'고 물었고, 상대방은 민원 때문에 왔다고 대답하더라고. 내가 다시 '지금까지 소리 질러서 민원이 해결된 적 있느냐'고 물었고, 그는 역시 '없다'고 대답했지. 이에 다시 "선생님도 작전이 있는 모양인데요, 지금부터 작전을 바꿔 보세요. 조용조용히 이야기해야지 상대방이 선생님 말에 귀를 기울일 거 아닙니까. 큰소리치면 그거 못 하게 하려고 정신이 팔리니 선생님의 말이 들릴 리 없죠."라고 달랬지.

팀장　그가 조용히 이야기하던가요?

소장	뭔가 느낀 것이 있었는지 그 후론 조용조용히 30여 분을 이야기 한 것 같아.
팀장	꽤 긴 시간이네요?
소장	내가 상대방의 말에 "그럴 수도 있겠네요." 하면서 공감도 표시하고 추임새도 넣었더니 많이 누그러졌는지 원래 하고 싶은 말을 끝낸 후 자신의 이야기를 들려주더군. 뭐 대통령 출마를 꿈꾼다고 하더라고.
팀장	점점 이야기가 이상해지고 있는 거 같네요?
소장	아니지. 기회였지.
팀장	기회라니요?
소장	사실 난 민원인 때문에 상처받은 직원들을 위로해 주고 싶었는데 달리 방법이 없었거든. 민원인이 대통령에 출마한다는 말을 듣고 기회다 싶었지. 민원인이 직접 직원에게 사과하도록 하면 될 것 같았어.
팀장	어떻게요?
소장	내가 살짝 미소를 띠며 "대통령 나오실 분이 직원들하고 싸우고 야단치고 사진 찍으면 되겠습니까. 다 표가 있는 사람들인데, 이따가 나가실 때 직원들에게 미안하다고 사과하세요." 하면서 타일렀지. 그는 자신의 공약을 떠든 후에 고분고분한 자세로 내 방을 나갔어.
팀장	약속대로 직원들에게 사과하고 집으로 돌아갔나요?
소장	실제로 사과했고 직원들이 놀랐지.
팀장	악성 민원인하고 대화를 하고 있을 과장이 걱정되기도 했겠지만, 민원인이 사과까지 하고 가서 안도하면서도 어떻게 된 일인

생각³

지 궁금해했겠는데요?

소장 그렇겠지. 실제로 걱정되었다고 하는 직원도 있었으니까.

팀장 그의 민원은 해결되었나요?

소장 그가 제기한 민원은 당장 해결될 일이 아니어서 그 후 몇 번 더 우리 기관을 찾아왔고 그럴 때마다 방호원이 내 방으로 안내해서 그와 이야기하였어. 귀찮기도 하였지만 즐거운 마음으로 응대하였지. 가끔 그는 기관 전화로 안부도 묻고 산천어 축제니, 닭갈비 축제니 하면서 놀러 오라고 하기도 했어. 한 번도 개인적으로 만난 적은 없었지. 내가 서울로 가게 되었을 때도 여러 번 전화가 왔었어. 그와의 인연은 내가 명퇴하고 기관을 떠남으로써 끝났어. 아마도 잘 계실 거야.

팀장 악성 민원도 설득하는 능력이 탁월하시네요? 잘해주면 오히려 귀찮게 할 수도 있잖아요?

소장 물론 그럴 수도 있지. 이때다 싶어서 더 끈질기게 귀찮게 할 수도 있어. 하지만 그때 나는 이렇게 말하지. "제가 선생님 편이 되어서 도와주려는데 왜 저를 귀찮게 하세요. 선생님 편이 한 명이라도 있는 게 좋지 않겠어요?" 그러면 아주 막가는 사람이 아니면 내 말을 알아듣고 나한테는 잘하더라고.

팀장 대단하시네요. 그런 사람들을 설득할 수도 있고.

소장 그런 분을 쉽게 만나기도 힘들어. 다양한 사람의 심리를 파악하길 좋아하는 나에겐 기회라고 생각해. 생각을 달리하면 다 좋은 경험이지. 대부분 그런 분을 맞이할 때 얼굴을 찌푸리거든. 말도 퉁명스럽게 하고. 그런 태도나 인상은 상대방에게도 그대로 전달되어 그분도 알게 되지. 본래의 용무와 관련 없이 그 일로 티격태격하게 돼.

팀장   소장님의 생각은 정말 상상을 초월하네요? 어쩌면 귀찮기도 하고 위기였을 터인데 잘 마무리하시고. 보통 그런 민원인들은 사과를 절대 안 하는데 사과까지 받았으니 말이죠.

소장   그냥 생활의 지혜지 뭐.

백 마디 말보다 한 개의 촌철살인이 더 큰 효과를 발휘한다

팀장   또 다른 일화도 있나요?

소장   내가 여기 집행관사무소에 오기 전 검찰 보직이 서울중앙지검 기록관리과장이었지. 기록관리과는 종결되거나 기소중지자 등의 각종 수사 서류 보관과 구속영장, 체포영장, 압수수색영장을 담당하고 있어. 서울중앙지검은 1년에 수만 권씩 보관할 기록이 쏟아질 뿐만 아니라 기록 자체가 타 검찰청에 비해 두꺼워서 분철을 많이 할 수밖에 없지.

팀장   기록 권수가 많고 분철이 많다면 당연히 기록 분실 위험도 커지겠네요?

소장   전산화가 잘되었다고 하지만 그래도 보관 자체는 직원들의 손을 거쳐야 하기에 가끔 보관할 장소가 아닌 곳에 보관되거나 기록이 분리되어 엉뚱한 곳에 보관되기도 하지. 영장 기록도 마찬가지야. 기록이 방대해서 판사가 기록을 볼 때 분리해서 보는 경우가 있어. 가끔 분리된 기록 중 일부가 다른 사건 기록에 딸려 가기도 하지. 그런 일이 발생하면 그야말로 난리가 나는 거야. 그래서 난 부임하자마자 직원들에게 직원 교육을 대신하여 이러한 쪽지를 남겼지.

수사는 역사의 한 페이지에 불과하지만
기록은 역사 그 자체이다.

기록을 세운 자는 기쁨의 눈물을 흘리지만
기록을 잃어버린 자는 통한의 눈물을 흘린다.

역사는 계속 반복되지만
기록은 복사만 될 뿐이다.

역사를 잊어버린 자는 미래가 없지만
기록을 잃어버린 자는 현재가 없다.

기록을 비웃는 자는
기록 때문에 울리라.

영장을 소홀히 하는 자는
만물의 영장이 될 자격이 없다.

영장에 마음이 구속되지 않으면
몸이 구속될 수 있다.

팀장 윽. 소름.
소장 글 때문이야, 나 때문이야? 대상을 확실히 해야지.
팀장 글 때문이죠. 직원이 아닌 저도 이렇게 소름 돋는데 직원들은 오죽하겠습니까? 정말 가슴에 와닿았겠네요!

소장 내가 생각해도 나 자신이 무서울 때가 있지.

팀장 전 소장님을 처음 뵐 때 패션 감각이 남다르다고만 생각했는데 이 정도의 생각을 가지신 분인 줄은 몰랐습니다. 그래서 기록 분실 같은 일은 없었나요?

소장 다행히 없었어. 약간의 해프닝은 있었지만. 원래 직원들이 일을 잘해.

생각³

관찰과 통찰

모든 것의 시작은 관찰과 통찰로부터 나온다

팀장 소장님은 촉이나 감도 엄청 빠른 것 같던데 이게 생각과 관련이 있다고 보는지요?

소장 우리는 촉 또는 감을 동물적인 것, 미신적인 것으로 여겨서 지양해야 할 것으로 치부하지. 맞는 말이지만 촉과 감이 발달하면 살면서 사람을 판단하는 데 있어서 유리해. 촉도 관찰이나 통찰이 뒷받침되면 시너지 효과를 발휘할 수 있다고 봐. 관찰과 통찰은 사고력의 전제잖아. 촉과 사고력이 전혀 관련이 없다고 할 수는 없지.

팀장 촉과 감이 관찰력 또는 통찰력과 결합한다면… 이거 흥미로운데요?

소장 그런데 팀장님은 관찰과 통찰을 구별할 수 있나?

팀장 항상 듣는 말이지만 좀처럼 구별은 잘 안 됩니다. 관찰이 표면적인 것을 보는 것이라면 통찰은 속을 들여다본다는 정도로만 구별이 가능하네요.

소장 틀린 생각은 아닌 것 같네. 동굴로 생각하면 돼. 관찰은 겉으로 동굴 입구 모양이나 크기 등을 보는 것이고 통찰은 동굴 속으로 들어가서 내부를 들여다보는 것이라고 보면 되네. 통찰洞察의 '洞'

이 동굴洞窟의 글자와 같은 한자거든. 어떤 사물, 사건에 대해서 겉과 속을 동시에 보는 것이 관찰이고 통찰인 것이지.

팀장 아, 동굴의 한자 '동'과 통찰의 한자 '통'이 같은 글자군요? 학술적으로는 어떻게 구별하는지 몰라도 직관적으로는 쉽게 이해되네요. 그래도 명확지는 않은 것 같아요. 동굴 안에서 동굴 벽면의 성분을 알아보기 위해서 벽면 일부를 뚫었다면 이것은 무엇인가요? 동굴 안이니 통찰이라고 봐야 하나요? 아니면 관점을 바꿔서 동굴 안은 관찰이 되고 새로 구멍을 낸 현상은 통찰로 비유해 볼 수 있나요?

소장 간단히 설명하려고 했는데 어렵게 질문하네. 관찰은 외부적, 객관적, 실재적, 구체적이라고 보면 되고, 통찰은 내부적, 주관적, 추상적, 이면적이라고 볼 수 있지. 보고 듣고 만지고 감각하는 것은 관찰이고, 가치를 찾고 의미를 부여하고 해석하는 것은 통찰이야. 무생물과 동식물의 영역이자 단순한 자연환경인 '세상'은 관찰의 대상이고, 사회문화적인 영역이고 사람들이 서로 관계를 맺는 틀인 공간을 의미하는 '세계'는 통찰의 대상이지. 과거에 일어났던 사건인 '사실'은 관찰의 대상이고 과거의 사건뿐만 아니라 배후에 감춰진 이면의 사건까지 포함하는 '진실'은 통찰의 대상이지. 단순한 육체에 불과한 '인체'는 관찰의 대상이지만, 인간으로서의 격을 품은 '인격체'는 통찰의 대상으로 보면 될 것 같아.

팀장 예를 들어 설명해주시니 좀 더 명확해지네요. 자연(과학적) 관찰과 인문학적 통찰로 표현하는 이유를 알겠습니다. 지식을 키우려면 관찰을 하라, 사고력을 키우려면 통찰을 하라고 하는데 다

쉬운 일이 아니네요?

소장 사람들이 말을 쉽게 하지. 우리말 관찰은 앙관천문仰觀天文 부찰지리俯察地理에서 따왔어. 위로는 하늘의 일월성신을 쳐다보고 아래로는 땅의 산천초목을 굽어본다는 뜻이야. 『역경』에 나오는 말이야. 그러니까 관찰도 아무나 하는 일이 아니지. 별 보는 일 자체가 관찰의 하나인 것이지. 천문관이나 천문학자나 가능하였지. 일반 백성들도 하늘의 별을 볼 수는 있었겠지만, 이는 '觀'이 아니라 '視'나 '見'이었겠지. 조선시대 도의 수장을 관찰사觀察使라고 한 이유도 그럴 거야. 도의 재정, 군정 등을 살폈지만 하늘의 천문 현상이나 땅의 지진 발생 등을 중앙에 보고하는 일도 했지. 그만큼 관찰이라는 게 아무나 하는 일이 아니었던 것이지.

팀장 듣고 보니 관찰도 쉬운 게 아니군요?

소장 관찰을 아무나 할 수 없는 이유가 관찰자가 기존에 어떤 지식을 가지고 있었는지, 어떤 관찰 방식과 기준을 적용하는지에 따라서 관찰 결과가 달라지기 때문이지. 관찰을 잘해 놓고도 자신의 관찰 방법과 달라, 경우에 따라서는 어떤 의미 있는 결과를 놓치기도 하지. 양자역학의 초석을 마련해 준 베르너 하이젠베르크가 이런 말을 했지. "우리가 관찰하는 것은 자연 그 자체가 아니라, 우리의 질문 방법에 노출된 자연이다" 즉 우리에게 노출된 모든 자연을 관찰하는 게 아니고 우리의 질문 방법과 기준에 부합되는 자연만 관찰하는 것뿐이지. 관찰을 하기 전에 이미 그 대상에 대해서 엄청난 사전 지식이 있어야 해. 그래야 제대로 된 관찰이 가능하지.

팀장 "우리가 관찰하는 것은 자연 그 자체가 아니라, 우리의 질문 방법에 노출된 자연이다"는 관찰에 대한 명언이지만 사실 통찰인 것이죠?

소장 그렇다고 봐야지. 관찰과 통찰은 서로 연결되어 있지. 사물의 안과 밖이라고 할 수 있어. 관찰과 통찰에 대한 개념을 명확히 알고 있는 거 같네.

팀장 관찰과 통찰이 합쳐지면 사고력이 발달할 수밖에 없겠네요?

관찰과 통찰에 촉과 감을 더하라

소장 당연하지 않겠어? 어쩌면 관찰과 통찰이 사고력 자체인지도 몰라. 내가 젊었을 때 그러니까 군대 제대 후 공무원 시험을 준비하기 위해 독서실에서 공부를 한 적 있었지. 뭐 다들 그렇지만 취직이나 자격증 시험 준비를 위해서 많이들 독서실에 가잖아. 하루는 독서실 사무실로 잠깐 머리를 식히러 갔는데 그곳에서 알게 된 지인이 미리 내려와서 무슨 영어책을 보고 있더니 내게 대뜸 묻는 거야. 자신이 영어로 책을 읽어 볼 테니 저자와 작품명을 맞혀 보라고 하더라고.

팀장 그런 식으로 다짜고짜 영어로 된 원서의 제목을 맞추라고 할 수 있는 것인가요? 틀리면 상대가 민망해할 텐데요?

소장 맞는 말인데 난 별 뜻 없이 "그러지요." 하고 대답했고 그는 영어 몇 문장을 읽더라고. 난 망설임도 없이 "서머싯 몸의 『서밍업』이요."라고 대답했지. 정답이라고 하더라고. 곧이어 두 번째 문제를 내는 거야. 내가 한 치의 주저함도 없이 "버트런드 러셀의 『행복의 정복』이요." 했더니 러셀은 맞고 책 이름은 틀렸다고 하더라고. 그래도 4개 중에서 3개는 맞힌 것이지.

생각³

팀장　그래도 영어를 좀 했나 봐요? 소장님이.

소장　이것은 영어를 한다고 맞힐 수 있는 게 아니지. 두꺼운 책에서 극히 일부 발췌한 것을, 그것도 영어에 더군다나 한국인 발음인데. 맞히는 것 자체가 불가능이지.

팀장　그럼 어떻게 맞히셨나요?

소장　어차피 영어로 무슨 말을 하는지도 몰랐고 당연히 해석도 못 하지. 하지만 내가 막힘없이 대답할 수 있었던 것은 평소 그의 말하는 습관을 유심히 지켜보았기 때문이야. 아니 지켜보았다기보다는 내 머리에 자동적으로 각인된 것이 있었던 거지. 그가 평소에 말하면서 서머싯 몸, 서밍업, 버트런드 러셀을 자주 언급했던 것 같아.

팀장　얼마나 자주 언급하였다는 말인가요?

소장　서머싯 몸과 서밍업은 2년간 4~5차례 들은 거 같고, 버트런드 러셀은 2~3차례였던 것 같아.

팀장　아니, 몇 년에 걸쳐 수십 번 언급한 것도 아니고 겨우 그 정도인데도 75%나 맞혔다는 말인가요?

소장　그 정도면 충분하지. 사실 이건 말도 안 되는 상황이야. 왜냐면 보통의 경우는 그런 문제를 내서는 안 되지. 당연히 맞히지 못할 것이 뻔하니까.

팀장　소장님이 평소에 상식이 많고 통찰력이 있어서 그런 것 같은데요? 다른 사람에게는 묻지 않았을 텐데 소장님이니까 물어본 것 같아요. 그걸 떠나서 소장님의 촉이나 감각 그리고 관찰이 대단하시네요!

소장　사람은 자기가 알고 있는 것에 대해서 남도 알고 있는지에 대해서 궁금해하지. 자기가 알고 있는 것을 남이 알고 있으면 높이 평가하기도 해. 물론 자신이 잘 모르는 것도 남은 알고 있는지 물어보는 경우도 있어. 이거는 일종의 테스트지. 모르면 안심하고. 난 평상시 남이 하는 말에 귀 기울이거든. 상대가 평소 안 쓰던 말을 쓰면 최근에 어디서 들었거나 무슨 책에서 보았겠거니 하면서 유추하지. 어찌 되었든 그는 나의 풍부한 지식과 통찰력에 다시 한번 놀랐을 거야.

팀장 소장님이 사람의 마음을 훤히 꿰뚫고 있는 것은 진작에 알았습니다. 예지력인지 촉인지 그것도 발달한 것 같습니다. 저번에 제가 다른 사람과 다툰 일이 있어 사무실에서 평소보다 말수가 약간 적었는데 소장님은 제게 무슨 일 있느냐고 물었습니다. 다른 사람은 다 몰랐는데 소장님만 알더라고요. 그때 저는 아무 일 없었다고 대답은 했는데 영 개운치 않았습니다. 그래서 2~3일 후에 점심 먹으러 가는 차 안에서 소장님 말씀이 맞다고 하였더니 그때 소장님이 하신 말씀이 소름이었습니다. 제가 며칠 후에 사과할 것까지 예상하였다고 하시더군요. 이미 저의 성격까지 파악하고 계셨던 거죠.

소장 뭘 지나간 일 가지고 새삼 또 말하나. 그 말 하니까 생각나네. 옛날 서울중앙지검 과장 재직 시 다른 과장 방에 자주 놀러 갔었는데 그 방에는 신규 여직원이 서무로 앉아 있었어. 몇 번 얼굴 본게 전부인데 내가 그 과장에게 "저 여직원 조금 있으면 그만두겠는데요." 하였더니 그 과장이 "아니에요. 저 여직원 일 잘해요. 그건 과장님이 잘못 보신 것입니다."라고 하더라고.

팀장 그 과장님이 당황하였겠네요? 다른 과 과장이 와서 자기 과 소속 여직원이 곧 있으면 사표 내겠다고 말하였으니.

소장　그런데 며칠 후에 다시 갔더니 그 과장이 말하기를 그 여직원 사표 냈다고 하더라고. 자신은 1년여 동안 같이 근무했는데도 사표 낼 줄 몰랐는데 과장님은 가끔 와서 얼굴만 보았는데도 어떻게 알았느냐고 놀라워하더라고.

팀장　정말로 소장님은 어떻게 아셨나요?

소장　내가 이런 말을 했지. '그 여직원은 몸은 안에 있고 마음은 밖에 있는 신내심외身內心外처럼 보였다. 그래서 그만둘 줄 알았다. 그래도 사표 낼 때까지는 최선을 다해야겠다고 마음먹어서 과장님에게는 내색하지 않았을 것이다'라고 말이야. 내가 과장이었다면 눈치챘을 거야. 사표 내겠다고 마음먹었다면 일을 더 느슨하게 하든가, 아니면 반대로 더 잘하였을 거야. 평상시와는 분명 달랐을 거야.

팀장　신내심외身內心外? 그런 말도 있나요? 처음 듣는데요.

소장　내가 그냥 만든 말이야. 솔직히 촉이나 감으로 그만둘 것 같다고 느낀 것이지. 뭐 대단한 능력이 있어서 그런 건 아니야.

팀장　저희들은 사람을 1년 겪어야 겨우 아는데 소장님은 본 지 몇 분 몇 시간 며칠 만에 그 사람의 성격, 지능 등을 파악하시더라고요.

소장　나이 들어서 눈치가 빨라진 것이지 뭐 별거 있겠나.

조어 감각

나만의 언어를 갖추자

소장　사고력을 키우려면 조어 감각도 있어야 돼.

팀장　소장님은 가끔 처음 듣는 단어를 쓰던데 이게 원래 있던 단어인가요? 예를 들면 '정신융합증', '최소상상증'이라는 말을 가끔 하던데.

소장　아, 그거는 내가 그냥 만든 말이야. 농담할 때 쓰는 말이지. 내가 하도 남들과 다른 이야기를 하니까 혹시 정신분열증이나 과대망상증이 있는 것으로 생각할 것 같아 미리 손쓴 거지. 정신분열증이 아니라 정신융합증이라고. 핵융합을 이용한 수소폭탄이 핵분열을 이용한 원자폭탄보다 수십 배 강한 것은 알지? 최소상상증은 과대망상을 반대로 한 것이고. 그러고 보니 내가 소싯적에 나름의 신조어를 많이 만들었지.

팀장　당연히 몇 가지 예를 들어주시겠지요?

소장　이제는 척 하면 아네?

　　　　먼저 'duelship'이 있어. 듀얼십은 영어 'duel'과 'ship'을 합쳐 만든 말인데 'duel'은 결투라는 의미가 있고 'ship'은 정신을 뜻해. 굳이 번역하자면 '결투정신'이 되는데 서양(특히 미국)이나 일본 사람이 타인에게 친절한 현상을 설명하기 위해서 만든 말이지. 미국에서는 언제나 총을 휴대할 수 있었기에 타인에게 적의가 없다는 표시로 웃지 않을 수 없었어. 그렇지 않으면 결투신청을 받아 죽을 수도 있었으니까. 일본에서도 무사들이 결투를 신청하면 받아주어야 했기에 항상 미소를 머금어야 했던 거야. 이를 설명하기 위해 만든 것이 이 '듀얼십'이지.

팀장 그럴듯한데요?

소장 또 심리학을 몰랐을 때도 나름의 심리학 용어를 만들었지. 예를 들면 심리학에서는 도박중독을 '부분강화 효과' 등으로 설명하고 있는데 나는 이를 선민사상으로 설명하였지. 대부분의 도박 중독자들도 도박에 들어가는 돈이 전부 판돈이 될 수 없다는 사실을 알고 있어. 즉 5명이 100만 원을 가지고 도박을 하였다면 도박판이 끝났을 때는 500만 원이 되지 않는다는 것을 말이야. 합법적인 도박 장소라면 수수료 명목으로, 불법 도박 장소라면 꽁지이자, 고리, 데라, 뽀찌, 개평 등으로 돈이 나가기 때문에 항상 시작할 때보다는 돈의 총액이 적어질 수밖에 없어. 그럼에도 도박을 하는 이유는 남은 잃어도 나는 딸 수 있다는 선민의식 때문에 한다는 식으로 이 도박중독을 해석하였지.

팀장 오, 이것도 그럴듯해요!

소장 어떤 날은 학교에서, 직장에서, TV에서 같은 단어를 반복해서 듣는 경우가 있었는데, 나는 이를 '오늘의 주제'라는 말로 표현하였어. 나중에야 심리학 용어로 '확증 편향'이라는 말이 있음을 알게 되었지. 이 확증 편향 때문에 계속 들리는 말만 들리거나 보이는 단어만 보이는 거야. 확증 편향은 조심해야 해. 부정적인 확증 편향에 노출되면 피해의식이나 학습된 무기력증에 빠지기 쉽지.

무식에도 단계가 있다

팀장 심리학 용어도 스스로 만들고 대단하시네요!

소장 엉터리라고 봐야지. 실험이나 증거가 없는, 순전히 요즘 말하는 뇌피셜이라고 할 수 있지. 이런 식으로 조어를 하다가 무식에도 단계가 있음을 알게 되었지.

팀장 그건 또 무슨 말씀이신가요?

소장 사람들이 엄청난 객관적인 사실과 자료가 있음에도, 또 이를 요령 있게 설명해주어도 이해 못 하고 꽉 막힌 생각을 고수하는 것을 보고 '컬러-흑백 TV 이론'을 만들었어. 방송국에서 아무리 총천연색으로 방송을 송출해도 이를 받아들이는 수신기(TV)가 흑백이면 모든 사실을 흑백으로 볼 수밖에 없잖아. 나중에 심리학 용어로 더닝-크루거 효과가 있음을 알았지. 능력이 없는 사람이 잘못된 결정을 내려 잘못된 결론에 도달하지만, 능력이 없기 때문에 자신의 실수조차 알아차리지 못하는 현상을 가리키지. 이 효과는 1999년에 제안된 것으로 나의 '컬러-흑백 TV 이론'은 1989년도에 나왔어.

팀장 순전히 소장님이 생각해서 만든 심리학 용어네요? 그런데 더닝-크루거 효과가 의외로 늦게 나왔네요? 좀 오래되었을 법한데 말이죠.

소장 그러게 말이야. 중요하다고 생각되는 심리학 용어가 생각보다 늦게 발견되었더라고. '해골바가지 이론'도 있어.

팀장 그건 또 뭔가요?

소장 용인에 있는 워터파크인 캐리비안 베이에 가족들과 놀러간 적 있었지. 그때는 아들이 3~4살로 어려서 유아풀에서 주로 놀았는데 커다란 해골바가지에 물이 차면 쏟아지는 기구가 있었어. 그걸 보고 원효가 해골바가지에 고인 물을 마시고 깨달았음이 생각났는지 갑자기 내게도 깨달음이 왔지. 해골바가지를 가만히 보면 물이 계속해서 차오르다가 90% 정도에 이르면 무게 때문에 쏟아지는 거야. 그때 나는 '아, 사람도 마찬가지구나. 100%는 아니지만 95%까지 생각이 무르익었을 때, 꽉 차고 꽉 찼을 때 생각을 밖으로 배출해야 하는 데 80% 내지 90%만 들어 있어도 밖으로 내뱉는다'고.

팀장   설익은 생각을 토해내니 갈등과 논쟁이 생기는 것이란 뜻으로 들리는데요?

소장   적어도 95% 농익었을 때 해야 하는데 그러지 못하니 생각이라 할 수 없고, 기분이나 감정을 드러내는 것으로 보아 나는 이를 감현이라고 표현했지. 感現, '느낌을 드러낸다' 뭐 이런 뜻이지. 생각이 아니고. 이것도 90년대 말이니 더닝-크루거 효과가 나올 무렵과 비슷해. 더닝-크루거 효과에서는 훈련을 통해 능력을 키울 수 있다고 하던데 난 아니라고 봐.

팀장   왜요? 그 이유가 뭔가요?

소장   더닝-크루거 효과에서 실험 대상은 코넬대학교 학부생이었거든. 그들은 최소한 상위 30% 안에 드는 사람일 거 아닌가? 그들이야 훈련과 교육을 통해 나아진다고 하더라도 하위 30%는 힘들다고 봐. 난 신이 있더라도 불가능한 일이 하나 있다고 생각해. 그것은 어리석은 사람을 깨우치게 하는 일인 것 같아. 단순 지식은 갖게 할 수 있어도 깨닫거나 자각하게 할 수는 없을 것 같아. 정말 불가능할 것 같거든. 그래서 내가 컬러-흑백 TV 이론과 해골바가지 이론을 생각하게 된 것이지.

팀장 학생과 일반 사람 하위 30%를 달리 취급할 이유가 없을 것 같은데요? 학생들도 처음에는 몰랐지만 훈련과 교육을 통해 능력을 향상시킬 수 있었듯이 하위 30% 사람도 훈련과 교육을 통해 가능하다고 봅니다.

소장 글쎄, 그게 가능할지 모르겠네. 더닝과 크루거가 연구를 한 계기가 있어.

팀장 어떤 사건이 크게 벌어졌나 보죠?

소장 좀 어처구니없는 사건이 터졌지. 1995년도엔가 그쯤이었는데 미국에서 한 중년 남성이 복면도 없이 맨얼굴로 은행을 털고 여유만만하게 은행 문을 나섰지. 그의 행적은 CCTV에 고스란히 담겨 있었기에 몇 시간 안에 붙잡혔어. 그는 당황해하면서 "레몬주스를 얼굴에 발랐는데 어떻게 경찰이 내 얼굴을 알아봤지?"라며 도저히 이해할 수 없다는 표정을 지었어.

팀장 레몬주스를 얼굴에 바른 것과 체포가 무슨 관련이 있나요? 좀 황당하네요?

소장 레몬주스로 글을 쓴 후 그것에 열을 가하면 글자가 보이는 것에 착안하였나 봐. 경찰이 정신감정까지 하였지만 특별히 이상한 점은 없었고 근자감만 가득하였지. 즉 '무지'한 것인데 이 무지를 깨우치게 할 수는 없을 것 같아. 더닝은 이 이야기를 듣고 연구를 하였다고 하더라고.

팀장 에디슨이 어렸을 때 가스를 주입하면 풍선이 하늘로 올라가는 것을 보고 친구에게 가스를 먹인 일화가 생각나는군요.

소장 당시 에디슨은 어렸으니 호기심이었을 것이고 은행강도는 중년이었으니 호기심이라 할 수 없고 무지라고 볼 수밖에 없지. 호기심을 가진 사람은 나중에 연구자나 발명가가 되었지만, 무지한 자는 연구 대상, 발견의 대상이 되었을 뿐이지.

팀장 호기심과 무지의 차이도 어렴풋이 알 수 있네요.

소장 만약 6~7세 어린이가 얼굴에 레몬을 바르고 부모와 숨바꼭질을 했다면 좀 봐 줄 만하겠지.

팀장 전 아닐 것 같아요. 당황했을 것 같습니다. 좀 엽기적이라서요.

무지와 무식의 차이

소장 그러니까 호기심이나 궁금증도 나이에 걸맞아야 돼. 너무 이르거나 너무 늦은 나이에 발동되는 호기심은 주위 사람들을 불안하게 할 수 있지. 방금 내가 은행강도가 무지하다고 했는데, 무지無知와 무식無識의 차이를 아는가?

팀장 개념적으로야 무지가 무식보다 더 모르는 상태를 가리킨다는 것 외에 정확하게는 모르겠습니다.

소장 무지는 전혀 모르는 것이고, 무식은 좀 부족한 것이라고 보면 돼. 무지몽매無知蒙昧에서 보듯이 전혀 아는 게 없어서 몽매한 것이고, 일자무식一字無識에서 보듯이 한 글자만 아는 지식이거나 지식은 있는데 문자만 모르는 경우에는 무식이라고 할 수 있지. 우리말 속담으로 치면 '낫 놓고 기역 자도 모른다'는 무식을 표현한 것이라고 보면 돼. 영어나 한자는 아는데 우리말 기역을 모르면 무식인 것이고, 영어도 한자도 우리말 기역도 모르면 즉 문자 자체를 모르면 무지한 것이지. 그러니까 이 은행강도는 무지하였다기보다는 무식한 것이지. 레몬으로 글씨를 쓰면 안 보인다는 사실은 알았으니 말이지.

팀장　실제 언어생활에서는 무지와 무식을 같은 말로 통용해서 쓰고 있잖아요. 굳이 구별할 실익이 있을까요?

소장　무지는 자신이 모른다는 사실을 알기 때문에 배움에 있어서 겸손하고 가르치는 사람도 그냥 새로운 것을 알려주면 되기에 부담이 적지만, 무식은 자신이 잘 안다고 생각하기에 배우려 들지 않고 그래서 가르치는 사람도 기존 지식이 잘못되었다는 것을 교정하고 새로운 지식을 주입해야 하므로 배의 노력이 필요하지. 향수 'Chanel'을 전혀 모르는 사람에게는 '샤넬'이라고 가르치면 되지만 '채널'로 발음하는 사람을 샤넬로 고치는 것은 더 힘들거든. 영어 'time'을 '타임'으로 발음하게 하는 것은 가능하지만, '티메'로 발음하는 사람을 '타임'으로 발음하게 하는 것 역시 교정하기가 어렵다고 보면 되지. 'chanel'과 'time'이 문자인지도 모르는 사람은 무지한 것이지만, 이들이 문자인 줄 알면서도 원래 발음과 다르게 발음하는 것은 무식한 것이라고 할 수 있지.

팀장　그렇게 설명해 주시니 좀 이해가 가네요.

소장　문자의 발음만으로는 그 사람이 유식한지 무식한지 구별하기가 애매한 경우가 있어.

팀장　어떤 경우인가요?

소장　팀장님은 'Idea'를 어떻게 발음하나?

팀장　전 '아이디어'로 발음하는데요?

소장　응. 대부분 그렇게 발음하는데 가끔 아주 가끔 '이데아'로 발음하는 경우가 있어. 철학 용어인 '이데아'를 알고서 그렇게 발음

한 것인지 아니면 독일어식으로 발음해서인지 알 수가 없지. 무식한 것인지 정말 똑똑한 것인지.

팀장 그러네요. 맥락과 상황을 봐서 구별해야겠네요. 지금 예를 들어 주신 것은 어려운 내용이 아니라서 쉽게 구별되지만 실제로 이 무지와 무식을 구별할 수 있나요? 특히 스스로 자신이 무지한지 무식한지 깨닫는 일이 가능한가요?

소장 그래서 배움이 중요하고 스승의 존재가 필요한 것이지. 더닝과 크루거가 자신의 논문에서 인용한 찰스 다윈의 명언이 있지. "무지는 지식보다 더 확신을 하게 한다"는 것인데 난 여기서 무지를 무식으로 보고 있어. 무식은 자기 확신이 강하기 때문에 잘 바꾸지 않지. 그래서 뭔가를 가르쳐 주거나 충고하는 입장에서는 무식한 사람보다 무지한 사람이 더 수월하다는 것은 방금 전에 설명했잖아. 그러면 이 두 사람을 가르치는 스승이 있다면 누가 더 수업료를 많이 내야 할까?

팀장 수업료야 똑같지 않겠습니까? 아니면 전혀 모르는 무지한 사람이 더 내야 할지도 모르죠.

소장 아니야. 모차르트가 수업료를 받을 때 전에 음악을 접해 본 사람은 수업료를 다 받고 전혀 음악을 모르는 사람은 반으로 깎아 주었다고 하더라고.[1] 그 이유가 전에 음악을 배운 사람은 잘못 배운 부분을 걷어내야 하는데 이것이 힘들기 때문이었지. 처음부터 백지상태에서 새로운 것을 가르치는 것보다 훨씬 어렵다고 본 것이야.

....

1   https://blog.naver.com/hdss68/222694908467

팀장 그렇군요.

소장 사실 인간의 무지 또는 무식과 관련되어서 이 칼라-흑백 TV 이론과 해골바가지 이론뿐만 아니라 하나가 더 있어.

배운 자들 사이에서도 지식의 우열은 있다

팀장 그건 또 무슨 이론인가요?

소장 이건 이론이라고 이름을 붙인 게 아니고 '사고思考'라고 붙인 거야. '정종적正從的 사고'는 조선의 관직 품계에서 힌트를 얻은 것이지. 조선의 관직은 9품 이상부터는 정과 종으로 나뉘어 있는데, 같은 9품이더라도 정이 종보다 더 높아. 9품과 8품은 차이가 많이 나지만 같은 등급인 정과 종에선 미세한 차이가 난다고 보면 돼. 동등한 레벨의 사람들 사이에서의 생각 즉 사고도 미세한 차이가 나는 것을 설명하기 위해서 만든 말이야. 품계는 같을지라도 생각의 차이가 있을 때, 그중에서 더 올바른 사고를 '정正의 사고'라 하고, 그렇지 못한 사고를 '종從의 사고'라고 부른 것이지. 우리말로는 각각 '바른 생각'과 '종속從屬된 생각'이라고 보면 되지.

팀장 소장님은 어떤 용어를 알면 다른 데로 활용할 수 있는 사고가 막 생기거나 연상이 되나 봐요. 어떻게 조선 관직 품계에서 '정종적 사고'를 유추해 낼 수 있는지. 정말 말로는 어떻게 설명이 안 되네요. 우린 아무 생각 없이 놀기에 바쁜데. 그런데 이건 헤겔의 변증법적 사고와 비슷한데요? 정반합正反合 말입니다.

소장 응, 나도 지금도 잘 모르겠어. 변증법적 사고를 공부한 후 이 정종적 사고를 생각해낸 것 같기도 해. 무지는 신도 구제 못 한다는 생각에 여러 가지 이론을 만들어 낸 것이야. 컬러-흑백 TV 이론은 하위 레벨의 사람들에게, 해골바가지 이론은 중간 레벨의 사람들에게, 정종적 사고는 상위 레벨의 사람들에게 적용하기 위해서 만든 것이지. 내가 무지에 대해서 얼마나 신경 썼는지 알 수 있어. 그걸 오늘 이야기해 본 것이고.

팀장 상위 레벨의 사람들도 무지한 경우가 있다는 말인가요?

소장 뭐 이런 거지. 둘 다 교수에 같은 박사학위 소지자인데 결론이나 의견이 다를 수 있잖아. 둘은 모두 뛰어난 지식을 가지고 있음에도 둘 중 한 사람의 말만 분명 맞을 거 아닌가. 이런 경우를 많이 봐왔기 때문에 구별하기 위해 만든 용어야. 그 이야기는 이쯤 끝내고 진짜로 내가 제일 중요하게 생각하는 게 있는데 지금부터 설명하는 바로 이거야.

팀장 옙. 열심히 듣겠습니다.

우리나라 사람들이 유난히 사후 확신 편향이 강하다

소장 사후 확신 편향이라는 것이 있어. '그럴 줄 알았다'로 표현되는데, 강준만의 『감정 독재』를 보면 사후 확신 편향에 대해서 이렇게 설명하고 있지.

'어떤 사건의 결과를 알고 난 후 마치 처음부터 그 일의 결과가 그렇게 나타날 것이라는 걸 알고 있었던 것처럼 생각하는 경향을 말한다. 어떤 일이 발생했을 때 실제로는 그 일을 예측할 수 없었음에도 불구하고 예측할 수 있었다고 믿는 것이 이 편향을 구성하는 핵심 요소이다. 우연에 의해 설명될 수 있는 사건들이 결과가 알려지고 난 후에는 대개 필연적인 사건으로 해석되는 예가 이 편향의 결과이다. 이러한 편향으로 인해 사람들은 "나는 처음부터 그렇게 될 줄 알고 있었다"고 착각하게 된다.'

팀장 저도 그런 경험들이 있는데 특히 주식에서 그렇습니다. 사지 못한 주식이 나중에 오를 때 '저 주식을 샀어야 했는데' 하고 후회하는 경우가 있었거든요. 비단 주식뿐만 아니라 어떤 결과를 예상하고 친구들에게 말할 수 있었는데 혹시 결과가 틀릴까 봐 말을 하지 않았으나 결과적으로 내 말이 맞았을 때, 그때 미리 말할걸 하는 아쉬움도 많이 있었거든요.

소장 주식도 사후 확신 편향이 가능하겠군. 우리나라는 신문에서도 법정에서도 역사를 보는 눈에서도 다른 나라에 비해 사후 과잉 확신이 나올 가능성이 높다고 하더라고. 재판은 모르겠는데 우리나라 신문은 예측이 가능했다는 식의 기사를 미국 신문에 비해 거의 두 배 정도로 많이 싣는다더군. 나는 이를 '뒷북치기 결론' 또는 '뒷북 결론 현상'이라고 했지. 우리나라의 가장 큰 문제점이라고 봐.

팀장 역사나 재판, 신문이 사후 확신 편향이 강한 이유는 무엇인가요?

소장 다 이미 일어난 일에 대해서 시간적·공간적으로 그곳에 있지 않은 제삼자가 판단하고 해석해서 그래.

팀장 알겠습니다. 우리나라 신문이 미국 신문보다 사후 확신 편향이 유독 심한 이유가 무엇인가요?

소장 기본적으로 객관적 시각을 갖추지 못하고 기사를 작성해서 그런 것이고 진영 논리 때문일 수도 있지.

팀장 진영 논리라니요?

소장 예를 들어 정부가 어떤 정책을 펴더라도 잘못된 점이 있거나 문

생각³

제점이 있을 수밖에 없는데, 언론은 이를 실패했다고 비난하지. 언론사가 여러 개이고 성향이 진보와 보수로 나뉠 수밖에 없으니 항상 까일 수밖에 없지.

팀장 어떤 정책이 좋은 성과를 내도 반대 진영 언론사 쪽에서 까고, 그와 반대되는 정책을 해도 역시 반대 진영에서 까고, 잘하는 것이 있을 수가 없겠네요.

소장 이와 같이 사후 확신 편향 식의 기사를 써대니 객관적으로 쓸 수가 있나. 아니, 객관적으로 기사를 썼더라도 어느 신문기사의 기사가 객관적인지 알 수가 없지. 진영이 다르면 상대방 진영에 유리한 신문기사를 보려고 하지 않으니깐. 확증 편향과 사후 확신 편향이 겹겹이 에워싸니 제대로 사실을 볼 수가 있겠어?

팀장 신문이 더욱 심하다는 데에는 어떤 실험 결과라도 있나요?

소장 역시 강준만의 『감정 독재』에서 인용한 곽준식의 『브랜드, 행동 경제학을 만나다: 소비자의 지갑을 여는 브랜드의 비밀』에 보면, "박재영·이완수·노성종이 '북핵 이슈'와 '2007년 조승희 버지니아 공대 총기 살인 사건'에 관한 한국과 미국의 신문 기사를 분석한 결과에 따르면, 북핵 이슈가 예측 가능했다는 기사는 한국 신문에는 84.8%, 미국 신문에는 48.2%가 실렸으며, '2007년 조승희 버지니아 공대 총기 살인 사건'도 예측 가능했다는 기사가 한국 신문에는 86.4%, 미국 신문에는 48.8%가 실려 한국 신문의 사후 확신 편향이 훨씬 강한 것으로 나타났다고 한다."라며, 실험 결과는 아니고 조사 내용을 인용하였지.

팀장 신문에 대해서 말씀하셨는데 그것은 판결도 마찬가지잖아요? 진보진영 보수진영 재판관들이 있잖아요?

소장 재판관들이 그나마 객관적이라 볼 수 있지. 난도 높은 시험을 치렀거나 전문대학원에서 몇 년간 공부해서 자격증을 땄고 법률을 연구하기 위해 외국으로 유학도 가고, 재판에 임할 때는 법률에 근거를 두고 있기 때문이지. 그렇지만 기자들은 아니잖아. 국가 공인 기자시험도 없고 기자규칙서나 법칙서 등도 따로 없잖아. 그냥 자기 쓰고 싶은 대로 쓰지. 판결문은 판결이 잘되었는지 아닌지 연구하는 사람들도 있잖아. 판례 연구회 같은 것 말이야. 그렇지만 기사는 그런 것도 없잖아. 기사연구회 등 그런 말 들어 봤어? 재판은 변호사, 검사, 판사들이 같은 사안을 가지고 치열하게 싸우잖아. 어디 기사가 그런가. 변호 기자, 재판 기자, 기소 기자 그런 말이 있는가? 한 사안 가지고 치열하게 싸운 후 3심까지 가서 결론 내리는 기사 봤어?

팀장 기자라는 직업이 사회 어두운 곳, 무관심한 곳을 찾아내 밝혀주는 역할을 하는 것이잖아요? 민주국가에서는 기사 작성에 제한이 있을 수 없고요.

소장 그래서 지금 문제가 되는 것이야. 어두운 곳, 무관심한 곳을 기자의 시각으로 보는 것이지. 사회 전체, 국가 전체의 시각과는 다를 수 있다는 거야. 재판까지 오기 전에 '죄형법정주의'라 해서 형법에 죄명과 처벌 규정을 만들고 수사단계, 기소단계, 재판단계에서 철저히 이를 준수하지. 무죄추정의 원칙도 적용되잖아. '의심스러운 때에는 피고인의 이익으로'라는 말처럼. 기사가 어디 그런가? '기사법정주의'가 있나, '의심스러운 때에는 취재 대상자의 이익으로'라는 말이 있나?

팀장 또 한편으로는 판결문은 일반인이 쉽게 접하지 못하지만, 기사는 스마트폰으로 금방, 그것도 하루에 수백 수천 건씩 검색이 가능하니 좋은 기사, 나쁜 기사가 섞여 있어서 그런 것 같기도 합니다.

소장 그러다 보니 정확도보다는 속도가 우선이라 오탈자나 잘못된 정보가 들어가기도 하지. 우리 사회에서 기자를 보는 눈은 곱지 않잖아. 기레기라고 한다는데, 우리나라 어떤 직종이 쓰레기라는 말을 붙여 공공연하게 쓰는가? 거의 기자가 유일하거든. 문제가 심각하다고 봐.

팀장 그럼 어떻게 해야 하나요? 이쪽 진영에서는 저쪽의 기사 작성자를 기레기라고 하고, 저쪽에서는 이쪽의 기사 작성자를 기레기라고 하니, 기자는 결국 기레기밖에 남지 않는 꼴이 되는데요.

소장 요즘 기사들은 감정에 호소하는 수필을 읽는 기분이 들기도 해. 객관적으로 보도하도록 노력해야지. 진영 논리와 관계없이. 당위나 가치판단을 배제한 사실에 입각해서 말이야. 당연히 사후 확신 편향도 해서는 안 되고.

사후 확신 편향을 잘 이용하면 예측이나 예견이 가능하다

팀장 화제를 좀 돌려서요. 어떤 이는 일 터진 다음에 그렇게 생각하고 있었다고 말하면 누구는 그렇게 못 하냐는 핀잔이 듣기 싫어서 미리 이야기하는 경우가 있는데, 사전에 예측해서 잘 맞으면 일종의 예측이나 예언이라고 보이는데요?

소장 사후 확신 편향을 후견지명이라고 하고 그 반대를 선견지명이라고 하지. 선견지명이 일종의 예측이야. 선견지명을 하려면 엄청난 정보와 데이터를 수집하고 분석도 잘해야 하겠지. 그리고 거의 99% 확신이 설 때라야 말하겠지? 난 이런 선견지명을 꽤 했어.

팀장 오, 정말요? 사례 하나만 들어주세요.

소장 1987년도인가, 대통령 선거가 있었을 거야. 당시는 세 과시 차원에서 대통령 후보들이 대규모 유세를 했거든. 난 이른바 3김이 하는 선거 유세 집회는 모두 다 가봤지. 보통 여의도나 보라매 공원에서 하거든. 정당 중에 평화민주당이 있었는데 줄여서 평민당이라고 했지. 이 평민당이 유세 과정에서 분명 비둘기를 날리리라고 예측했고 그 이야기를 친구에게 했어.

팀장 소장님이 말한 게 실제로 일어났나요?

소장 안동 유세에서 3마리의 비둘기를 날렸지. 난 이에 고무되어, 보름 후에 열리는 보라매 집회에서는 333마리의 비둘기를 날리는데 원래 흰 비둘기를 날리려고 했으나 88올림픽 준비로 흰 비둘기는 많이 없어 재색 비둘기도 포함해서 날릴 것이라고 친구에게 떠벌렸고, 진짜 그날에 300마리 정도의 흰색을 포함한 비둘기를 날렸지. 내가 예상했던 그대로 된 거야. 친구는 매우 놀라워했지. 어떻게 알았느냐고.

팀장 정말 비둘기를 날릴 것을 어떻게 예상하였나요?

소장 평화민주당이었잖아. 평화의 상징이 뭐겠어. 그리고 유세에서 이벤트로 뭐가 좋겠어? 비둘기를 날리는 거밖에 없지 않겠어? 안 그래? 사후 확신을 하게 되는 이유는 사전 확신을 하였다가 틀리면 망신을 당할 것 같아 그러는 것인데, 이처럼 사전에 철저한 분석이 있다면 사전 예측도 가능하다고 봐.

팀장 평화민주당과는 전혀 관련이 없었나요?

소장 당연하지. 다만 그 당의 정책 입안자라면 어떻게 홍보하였을지를 생각해 보고 그들로 빙의하여 착안한 것이지. 사후 확신 편향과 관련해서, 미리 예견하는 것도 중요하지만 남발해서는 안 되네. 예를 들어 10여 개를 예견했는데 그중 1개만 맞았다면 그건 누구나 할 수 있는 것이지. 모든 가능성을 두고 생각한 후 정확하다 싶을 때 이야기해야 하는 거야. 그래야 신뢰도가 높아지지.

팀장 그렇겠지요? 남발하면 양치기 소년 이야기처럼 말을 믿지 않겠지요?

소장 그래서 선견지명을 하였다가 취소하는 경우도 있어. 난 전에 친구들에게 '분단된 나라의 통일은 그 나라의 평균수명과 같다'는 주장을 한 적이 있는데 그 평균수명이라는 개념이 애매한 거야. 남한을 기준으로 할 것인가, 북한을 기준으로 할 것인가 또 남자를 기준으로 할 것인가, 여자를 기준으로 할 것인가 아니면 남녀 평균으로 할 것인가, 남북 평균으로 할 것인가에 따라서 결과가 달라지지. 그리고 평균수명도 조금씩 늘어나잖아. 그래서 이건 예언도 예측도 아니라는 생각에 이 주장을 철회하였지.

팀장 평균수명 이론은 어떻게 해서 나온 것인가요?

소장 중국의 삼국 시대, 우리나라의 후삼국을 보고 그냥 직관적으로 만들어 본 말이야. 이 말을 만든 게 1980년대 후반일 거야. 그러니까 지금으로부터 35년 전 이야기이지. 이미 폐기한 것이니 의미는 두지 말고. 당시에 이거 말고 다른 것도 폐기했지.

팀장 다른 것은 또 뭔가요?

소장 나라가 통일되면 새로운 국명을 정해야 하잖아. 그래서 새로운 국명을 만들었지. 내가 만든다고 국명으로 채택될 일이야 없을 것이고 국민제안 정도로 받아들이면 되지.

팀장　우리나라가 통일시키면 그냥 대한민국 국호를 그대로 사용하면 되지, 굳이 국호를 변경해야 할 필요가 있을까요?

소장　그렇지 않아. 복속 당한 나라의 국민들은 항상 패배감에 젖어 살게 되거든. 그래서 복속시킬 나라가 먼저 이름이 망하는 거야. 다시 말해 국호를 먼저 변경하거나 아니면 복속당할 나라가 망할 때와 동시에 국호를 변경하는 것이지. 중국의 삼국 시대 때도 위나라의 강역을 차지했던 나라가 통일시켰지만 위나라는 통일 전에 진나라로 바뀌었어. 오와 촉의 입장에서는 자기들과 경쟁했던 위에 망하지 않은 것을 약간의 위안으로 삼을 수 있지. 우리나라 후삼국 시대 궁예의 태봉도 먼저 고려에 망하고 나중에 고려가 통일했지. 영국의 웨일스도 자신들의 황태자(실제는 잉글랜드였지만)에게 복속당한 것이고. 우리가 고려연방제니 뭐니 고려라는 국호를 염두에 두는 것도 이와 같은 이치이지.

팀장　대충 취지는 이해하겠는데 무슨 이야기를 하려고 이렇게 장황하게 이야기하시는지요?

소장　생각이 이에 미치자 새로운 국호를 만들어야겠다고 생각했지. 내가 한자를 자주 써서 우리나라를 비하하는 것으로 생각할 수도 있는데 사실은 반대야. 극단적 민족주의자라고 할 수 있지. 난 한글을 굉장히 자랑스럽게 여긴다네. 이 한글을 이용해서 국호를 만들면 어떨까 해서 생각해 낸 것이 '가나'라는 국호였지.

팀장　엥? 가나라면 가나초콜릿 할 때 그 가나 말인가요?

소장　한글 자모 조합 순서가 '가나다라…'잖아. 그래서 처음 두 글자를 따서 만들었는데, 팀장님 말대로 가나초콜릿이 있고 또 아프리카에 '가나'라는 나라가 있더군. 그래서 폐기하고 '가나다'로 했는데 이것도 캐나다의 음차로 보일 것 같아 역시 버렸지. 다음으로 생각해낸 국호가 '젤라'였어. '백제'의 '제'와 '신라'의 '라'를 합친 용어로 '제일 낫다'는 뜻도 담겨 있는데, 아이스크림 중에 젤라콘도 있고 건축물 이름도 젤라○○ 등이 있어서 좀 유치하다고 생각해 역시 폐기했지. 젤라는 고구려가 들어가지 않아 나중에 영토 축소, 영토 포기 등 문제가 발생할 것 같기도 하고.

팀장   '젤라'는 오늘날 중국의 동북공정을 생각하면 절대 써서는 안 될 국호네요. 그런데 소장님도 생각 중에 의외로 폐기한 게 많네요?

소장   당연하지. 이 생각 저 생각 해 보다가 안 되면 폐기하는 게 맞아. 끝까지 고집하면 안 되지.

소장   당시에 국호뿐만 아니라 국기도 고안했는데 역시 한글을 이용한 것이었지.

팀장   한글로 국기는 어떻게 만들 생각이었나요?

소장   한글 자음 'ㄱ'과 'ㄴ'을 위아래로 합치고 이를 좌우로 조합해서 만들었는데 나중에 보니까 이게 불교의 卍(만) 자인 스와스티카와 똑같고, 제3제국 나치가 만든 갈고리 십자가인 하켄크로이츠와도 비슷한 거야. 그래서 얼른 폐기했지.

종교

인간은 언제 어디서든 속을 준비가 되어 있다

팀장 소장님은 종교에 대해서는 어떻게 생각하시나요?

소장 팀장님은 종교가 있나?

팀장 종교는 있는데 그거와 관계없이 소장님의 종교관이 궁금해서 여쭤본 것입니다.

소장 조심스럽구면. 하지만 일반론적인 이야기만 해볼게. 믿음은 생각 또는 사고력의 결과야. 믿는 쪽이 사고력이 우수한지 아니면 믿지 않는 쪽이 우수한지는 각자가 알아서 판단할 일이지만, 이 둘 간의 사고력 간극은 엄청나지. 이제 종교는 신념의 문제도 지식의 문제도 아니야. 사고력, 판단력의 문제지. 난 종교를 비난하거나 옹호하거나 할 생각도 없고 사고력 차원에서만 이야기할게. 그리고 기존 사회에 말하는 논쟁 주제, 다시 말해 창조론이나 진화론에서 벗어나 나만의 종교관을 이야기해 볼게. 그럼 먼저 인간이 얼마나 속기 쉬운 동물인지 내 사례를 한번 들려주지.

팀장 속기 쉬운 동물이라뇨. 인간이 얼마나 현명한 동물인데요. 아니 생명체인데요.

소장 아마 20세 때쯤으로 기억돼. 친구들에게 장난삼아 농담한 적이 있지. 40년 전 당시에는 유대인은 머리가 좋고 똑똑하다는 평판 때문에 선망의 대상이었기에 치기 어린(나이가 어린 것은 아니지만 생각이) 마음에 '나는 유대인 혈통'이라고 말한 적이 있어.

팀장　어떤 논리라도 있었나요?

소장　몇 가지 배경지식이 필요했지. 당시에 나는 네덜란드 선원 벨테 브레[1]가 조선에 귀화하였고 왕으로부터 '박연'이라는 이름을 하 사받고 조선 여인과 결혼하였으며 1남 1녀를 두었다는 사실을 알고 있었어. 내가 박 씨였기에 조작은 쉽게 할 수 있었지. '나는 벨테브레의 15대손이다. 족보에도 나온다. 이름을 조선식 이름 인 '박연'으로 고쳤지만 족보에는 원래 이름인 벨테브레가 한자 를 차용해서 發他夫來(필 발, 다를 타, 사내 부, 올 래)라고 기록되어 있다. 출신지는 和蘭이라고 되어 있다. 네덜란드가 당시에는 홀 란드Holland라고 불려서 和蘭이라고 음차하였기 때문이다.' 그리 고 '박연은 유대인이었기에 고로 나도 유대인이다'라고 말이야.

팀장　실제로 박연이 유대인이었나요? 그리고 소장님의 동양인 외모 는 어떻게 설명하였나요?

소장　박연이 유대인이었는지는 나도 모르지. 거기에 내 외모가 동양 인이기에 믿지 아니할 것 같아 옥토룬Octoroon이라는 말을 써가 며 여러 세대가 흘러 백인 피가 8분의 1 정도 되면 후손의 얼굴 모습에서 백인의 외형은 없고 동양인의 모습만 나온다고 덧붙였 지. 옥토룬의 원래 뜻은 흑인 피가 8분의 1 섞인 백인을 말하지 만 뭐 상관없었지. 어차피 사람들은 알지 못하니깐. 전혀 근거 없

....

1　현재 표준국어대사전에서는 '벨테브레이'를 규범 표기로 삼고 있으나 글쓴이가 '벨테브레이' 를 알던 당시인 1970년대 후반 또는 80년대 초반에는 '벨트브레' 또는 '벨테브레'로 표기하 였음.

는 이야기였지만 몇몇 친구들은 정말로 믿더군. 나중에야 장난임을 밝혔지만 사람들이 정교한 거짓말에 의외로 쉽게 속을 수 있음을 알게 되었어. 혹세무민이 다 이런 경우 같다고 봐.

팀장 족보에 벨테브레의 한자 이름까지 있다고 하니 누가 믿지 않겠습니까? 소장님은 약간 교주 필이 보여요. 말은 논리적으로 맞지만 세뇌 비스무리한 것이 느껴져요.

소장 젊었을 때 나를 아는 사람들이 목사나 교주가 딱이라고 하면서 그런 사람이 되라고 해서 나도 그렇게 되려고 한 적도 있었어. 일단 교리를 만들어야 했지. 경전 이름을 해성 복음이라 명명하고, 성경의 내용을 차용하기 위하여 성경을 처음부터 봤는데 카인이 결혼하는 장면이 나오더라고. '이게 뭐지' 하고 바로 접었어. 세상에 딱 네 사람, 아담, 이브, 카인, 아벨인데 누구와 결혼한다는 말인가? 기독교적 시각으로 세계를 보면 어떻게든 논리를 만들어 내겠지만 과학적 시각으로 세계를 보는 나에게는 있을 수 없는 일이었지. 성경에서 별로 건질 것이 없어서 나름의 경전을 만들려는 노력도 하였어.

팀장 어떻게 말입니까?

소장 김일성이 항일 운동할 때 나무에 글귀를 써놓은 구호나무를 발견하였다고 선전하는 것이나 정여립이 자신이 먼저 산에 올라가서 '모월 모일 모시 정여립이 왔다 간다'는 글이 적힌 종이를 바윗돌 틈 사이에 끼워 놓고 그날 그 시각에 친구들하고 산에 가서 우연히 발견하는 것으로 상징 조작하는 것처럼 해 볼까 하는 생각도 가졌었지. 하지만 도저히 안 되더군. 내가 신이 되든가 아니면 신을 믿든가 해야 했는데 난 둘 다 안 되었지. 그래서 포기했어.

신은 0(영)과 같은 존재

팀장   무신론적 사고가 확고하군요?

소장   신에 관한 내 생각은 확고해. 자연계, 특히 수학에서 0이 없으면 곤란하듯이 현실 세계에서는 신이 없으면 곤란할 때가 있지. 말하자면 신은 자연 세계의 영(0)과 같은 존재라고 보았어. 아무런 가치도 없지만 수학을 설명하기 위해서는 없어서는 안 되는. 우리말 감탄사에 '하느님, 맙소사'나 영어의 '오 마이 갓Oh my God'이 그런 것이지. 신이 있고 없음과 관련 없이 그냥 일상생활에서 사용하는 관용구 같은 개념으로. 신이라는 말을 싫어해도 같은 개념인 조물주는 거부감이 없는 사람은 많아. '조물주 위에 건물주' 이런 식으로 말이지. 어떤 세계관을 가지든 가상의 절대자는 설정해 놔야 하니까. 셀 수도 세어 볼 수도 없지만 불가사의라는 숫자를 만들어 내었듯이 말이야.

팀장   신이 수학에서의 0과 같은 존재라, 그건 좀 비약 아닌가요?

소장   신이 인간을 창조했다고 말할 때 잠수함이나 시계에 비유하지. 인간이 스스로 만들어질 확률은 잠수함이 뚝딱하고 생기는 확률과 시계처럼 정밀한 기계가 스스로 만들어질 확률처럼 힘들다는 것이지. 그래서 인간도 누군가가 만들었을 거라고 보는 것 말이야.

팀장   그 생각 자체가 잘못된 것은 아니잖아요?

소장   먼저 아무리 희박한 확률이라도 이미 발생한 것에 대한 확률 논의는 의미가 없어. 그리고 인간이 시계를 만들었다는 것은 신을 믿는 자나 믿지 않는 자 모두 인정하고. 하지만 인간을 만들었다는 것에는 한쪽은 긍정하고 다른 편은 부정하지. 이렇게 되면 결국 원점이지. 군이 시계를 비유할 이유가 없어지는 거야. 인간은 신이 인간을 만들었을지도 모른다는 자각을 일부라도 하지만, 시계는 자신을 만든 인간을 전혀 의식하지 못하잖나.

팀장 시계는 무생물이고 인간은 생물이잖아요? 같은 범주가 아닌 것 같은데요?

소장 내가 하고 싶은 말을 미리 하는군. 무생물을 만든 인간과 생물을 만든 신을 같은 선상에서 보는 것 자체가 범주의 오류라고 할 수 있지. 인간이 시계를 만들고 잠수함을 만들었다면 인간이 신도 만들지 않았을까 하고 생각하는 게 오히려 더 자연스러운 게 아닐까?

믿음은 어떤 경우에도 믿음직스럽지 못하다

팀장 인간에게는 어떤 것을 믿는 신념이 있잖아요? 신념에 대해서는 어떻게 생각하세요?

소장 종교와 관련된 단어 중에서 믿음이라는 단어가 있어. 믿음은 어떤 단어와의 조합에서도 좋은 뜻을 가지지 못해. 한자어에서 믿음은 어떤 경우에도 믿음직스럽지 않지. 불신不信, 미신迷信, 광신狂信, 맹신盲信, 오신誤信, 과신過信이 그래. 아주 나쁜 말에 배신背信도 있어.

팀장 확신確信이나 신뢰信賴, 신념信念은 좋은 의미이지 않나요?

소장 그나마 방금 말한 단어 정도가 좋은 의미를 갖고 있지만, 역시 믿음에서 파생된 단어의 한계를 보여 주지. 확신은 무지와 동의어일 뿐이야. 지식은 현재의 지식이 틀릴 수 있고, 내가 잘못 알고 있을 수 있다는 가정에서 출발하지. 그 가정 자체가 지식이야. 무엇을 확신한다는 말은 그 가정 자체가 없고, 가정의 전제가 되는 지식이 없다는 뜻이야. 신뢰信賴 역시 믿고 의지한다는 뜻으로 누군가의 도움이 필요함을 암시하고, 신념은 '믿음을 생각 속에 가두어 두는' 것으로, 흔히 '신념에 사로잡혀'라는 표현에서 볼 수 있듯이 외부 세계와 단절된 자신만의 울타리에 갇혀 있다는 느낌을 줘. 믿음은 치밀한 생각과 현명한 판단을 포기하는 것이야. 믿음이 강하다는 것은 뭔가를 알기 위한 고민과 노력을 하지 않겠다는 뜻이지. 남이, 상대가, 타자가 어떤 행동을 하든 어떤 말을 하든 그대로 받아들이겠다는 맹목이야.

팀장 신념에 대해서 확고한 신념을 가지고 계시군요?

소장 신념도 일종의 욕심이야. 그것도 소유욕이라 할 수 있지.

팀장 신념이 욕심이고 더군다나 소유욕이라니요. 수긍하기 어렵습니다.

소장 미국의 심리학자 로버트 아벨슨이 '신념은 소유물과 같다Beliefs are like possessions'는 말을 했지. Belief는 믿음으로도 번역이 가능하기에 결국 '믿음 또는 신념은 소유욕이다'라는 말과 같다고 볼 수 있지. 그런데 난 이 말이 어느 정도 수긍이 가.

팀장 어떤 면에서요?

소장 우리도 이런 말 쓰잖아. '강한 신념의 소유자'라는 말 말이야.

팀장 그 말이 아벨슨의 주장과 오버랩되어 이상하게 다가오네요? 제가 평소에 알고 있는 소유에 대한 생각과 배치돼요. 보통 속세에 사는 사람들은 소유 또는 소유욕에 집착하지만 종교에서는 무소유를 실천하라고 하잖아요? 그런데 종교 또는 신념이 오히려 소유욕에 가깝다니 참 아이러니하네요.

소장 종교에서의 무소유는 물질적인 것을 말하겠지. 그런데 어떤 것을 소유한다는 의미를 꼭 물질적인 것, 정신적인 것으로 나눌 이유가 있나. 정신과 물질이 이어져 있으니, 물건을 보면 소유하고 싶은 생각이 들고 어떤 생각으로 인해 물건이 갖고 싶은 이치 아니겠어.

팀장　그럼 소유가 좋은 것인가요, 무소유가 좋은 것인가요? 판단이 서지 않네요.

소장　소유의 삶이나 무소유의 실천 모두 어렵지. 너무 양극단적이니까. 무소유가 처음부터 아무것도 소유하지 않은 것을 말하는지, 아니면 있다가 중도에 버린 것을 말하는지에 따라 마음의 상태가 다르지. 처음부터 무소유였으면 그에게는 원래부터 없던 것, 존재하지 않은 것이고 중간에 없어졌다면 미련이 남겠지. 그 미련을 떨치기 위해 합리화도 해야 하고. 소유와 무소유 중간을 선택하면 되지 않을까?

팀장　그게 가능한가요? 소유와 무소유의 중간이. 반소유인가요?

소장　점유라고 있어. 쉽게 설명하면 건물주는 소유자이지만 세입자는 점유자이지. 사용권만 취득한다고 보면 돼. 소유자는 건물을 쉽게 버리고 떠날 수 없지만 점유자는 그렇지 않지.

팀장　신념을 점유로 보면 될까요?

소장　신념, 사상, 이념 등은 바뀌지 않기에 그 속성상 소유일 수밖에 없어. 항상 소유일 뿐이야. 신념이 추상적 개념이니 같은 추상적 개념에서 한번 찾아봐.

팀장　잘 모르겠습니다.

소장　지식을 점유로 보면 될 거 같아. 지식은 언제든지 새로운 지식으로 바꿀 수 있으므로, 아니 바꿔야 하므로 점유와 이미지가 딱 떨어지지. '최근 지식으로 무장하고'라는 말은 들어 본 적은 있어도 '한발 앞서는 신념', '최첨단 신념'이라는 말을 들어 본 적 있는가? 어떤 삶이 좋아 보이나?

팀장 그렇군요! 소유인 신념은 바꿀 수 없어도 점유인 지식은 언제든지 바꿀 수 있네요. 저도 이제부터 점유의 삶을 살아야겠습니다.

소장 그냥 지식 아닌 거 알지?

팀장 예, 항상 강조하시잖아요. 검증된 과학적 지식을!

고귀함이란 무엇인가

팀장 소장님은 종교적 고귀함도 인정하지 않겠네요?

소장 일반적으로 성직자는 고귀하다고 생각하는 것 같은데 그렇게 생각하지 않는 사람도 많아.
군대에서 제대하고 취직 공부를 하던 나는 같은 독서실에서 공부하고 있는 지인 A, B와 함께 심심해서 컴퓨터 점을 본 적 있었지.

팀장 어떤 점괘가 나왔나요?

소장 점괘는 이렇게 나왔어.

"어떤 어려움이 닥쳐도 결코 종교에 의지하지 않는 고귀한 인격"

팀장 이런 점괘도 있나요? 뭔가 이상한데요?

소장 나도 이상했어. 내가 지인들에게 말했지. "평소 내 생각이 컴퓨터 점에 나오니 신기하네. 나와 같은 생각을 하는 사람이 최소한 이 세상에 한 명은 있다는 거군."

팀장 친구들은 뭐라고 하던가요?

소장	A는 내게 '너 참 좋겠다. 그런 점괘를 받아보다니. 너를 이렇게 완벽하게 표현하는 점괘를 언제 받아보겠니?' 그래서 나도 응대했지. 'A 너도 점괘 내용을 이해하다니 대단하다. 점괘가 신기하다. 그치?' B만 점괘 내용을 이해하지 못했어. 그는 '둘이 뭔 소리 하는 거야? 나는 도통 이해가 안 되는 점괘구먼?'이라고 말했지.
팀장	저도 도통 무슨 소린지 모르겠는데요?
소장	이 대화의 핵심은 '어떤 상황에서도 종교를 갖지 않는 사람을 고귀한 인격'이라고 표현한 점괘 내용에 있어. 일반적으로 고승이나 신부, 목사 등 성직자나 종교 지도자를 고귀한 인격이라고 하는 세간의 평가와 다르지. 나와 A는 그런 점괘 내용이 있다는 것에 신기해했고 내가 해당한 것에 더욱 놀랐지. B는 나와 A의 대화 내용을 이해할 수 없었던 거야. 그는 종교를 갖지 않는 것이 어떻게 고귀한 인격이라는 말인가 하고 의아해했어. 결코 넘을 수 없는 벽이 존재하는 것이야.
팀장	소장님은 종교는 없고 점 같은 미신은 믿는다는 말씀이신가요?
소장	아, 그렇다고 내가 미신이나 점을 믿는다고는 생각하지 마. 점성술, 타로, 혈액형, 풍수지리, 점 어떤 것도 믿지 않으니깐.

보이지 않는 신과 보이는 신

팀장	혈액형은 신기하게 맞는 거 같긴 하던데요?
소장	어떤 인디언 부족은 100% O형이라고 하더라고. 그러면 이 사람들은 모두 같은 성격을 가졌다는 말인가? 이건 아니라고 보네.
팀장	듣고 보니 그러네요. 어떤 이유인지 모르나 그 집단의 전체 인원이 100% O형이라고 하더라도 성격까지 같을 수는 없겠죠?

생각³

소장 피 이야기는 그만하자고. 피 같은 시간에 말이야. 본론으로 돌아와서 난 신은 두 종류가 있다고 봐. 보이는 신과 보이지 않는 신.

팀장 보이는 신과 보이지 않는 신이라니요? 그런 분류법도 있나요?

소장 셰익스피어가 이렇게 말했지. '돈은 보이는 신'이라고. 난 이 비유가 정확한지 모르겠지만 셰익스피어의 말에 의하면 세상에는 보이는 신과 보이지 않는 신이 있는 것이네. 각자 역할이 다르겠지. 돈과 관련된 일이라면 보이는 신에게 맡기면 되는 것 아닌가. 실제로 현실에서도 모두 보이는 신에 의지하지 않나?

팀장 셰익스피어가 돈은 보이는 신이라고 한 것은 비유잖아요? 은유 말이에요. 비유는 사실이 아니잖아요?

소장 그럼 할 말 없네. 내가 아니 셰익스피어가 하는 비유는 받아들일 수 없다고 하니 그것은 자유니까 알아서 하고, 옛날에 어떤 나그네가 있었어. 그 나그네는 배가 고팠으나 수중에는 먹을 것도 돈도 없었지. 그는 사람들이 많이 모여 있는 곳에서 그릇에 돌을 넣고 끓였어. 사람들은 그 사람이 돌로 뭐 하나 하면서 하나둘 모여들기 시작했어. 돌만으로는 맛있는 국을 만들 수 없다는 생각에 여기저기서 야채를 가져다주면서 같이 끓여 보라고 했어. 나그네는 온갖 야채를 넣고 끓인 후 그 국을 맛있게 먹었지. 물론 돌만 빼고 말이야.

팀장 어디서 들어 본 이야기인 것 같습니다.

소장 신도 이처럼 비유할 수 있을 것 같네. 말씀으로만 사람들에게 좋은 일 하고 싶었어. 그런데 사람들이 모여들면서 말씀만으로는 힘들다고 생각해 어떤 사람은 노동력을, 어떤 사람은 돈을, 어떤 사람은 물건을 제공했지. 그러자 모든 일이 잘 돌아갔지. 다만 말

쏨만 빼고 말이야.

팀장　이것도 적절한 비유가 아니라고 봅니다. 비유는 어디까지나 비유니까요. 혹시 파스칼의 내기란 말을 들어보셨나요?

소장　신이 존재하지 않지만, 신을 믿을 경우 잃을 것은 아무것도 없지만 신이 존재하고 신을 믿으면 천당으로 갈 것이고, 반면 신이 존재하지 않고 신을 믿지 않는다면 얻는 것이 하나도 없으나 신이 존재하는데 신을 믿지 않으면 지옥으로 떨어질 것이라는 것 말이지?

팀장　예, 알고 계시네요.

소장　이 내기도 말도 안 된다고 생각해. 나도 예를 들어볼게. 내가 범죄를 저질렀는데 잡히면 그냥 그에 맞는 형량을 치르면 그만이야. 손해도 이익도 없지. 범죄자 입장에서는 본전. 그가 잡히지 않으면 엄청난 행운이지. 천국 간 것이나 진배없지.

내가 범죄를 저지르지 않아서 처벌받지 않았다면 그냥 본전이야. 아무 일도 발생하지 않은 것이지. 그런데 내가 수사기관의 잘못된 수사로 누명을 써 처벌받거나 감옥에 간다면 지옥이지. 하지만 현대에 와서는 잘못된 수사도 드물 뿐만 아니라 나중에 무죄가 밝혀지면 보상도 받아. 결론은 범죄를 저지르는 게 훨씬 이익이라는 거야. 아무리 잘못돼 봐야 자신의 죗값을 치르는 것뿐이니까.

팀장　신과 범죄를 어떻게 같은 선상에서 비유할 수 있습니까?

소장　지옥이나 감옥이나 비슷한 것 같아서 그렇게 비유해봤어. 내 비유가 잘못되었다면 파스칼의 내기라는 비유 자체도 잘못되었다고 봐야지. 내가 한 비유는 옳은 비유이고 상대가 하는 비유는 옳

　　　　　　　　　　　　　　　　　　　　　　생각³

지 않다고 보는 시각도 좋지 않다고 봐. 어차피 비유는 정확할 수 없기에 논리적으로는 허점이 많거든.

팀장 소장님이 지금 하신 모든 말씀은 확증 편향 아닌가요? 종교를 너무 비난하는 것 아닌가요? 소장님도 증거나 통계수치는 보여 주지 않잖아요?

소장 오케이 인정. 옛날에는 종교가 사회를 걱정하였지만, 지금은 사회가 종교를 걱정하는 시대가 되었고, 지난 세기까지는 종교의 자유였다면 금세기는 종교로부터의 자유의 시대가 도래한 거야.

팀장 소장님은 진화론을 믿기 때문에 신을 부정하시는 건가요?

소장 대부분 사람들은 진화론 때문에 신을 부정하는 것으로 알고 있지만 그렇진 않다고 봐. 과학은 신이 있다 없다 가타부타 말을 한 적이 없어. 물리학, 수학, 화학 등은 자신의 분야에서 자신들의 일을 한 것뿐이야. 진화론도 신을 부정하기 위해서 나온 이론도 아니고. 그냥 그 학문에서 과학자들이 열심히 연구한 결과를 내놓은 것뿐이야. 그런데 여기에 엉뚱한 사람들이 신과 결부시키지. 저번에 내가 메타인지 설명하는 것 들었지?

팀장 예, 그 당시 사람들 대부분이 천동설을 믿을 때 소수의 몇몇만 지동설을 믿었고, 결국 지동설이 정설로 굳어진 것이라고 말씀하셨죠?

소장 창조론과 진화론도 마찬가지야. 대다수가 창조론을 믿을 때 극소수의 사람만이 진화론을 주장했지. 결국 진화론이 사실임이 밝혀졌잖아. 진화론을 최초로 주장한 몇몇은 생각한 것이고, 이를 받아들인 나머지 사람들은 지식으로 암기한 것이지. 그런데 천동설과 지동설 싸움과는 달리 창조론과 진화론은 모두가 진화론을 믿는 것으로 바뀐 게 아니라 지금도 일부는 창조론을 믿고 있지. 이는 뭘 의미하는 걸까?

팀장 전 잘 모르겠습니다.

소장 천동설은 그래도 과학을 표방하였기에 지동설로 바뀔 수 있었지. 창조론은 처음부터 과학이 아니기에 진짜 과학적 사실이 밝혀져도 바뀔 수 없는 것이야. 창조론은 소유욕의 산물이고 진화론은 지식의 산물이지. 소유욕과 지식의 관계는 앞서 이야기했잖아? 모든 과학적 학문의 업적과 혜택은 받아들이면서 왜 진화의 개념은 이해 못 하나. 진화만 일반적인 학문 연구 방법과 다른 연구법을 채택하였다는 말인가? 일반적인 학문 연구 방법과 똑같이 했더니 그 결과로 진화론이 나온 거잖나. 창조론은 과학이라고 하지만 과학은 사실이 밝혀지면 바뀌거든. 그게 안 된다면 이미 과학이 아닌 것이지. 과학이라는 말을 써서는 안 되는 거야.

팀장 알겠습니다. 소장님이 신을 믿지 않는 이유가 이것인가요? 아니면 다른 어떤 결정적 이유라도 있나요?

소장 내가 정말 신이 없다고 확신한 것은 사실 우주팽창설 때문이야. 1929년에 허블이 발표한 이론인데 우주는 팽창 중이며 그것도 빛보다 빨리, 멀리 떨어진 별일수록 더 빨리 팽창한다는 것이지. 이론적으로 수백 억 년, 수천 억 년 후에는 우리가 지금 밤하늘에서 볼 수 있는 별이나 은하 중 일부는 안 보이게 되겠지. 난 그때 확신한 거야. 신은 있을 수가 없다고.

팀장 우주가 팽창한다고 해서 신을 부정하는 것은 해괴한 논리 아닌가요?

소장 오늘날 과학은 수십만 광년 떨어진 곳의 우주 현상도 밝혀냈고

육안으로 도저히 보이지 않는 양자 세계도 알아냈어. 그 어디에도 신을 위한 공간이나 여지는 남겨두지 않았지. 그냥 빈 공간이거나 암흑물질, 암흑에너지로 표현할 뿐 신을 상정하지 않아. 신이 빈 공간이나 암흑물질, 암흑에너지는 아니지 않은가? 암흑물질, 암흑에너지는 과학자들에게 관심받는데 왜 우주를 관장하는 광명한 신은 외면받는가? 신이 암흑물질, 암흑에너지보다 못한 존재인 것인가? 과학자들의 눈 밖에 난 암흑물질보다 못한 존재란 말인가?

팀장   증거의 부재가 부재의 증거가 될 수 없다는 말이 있잖아요?

소장   그런 식의 논리 전개라면 똑같이 반박당해. 예를 들어 옛날에 신 개념으로 대신 쓰였던 귀신, 마귀, 도깨비, 용왕, 산신령 등은 지금 있다고 믿지 않잖아. 만약 이들이 있다고 주장한다면 그 주장하는 사람이 증명해야지. 믿지 않는 사람이 증명할 수는 없잖아. 산신령을 믿는 사람이 산신령을 믿지 않는 사람에게 '증거의 부재가 부재의 증거가 될 수 없다'는 말을 하는 이치와 똑같아.

팀장   신과 산신령을 같은 레벨에 둘 수는 없는 것 아닌가요?

소장   신은 귀신, 마귀, 도깨비, 용왕, 산신령을 대표하는 개념일 뿐이야. 나머지는 다 사라졌고.

사고력 향상을 위해서는 어떠한 금기도 허용해서는 안 된다

팀장   우리 사회에서 민감하게 반응하는 영역이 있잖아요? 예를 들면 종교, 평등, 성 문제 말입니다. 소장님은 이런 문제를 완곡하게 표현하지 않고 과감하게 정면으로 대응하시네요? 좀 걱정스러운 면도 있어요. 우리 사회가 포용력 있는 사회는 아니잖아요?

소장 우리나라에서는 종교 문제, 성, 남녀의 차이, 정치적 보수와 진보 등에 대해서는 언급을 꺼리거나 신중하게 접근하지. 이렇게 된다면 갈수록 논의와 토론의 범위가 좁아질 뿐이야. 이 문제는 개인의 삶에서도 매우 중요하지만, 좋은 사회를 만들기 위한 사회적 합의의 핵심이기도 해. 이들은 모두 사고력을 형성함에 있어 중요한 소재이자 사고력을 측정할 수 있는 척도이기도 하고. 이런 주제들을 제외한다면 도대체 평소에 어떤 이야기를 하고 살아야 한단 말인가? 밥 먹었니, 오늘 날씨 어때 등만 이야기하고 살아야 하는 사회가 제대로 발전할 수 있을까?

팀장 소장님의 말씀이 맞는 것 같은데 우리 사회가 이들 주제에 대해서 민감하게 반응해서요.

소장 그러니까 피상적으로 논의할 수밖에 없지. 원론적인 이야기만 각자 자신의 입장에서 생각하고 주장하겠지. 하지만 아주 깊숙이 들어가면 분명 둘 중 하나가 맞고 정답이 있을 거야. 다른 쪽도 어느 정도 수긍할 수도 있을 거고. 그 정답을 찾아가는 방법은 객관적이고 과학적인 사실에 발판을 두는 것이지. 내 생각이 옳다고 말하려는 것이 아니야. 나와 반대되는 의견도 얼마든지 개진할 수 있어. 단 과학적이고 객관적인 증거에 의해서.

팀장 전에는 제가 이런 주제들을 접하면 전투 모드로 돌입하여 일전을 불사하겠다는 비장한 각오의 날을 세웠는데, 소장님으로부터 세뇌를 당한 것인지 생각을 하게 된 것인지 차분해진 것 같습니다.

소장 이런 금기시하는 주제에 대해서 정면으로 마주한다면 분명 생각의 힘을 기르게 될 것이야. 비판의 날도 날카롭게 세울 수 있고.

세계관을 넓혀. 종교, 성, 이념의 관점에서 세계를 재단하려고 하지 말고 세계 또는 우주적 관점에서 종교, 성, 이념을 바라봐야지. 우리나라 사람은 외적의 침입을 막아내는 데는 용기를 발휘하지만 진실을 받아들이는 데는 용기를 내지 못하고 회피하지.

팀장 좋은 말씀 잘 들었습니다. 마지막으로 여쭤볼게요. 종교는 없어진다고 보세요?

소장 종교 자체는 없어지지 않을 거야. 예부터 수많은 종교가 명멸해왔지. 종교 자체도 진화하는 거야. 인간의 인지적 구조가 몇십만 년 안에는 바뀌지 않을 것 같아. 종교는 유지되지만 옛날처럼은 아닐 것 같고. 그리고 이참에 교육과 세뇌를 구별할 필요가 있어. 내가 팀장님 붙들어 두고 이야기하는 것에 대해서 다른 직원들이 뭐라 하지 않던가? 바쁜 직원한테 지위를 이용해 갑질한다, 세뇌한다, 가스라이팅한다 뭐 그런 말 하지 않던가? 내가 팀장님을 세뇌시키는지 아니면 종교가 팀장님을 세뇌시켰는지 스스로 판단해 봐.

교육과 세뇌

교육과 세뇌는 한 끗 차이

팀장   아닙니다. 그런 것 없습니다. 전 다만 소장님의 좋은 말씀을 저만 알고 있기 뭐해서 알려주려고 해도 그러지 못하니 그게 안타깝습니다.

소장   당연하지. 다른 직원들이 내 말을 좋아하겠나? 뚱딴지같은 소리로 들릴 텐데. 혹시 팀장님도 내게 세뇌당하고 있는 거 아닌가 하고 속으로 생각하고 있을지도 모른다는 노파심에서 세뇌에 대해서 일러주지. 세뇌의 사전적 의미보다는 내가 생각하는 세뇌의 개념 3개에 대해서 알려줌세. 세뇌와 구별이 어려운 게 교육인데, 교육자 자신을 위한 것이면 세뇌이고 피교육자를 위한 것이면 교육이네. 다른 표현으로 내가 가진 신념이 남을 위해 나를 희생하면 교육이고, 나를 위해 남을 희생시키면 세뇌야. 물론 세상 모든 이치가 그렇듯이 어느 정도 교육과 세뇌가 혼재하지만 비율의 문제이지.

팀장   다른 2개는 무엇인가요?

소장   뭐 다른 2개는 비슷하긴 한데 운韻을 위해서 억지로 만들었다고 볼 수 있지. 보통 사례를 3개 정도 드는 게 좋지 않나 해서. 사실을 알려주면 교육이고 당위를 강조하면 세뇌라고 볼 수 있지. 사실은 객관적 지식이므로 세뇌가 될 리 없지만 당위는 그렇지 않아. 당위라면 이미 학창 시절에 배웠듯이 '-하여야 한다' 같은 윤리, 도덕, 규범 등을 말해. 사회에 꼭 필요한 것이긴 하지만 지나치면 세뇌라고 할 수 있지. 그 근거가 사실에 두고 있지 않기 때문에 장소, 시간, 집단의 성격 또는 그 집단 지배자의 생각, 집단이 추구하는 가치에 따라 달라지기 마련이지. 때와 장소에 따라 달라진다면 그것은 사실에 기반한 것이라고 볼 수 없고 집단의 이익을 위해서 만들어진 세뇌의 도구라 할 수 있어.

팀장 마지막은 무엇인가요?

소장 주의, 사상, 이념 등 인문학 또는 사회학적 내용을 강조하면 세뇌이고, 물리법칙, 수학 공식, 생물 작용 원리 등을 가르치면 교육이라고 할 수 있지. 굳이 억지로 사족을 붙이자면 귀납적 사고와 미괄식은 교육에, 연역적 방법과 두괄식은 세뇌에 더 가깝다고 할 수 있어. 하여간 내가 생각해도 말이 안 되는 것 같은데, 요지는 이거야. 사실과 당위에서 사실이 항상 앞서 있고, 귀납과 연역 중에서는 귀납이 먼저이고, 두괄식과 미괄식에서는 미괄식이 우선이라는 것이지. 귀납은 미괄식, 연역은 두괄식과 연결되지.

팀장 요즘은 보통 보고서 작성이나 자신의 의견을 제시할 때 두괄식으로 하라고 하잖아요?

소장 그러니까 문제지. 논리적으로 생각한 것을 말할 시간을 주지 않고 그냥 암기한 것 그대로 쏟아내 보라는 식이잖나.

팀장 주의, 사상, 이념은 잘 바뀌지 않지만 자연과학적 지식은 너무 자주 바뀌잖아요? 자주 바뀌는 게 좋은 건 아니잖아요?

소장 바로 그 점이 중요한 것이야. 주의, 사상, 이념, 윤리, 도덕은 시대가 바뀌어서 폐기하거나 변경해야 함에도 끝까지 고수하려고 들지. 심지어 목숨을 걸면서까지 피교육자들에게 강요하기도 해. 하지만 자연과학적 지식은 그 지식이 다른 지식으로 대체되면 바로 수정하지. 예를 들어 생물 지식이 바뀌었다고 치자. 선생님이 '야, 얘들아. 생물 내용이 최근에 바뀌었어. 시험에 나올지 몰라. 빨리 숙지해 놔라'라고 하겠지만, 주의, 사상, 이념, 윤리, 도덕 등이 바뀌면 그렇게 이야기하겠나? 끝까지 거부하면서 이런 말을 하겠지. '모든 사람이 그 사상이 진리가 아니라고 말해도 난 끝까지 그 사상을 지키는 한 사람이 되겠다'라고 말이야.

팀장 소장님의 말씀을 들으니 세뇌와 교육을 차이를 알겠습니다. 전 소장님으로부터 항상 교육을 받고 있습니다. 소장님은 어제 한 말이 틀리면 오늘 와서 '아, 어제 한 말은 잘못 알았어. 이게 사실인 거야' 하면서 말씀해 주시거든요. 전 지식을 전달받은 것이지, 세뇌를 당하고 있지는 않다는 확신이 들었습니다.

소장 내가 완벽주의자라서 그래. 완벽이란 한 번에 성공해야 하는 것이 아니라 틀린 것을 끊임없이 수정해서 완성하는 것이야. 완성되기 전까지의 수많은 오류와 수정은 완성을 위한 과정일 뿐이지. 사람들은 자신의 틀린 부분을 인정하기를 두려워하지만, 어차피 인간은 자신이 알고 있는 지식의 10%는 잘못 알고 있어. 처음부터 잘못 알고 있었든가, 중간에 지식이 바뀌었는데 모르고 있든가 등의 이유로 말이지.

당위의 위험성

팀장 앞서 사실과 당위를 언급하였는데 전 이 부분이 어렵더라고요.

좀 설명해 주실 수 있습니까?

소장 내가 뭐 철학이나 논리학 또는 정치학을 공부한 것도 아니고, 책이라고는 1년에 한두 권 읽는 사람이 이 어려운 용어를 제대로 알 리 있겠어. 그래도 생각한 게 있어서 들려는 주겠는데 설명이 맞는지 틀리는지 잘 모르겠어. 그냥 감만 잡아.

팀장 감이라도 잡는 게 어딘데요.

소장 사실과 당위를 명확하게 구별하기란 쉽지 않아. 관념적 차원에서 하나의 문장이 '-이다'로 끝나는가 '-해야만 한다'로 끝나는가를 기준으로 구분한다면 가능할 수도 있지. 논리학에서 사실로부터는 사실만 도출되고, 당위로부터는 당위만 도출된다는 명제는 논증된 것으로 받아들여진다고 해서 이론적으로야 구별 가능하다고 하겠지만, 이들을 실제 상황과 현실 속에서도 정확하게 구별할 수 있는지는 장담할 수 없지.

팀장 사실과 당위는 똑 떨어지게 분리 가능한 것이 아니라 복잡하게 얽혀있어서인 거죠?

소장 그렇기 때문에 면밀하게 분석하지 않는 한 어디까지가 사실이고 어디서부터 당위인지 통 알 수 없어. 일반적으로 사실은 당위에 앞서지. 그래야 그 사실들에서 당위를 뽑아낼 수 있을 테니까. 하지만 대부분은 당위를 먼저 설정하고 그에 부합되는 사실을 간추려내서 당위가 합당하도록 짜 맞추지. 당사자들의 이해관계가 첨예하게 대립한다면 각자의 당위가 다를 테고 그 당위를 지탱하는 사실도 다를 것이므로, 결국 처음부터 어떤 당위를 갖느냐의 문제로 환원되지.

팀장 결과적으로 당위의 싸움으로 변질되겠군요? 그들에겐 이미 사실은 의미 없으니까 말이죠.

소장   사실 당위 자체는 문제가 없어. 자신의 당위를 수호하기 위해 절대화시키고 신성시하는 태도가 문제지. 타인의 당위는 천박하고 열등한, 그래서 제거하거나 타도해야 할 대상으로 전락시키는 것 말이야. 당위는 당위야. 사실을 기반으로 하고 있다지만 사실 자체는 아니지.

팀장   당위를 절대적 우위로 신봉하는 사회에서 건전한 토론과 자유로운 의견 발표가 존중되리라는 기대는 할 수 없겠네요?

소장   자신의 입장과 배치되는 다른 당위와 규범에 대하여 아주 배타적인 경향으로 흐를 수 있고, 역사적으로 내려온 부당한 당위 또는 질서를 그대로 존속시키려는 수구적인 태도를 견지하게 되지. 대화와 타협은 실종되고 복종만이 미덕이 될 거야. 다른 규범적 세계관도 수용하여 진지하게 토론하는 자세, 민주적인 토의와 관용의 정신은 소멸할 거고.

팀장   당위가 가진 문제점이 많군요?

소장   어쩌면 당위當爲는 당연當然과 동의어일지도 몰라. 당연히 여기는 것은 팩트 즉 사실에 기반을 두고 있다고 생각하지만, 그렇지 않아. 옛날부터 내려온 대로, 또는 성인이 하신 말씀이기에 그대로 받아들이는 경우가 많지.

팀장   어떤 것을 말하는지요?

소장   경위涇渭라는 말이 있어. 사물의 옳고 그름과 시비의 분간을 뜻해. '경위에 밝다, 경위가 분명하다'라고 보통 쓰지. 이 경위는 중국의 경수涇水와 위수渭水에서 유래했어. 경수는 항상 흐리고 위수는 항상 맑아 뚜렷이 구별된다는 데에서 나온 말이지. 하지만 청나라 건륭제 시절에 실제로 확인해보니 반대였어.

팀장　경수가 맑고 위수가 흙탕물이었나 보죠?

소장　응. 이게 이유가 있어. 『시경』의 주석집 『시집전』에는 경이위탁 涇以渭濁이라는 표현이 나와. 경수는 위수 때문에 탁해진다는 뜻이지. 그런데 주자가 경탁위청涇濁渭淸이라고 해서 '경수는 탁하고 위수는 맑다'라고 주를 잘못 달았는데, 주자학을 받드는 중국 학자들은 절대적인 권위를 가졌던 주희에게 토를 달 수 없었지. 그냥 그대로 받아들여졌다가 청에 와서야 실제로 경수와 위수를 확인한 후에 주자의 말이 잘못되었음을 알고 바로잡았어.[1]

팀장　시경에서는 제대로 기술하였으나 주자 때문에 중국에서는 수백 년간 잘못 알고 있었는데, 이를 확인하지도 않았네요. 성인의 말씀을 너무 당연시한 거 같습니다.

소장　이를 논리학에서는 잘못된 권위에 의존하는 오류라고 하지. 성현, 뛰어난 학자의 말을 무조건 신봉하는 것, 이것도 일종의 맹목이야. 항상 사실을 확인해야지. 금방 확인이 되는 것을. 건륭제가 확인하고 바로잡았어. 그런데 중국이 애초에 그런 능력이 있는지 모르겠어.

팀장　그건 또 무슨 말인가요?

소장　앞서 경위涇渭가 있지만 다른 비슷한 말에 경위經緯가 있어. 經緯는 경도와 위도를 뜻하기도 하고 직물의 날과 씨를 말하기도 해. 뜻이 확대되어서 일이 진행되어온 과정을 의미하기도 하지. '사건의 경위를 설명하다'처럼 말이야. 여기 '경'에 공통으로 나오

....

1　유튜브 한자마당 https://www.youtube.com/watch?v=hTB7DPv4C80

는 글자가 '巠'이야. 물이 흐르는 모습을 뜻하는 상형문자이지. 그런데 중국은 2,000년 동안 이 巠을 물이 흐르는 모양으로만 안 거야.

팀장 원래는 다른 뜻이 있었다는 건가요?

소장 스웨덴의 칼그렌이라는 언어학자가 이 巠이 물줄기가 아닌 위쪽에서 아래로 늘어놓은 날줄을 강조한 것이라고 밝혔지. 그러니까 중국은 이 학자가 巠의 巛를 베틀의 직조 모습을 나타낸 것이라고 말하기 전까지 물줄기로 잘못 알았던 거야.[2]

팀장 어떻게 자기 나라 글자의 어원을 그렇게 모를 수가 있죠?

소장 과학적 사고가 부족해서 그래. 우리나라도 똑같지, 뭐. 한글은 처음에 띄어쓰기가 없었어. 아마도 한문이 띄어쓰기가 없어서 그랬을 거야. 한자만 바라보고 살았으니 단어를 띄어 쓴다는 건 생각을 못 했겠지. 외국의 선교사가 한글로 성경 관련 책을 번역하면서 띄어쓰기를 했지. 구미어는 띄어쓰기가 당연했거든. 한글임에도 우리나라 사람이 띄어쓰기를 고안해내지 못했다는 게 좀 아쉬워.

팀장 당연한 것을 당연히 여기면 불편이 불편인 줄 모르고 쓰네요. 다른 사람이 보면 무척 불편해 보이는데도요.

소장 사실 확인만 하면 금방 알 수 있었는데, 동양은 그걸 게을리하였지.

팀장 경위經緯와 경위涇渭가 제대로 밝혀지기까지 그런 경위經緯가 있었네요?

....

2   http://339kjk.tistory.com/15479870

소장　동양이 경위涇渭에 밝지 못해서 그런 일이 생겼지.

틀리다와 다르다

팀장　지금까지 긴 이야기 잘 들었습니다. 이 당위를 당연시하면 안 된다는 것이죠? 당위는 그 시대의 사상, 이념, 신념, 도그마, 이데올로기와 연결된다는 뜻으로 봐도 되겠네요?

소장　그렇다네. 여기서 하나 더 알아두어야 할 것은 '다르다'와 '틀리다'야. '다르다'는 당위와 관련되어 있고, '틀리다'는 사실과 관련되어 있지. 아울러 사실은 진위眞僞 즉 참과 거짓을 말하므로 객관적 상황과 관련되어 있고, 당위는 '옳고 그름, 선과 악, 미와 추'처럼 주관적인 것을 말해. '다르다'의 반대말은 '같다'이고 '틀리다'의 반대말은 '맞다'이지.

팀장　마치 국어 시간으로 되돌아온 것 같네요?

소장　'다르다'는 비교할 때 쓰는 말로, 두 사람 사이의 의견이 같지 않을 때 '다르다'라고 하고, 역시 두 사람이 있는데 한쪽은 정답이고 다른 쪽은 오답일 때 '(너의 답은) 틀리다'라고 말할 수 있지.

팀장　두 사람 사이에서도 상황에 따라 '다르다'와 '틀리다'를 모두 쓸 수 있네요?

소장　수학 문제의 학생들 답이 제각각일 때 한 학생이 '어? 내 답과 다르네.'라고 할 수 있어. 자신의 답과 다른 학생의 답을 비교했을 때 쓸 수 있는 말이야. 물론 너무나 명백한 답이어서 다른 답을 쓴 사람에게 '네 답은 틀려.'라고 확실하게 말할 수도 있겠지.

팀장　정답을 확실히 아는 상황에서는 '네 답이 틀리네.'라는 말이 맞는 표현이네요?

소장 분명한 것은 정답이 있는 문제라면 출제자는 그 문제의 답을 알고 있다는 것이지. 이 답지는 맞고 저 답지는 틀렸다고 분명하게 판단할 수 있어. '어? 학생들 답이 모두 다르네.'라는 말은 하지 않을 거야. 분명한 사실에 기반한 지식이 너와 나를 틀리게 하는 것이지.

팀장 객관적 사실에 대해서는 판단이 필요 없겠네요? 그냥 지식으로 받아들이면 되니까요?

소장 객관적 사실은 틀리거나 맞을 뿐이지. 다름이 없지. 다름은 주관적 생각일 뿐이야. 미친놈이나 사이코패스도 지구는 둥글다고 대답해. 지식이니까. 물건을 훔치거나 남을 해코지하는 일에 대해서는 우리와 다른 판단을 할 수 있지만, 객관적 사실에 대해서는 그들도 우리랑 같아. 우리는 다름을 지양하면서 틀림을 지향해야지. 주관적에서 객관적으로 시각을 옮겨야 해. 다름을 인정하는 것은 물타기야. 본질을 흐리는 것이자 상대의 페이스대로 굴러가는 것이지. 당당하게 너는 틀렸다고 말할 수 있어야 돼. 내가 항상 강조하잖아. 객관적이고 검증된 과학적 사실 또는 지식을 통해서 말이야.

'과학'이라는 말을 쓴 지는 200년도 되지 않았다

팀장 제가 평소에 지적받는 '틀리다와 다르다'의 개념과 다르네요. 아니 틀린 건가? 아무튼 '과학적 사고'라고 말씀하셨는데, 인문과학, 사회과학 등 인문학이나 사회학도 과학이라는 말을 쓰잖아요? 과학적 지식에 인문과학이나 사회과학도 포함되는 것이 아닌가요?

생각³

소장　우리가 아는 과학科學은 Science를 번역한 것이지. Science를 일본에서 번역할 때 과학으로 한 것이고. 일본에서의 과학은 분과학分科學의 준말이야. 여러 가지 세분화된 학문이라는 것이지. 그러니까 자연과학은 자연분과학, 사회과학은 사회분과학, 인문과학은 인문분과학이라고 보면 돼.

팀장　우리가 알고 있는 과학은 보통 자연과학을 말한다고 볼 수 있죠?

소장　사회과학이나 인문과학도 자연과학처럼 될 수 있지. Science의 어원은 라틴어 Scientia로 체계적이고 정확히 기록된 지식을 의미해. 따라서 인문과학이나 사회과학도 자연과학처럼 정확하고 체계적이 되어야 하지. '다름'은 그렇다고 할 수 없어. 인문과학이나 사회과학은 '다름'을 다루고 자연과학은 '틀림'과 관련 있지. 자연과학에 친해지면 상대의 주장에 대해서 명백히 틀렸다고 할 수 있는 것이고 그래야 하지.

팀장　당위가 필요하더라도 사실 다시 말해 자연과학에 그 근거를 두어야 한다는 말씀으로 들리는데요?

소장　당연하지. 과학의 원래 의미가 자연과학을 말한다고 했잖아. 다른 학문이 과학이라는 말을 쓰려면 자연과학처럼 체계적이어야 하지. 아니면 자연과학의 여러 가지 규칙이나 질서를 차용하든가. 가치판단이 필요 없는 자연과학에 근거를 두지 아니하면 결국 가치판단에 휩쓸리게 되지. 이를 위해 편파적인 교육을 하게 되고, 이는 피교육자를 위한 것이 아니므로 세뇌라고 한 것이지.

팀장　세뇌와 교육의 차이점 잘 들었고 유래도 알게 되었습니다. 그리고 항상 느끼지만, 소장님은 무슨 말씀을 하실 때 유래, 배경, 근거 자료를 끊임없이 제시하시더군요? 항상 지식의 정확성을 위해서 노력하는 모습이 보기 좋습니다.

소장 당근이지. 참 당근은 '당연히 근거 있지'라는 말의 약자라는 것은 알고 있지? 당위, 당연은 근거가 없거나 있어도 희박하지. 하지만 당근은 명백하게 있는 것이지. 그러므로 근거가 명확한 순서는 당근 > 당연 > 당위이지.

팀장 순서가 그렇게 되는군요. 당위가 당근보다 더 근거가 없다니 허탈하네요. 그런데 왜 당위가 당연보다도 근거가 없는 것이죠?

소장 당위는 '마땅히 그러해야 함'이고, 당연은 '마땅히 그러함'이야. 당위가 더 강제적이고 인위적이지. 당연은 자연적이고 순리적이지.

팀장 알겠습니다. 교육과 세뇌를 종교 다음에 이야기하시는 까닭이 종교도 일종의 세뇌라는 뜻으로 말씀하시는 것으로 보이는데요.

소장 종교나 미신이나 난 구분이 안 가. 그게 그거 같아서 그래.

생각³

평등 또는 공정성

평등이라는 환상

팀장 소장님은 평등이나 공정성에 대해서 어떻게 생각하시나요?

소장 영어로 평등은 equality로 equal에서 나왔지. 우리가 수학에서 2+2=4라고 할 때 그 = 가 equal이지.

그러니까 평등 또는 균등은 수식에나 어울리는 거야. 이를 인간 또는 인간사회에 적용하는 것은 무리가 있다고 봐. 수학에서는 좌항과 우항이 같으면 =이고, 각 항에 같은 수를 더하거나 빼도 등식은 성립하잖아. 즉 원래부터 =(등호)여야 한다는 거야. 처음부터 등호가 성립되지 않는데 같게(=) 한다는 것은 인위적이고 규칙 위반이지. 한다면 누가 그 역할을 한다는 말인가. 이런 식이면 인구가 1천만 명인 나라는 1=2=3=4=5=6=⋯ 10,000,000이 성립해야 하는데 이게 가능한 일인가?

팀장 평등이 이념적, 추상적 개념이라서 그런 것 아닌가요? 추상적인 개념에 수식을 들고나오는 것은 좀 심한 것 같습니다.

소장 그렇게 주장한다면 구체적인 행위를 요구하지 말아야지. 사회적 평등이니 경제적 평등이니 같은 말도 하지 말아야 해. 참, 수학도 추상적 개념의 집합이야. 그리고 평등은 위험한 개념이야.

팀장 그건 또 왜 그런가요?

소장   그리스·로마 신화에 나오는 '프로크루스테스'가 있지. 지나가는 손님을 초대해 집에 있는 침대보다 크면 그만큼 다리를 자르고 침대보다 작으면 침대만큼 늘렸지. 아주 평등하게 만든 거야.

팀장   이건 신화나 우화잖아요. 인간 또는 실제의 삶은 이와 다르잖아요?

소장   그냥 예를 든 거야. 평등이란 약자가 강자에게 주장하는 것처럼 보이지만 강자, 가진 자도 평등을 요구할 수 있게 하는 것이 평등 아닌가? 약자가 가진 자에게 가진 것을 내려놓으라는 것이 평등이라고 한다면 강자, 배운 자에게도 평등하게 주장할 권리는 주어야지. 가진 자들이 '너희도 나처럼 배우고 돈을 모으라'고 한다면 어쩔 것인가?

팀장   기회의 평등만 있으면 된다는 견해에 대해서 그 기회 자체가 평등하지 않다는 주장도 있잖아요. 부잣집에 태어나 좋은 교육 기회를 받으면 이 자체가 동등한 기회를 준 것이 아니라고 보는 시각도 있잖아요?

소장   애를 낳고 안 낳고는 국가나 사회가 관여하지 않잖은가. 이 아이가 교육 기회, 좋은 교우관계 등과 같은 면에서 균등할 기회를 얻지 못할 것 같다는 점을 부모는 알 텐데, 이를 감수하고 낳지 않았는가. 그렇다면 태어난 아이는 국가나 사회를 향해 먼저 불평불만을 가지기 전에 자기 자신, 자기 부모부터 원망해야 하지 않겠는가. '수신제가치국평천하'의 순서인데 왜 원망에 대해서는 큰 거부터 반대로 한다는 말인가. 怨身, 怨家, 怨國, 怨天下가 맞지 않겠는가?

팀장   그렇다면 소득의 불균형을 그대로 보자는 말인가요? 복지에 대해서도 반대하는 것인가요?

소장 빈부격차는 사회불안 요인이고 국가 발전에 장애가 되므로 이를 시정하는 것이 바람직하지. 따라서 복지정책은 대환영하네. 복지라는 말이 있는데, 군이 평등이라는 말을 쓸 이유가 없지 않은가? 하나의 도그마, 하나의 이데올로기인데, 도그마와 이데올로기는 한쪽에서는 경기를 일으키니까 앞으로는 자유 평등 하지 말고 평등을 뺀 자유라고만 하든가 아니면 자유 복지 하든가.

팀장 인간의 가치는 평등에 있고 평등이 아직 실현되지 아니하였으므로 우리는 노력을 계속해야 하는 것 아닌가요?

소장 인간은 평등하다는 말에 전적으로 동감하네. 하지만 인간의 생각은 절대 평등하지 않아. 인간은 평등하다는 도그마에 갇혀 인간의 모든 속성도 평등하게 만들려고 하는 것도 일종의 독단이며 독선이라고 봐. 인간의 개별적인 특성은 다르지만 결국 같은 인간이기에 평등을 지향해야 하는 자세가 더 옳다고 봐. 인간은 평등하다는 전제를 미리 깔고 무한정 평등 개념을 확대하면 인권처럼 확대될 수 있어. 인권은 왕과 귀족에서 나아가 평민, 마지막으로 노예까지 인정되었다가 이제는 동물권까지 이르렀지. 아마도 나중에는 식물권, 바이러스권, 무생물인 공기권 등으로 확대될지 몰라. 적당히 멈출 줄 알아야지.

팀장 이것은 인간의 끝없는 욕심인가요, 아니면 미약한 인간이 완벽을 추구해가는 과정인가요?

마르크스 역사 발전 단계의 이상함

소장 그것까진 잘 모르겠고 절대로 평등은 오지 않아. 소련이 공산화

된 후 그들이 평등한 사회가 되었고 마르크스가 말한 대로 원하
는 만큼 일하고 일한 만큼 돈을 버는 사회가 되었는가? 그렇지
않았지? 소련은 스타하노프 운동, 중국은 대약진 운동, 북한은
천리마 운동 등으로 인해 많은 국민이 과노동에 시달렸지. 왜냐
면 소련이나 중국, 북한은 다른 서구 자본주의 국가에 비해서 산
업이 열악했기 때문이야. 서구 국가들과 자본, 기술 등이 평등하
지 않았기에 그들처럼 되려고 국민들을 들볶았지. 평등한 사회
를 꿈꾸었다면 자본주의 사회에 요구해야 했겠지. 남는 돈으로
우리를 도와주라고. 하지만 가능하지 않았지. 아니 가능할 수가
없지.

팀장   과거 공산주의의 약점이었죠?

소장   그리고 마르크스가 나와서 하는 말인데, 난 마르크스 사회발전
단계설이 좀 이상하더라고. 원시 공산사회 → 고대 노예사회 →
중세 봉건사회 → 근세 자본주의 사회 → 현대 공산사회로 이어
진다는 것인데, 세계사를 조금 공부하면 원시 공산사회는 보통
1만 5천 년 전부터 5천 년 전까지 약 1만 년 이상, 고대 노예사
회는 5천 년 전부터 AD 500년까지 5천 년 이상, 중세 봉건사회
는 AD 500년부터 AD 1,500년까지 1천 년가량인데, 근세 자본주
의는 1,500년부터 1,800년대까지니까 약 400년도 안 됨을 알 수
있어.

팀장   현대로 올수록 주기가 짧아지고 있네요?

소장   본격적인 자본주의는 18세기부터 시작되었다고 볼 수 있으므로
마르크스가 살던 시대에서는 100여 년밖에 되지 않았지. 이러한
주기로 보면 전 세계가 공산화되더라도 공산주의는 아무리 길어

도 몇백 년을 가지 못할 텐데, 그렇다면 그 이후 인류가 맞이할 시대는 어떤 시대란 말인가? 인류가 멸망할 때까지 공산주의가 지속적으로 존재한다는 말인가?

공정은 차등이다

팀장 웹 사이트에서 본, 공평(평등)과 공정(정의)을 비교하는 그림 중에 3명의 가족이 야구를 관람하는 것에 대한 게 있었어요. 문제는 높은 담벼락이 가로막고 있다는 거였습니다. '공평'은 아빠, 아들, 딸 등 모두에게 같은 높이의 발판을 줘서 키가 작은 딸은 결국 경기를 보지 못하게 되더군요. 공정을 설명하면서는 딸에게 발판 2개를 얹어 주어서 경기를 관람할 수 있었고요. 전 이것을 보고 공정이 참 좋은 것이라고 생각되었습니다.

소장 음. 나도 그런 그림 많이 봤지. 일단 비유지. 공평과 공정을 쉽게 표현하기 위해서. 그런데 난 이 그림을 보면서 이해가 안 되더라고. 아빠가 아이들을 데리고 갔으면 아빠가 어떻게 해서든지 해결해야지. 왜 제삼자, 경기장 관계자 또는 더 확대해서 사회나 국가가 해야 할 일이라고 보는지 이해가 안 되네. 전적으로 그 가족이 해야 할 일이지. 만약 딸에게 제삼자가 발판 두 개를 주었다면 가족이 할 일은 무어란 말인가. 친권, 양육권, 훈육권을 포기한 것이고 그들로부터 재롱떠는 모습도 포기해야만 하는 것 아닌가. 즐길 것은 다 즐기고 불편은 왜 국가나 사회에 부담시키는가. 민주라는 개념을 이야기했잖아. 민주는 자신이 주인이라고. 왜 자꾸 민주를 포기하고 국가, 사회에 떠넘기냐고.

팀장 경기장은 어린 관객을 위해서 발판 같은 보조 기구를 마련해야 하는 것 아닌가요?

소장   경기장은 그렇게 해야겠지. 자신들의 수익을 위해서 말이야. 사회나 국가가 할 일은 아니지. 경기장에서도 어린이를 위한 보조 기구를 준비해 놓지 않았다면 어린애가 봐서는 안 되는 경기일 가능성도 있고. 그렇다면 아버지가 잘못한 것이라 할 수 있지. 옛날 추억이 되살아나는군. 약장사들이 '애들은 가라, 애들은 가라'라고 말하는 거.

팀장   비유에 대해서 너무 과민하게 반응하시는 거 아닌가요?

소장   지금 말하는 건 비유지만, 실제로 이런 일이 있었어. 엘리베이터 안 층수 누르는 버튼 앞에 조그만 발판이 놓여 있었지. 그리고 버튼 아래에 이런 내용의 글이 부착되어 있었어. '제가 키가 작아서 버튼을 누를 수 없어서 놓았습니다. 키가 크면 제가 치울 테니 버리지 말아 주세요'라고. 어린애가 썼는지 그의 부모가 썼는지는 모르겠지만, 문제를 이런 식으로 해결해야 할 것 같아.

팀장   나름 현명한 방법 같네요?

소장   이쯤에서 한 가지 문제를 낼게. 폭우로 도로가 파여 있어. 한 곳은 5cm, 다른 곳은 10cm가 파였지. 예전처럼 도로의 기능을 수행하도록 하려면 어떻게 해야 할까?

팀장   그거야 당연히 5cm가 파인 곳은 5cm를, 10cm가 파인 곳은 10cm를 메꾸면 해결되는 거 아닌가요? 이 비유라면 공정의 개념이 맞는 것 같습니다. 그래야 모든 자동차가 덜컹거리지 않고 제대로 굴러가니까요.

소장   응. 그게 비유의 한계야. 언뜻 생각하면 그런 생각이 일리가 있다고 볼 수 있겠지만, 도로는 무생물이야. 인간의 편리를 위해서 아무렇게나 할 수 있는 존재지만, 공정의 문제는 생명체 그것도 만물의 영장이라는 사람의 문제야. 함부로 비생명체인 도로와 비교할 수는 없지 않겠나. 또한 도로가 원래 평평했으므로 적게 파인 곳은 적게 많이 파인 곳은 많이 보수하는 게 맞는 것이지.

팀장   소장님의 비유는 반전이 많아서 끝까지 들어보지 않으면 알 수가 없네요?

소장   그러니까 항상 정신 바짝 차리고 생각을 해야지. 평등은 일정 연령에 이른 모든 사람에게 1인 1표를 행사하도록 한 평등선거가 실시된 이후 이미 실현된 거야. 이미 평등해져서 공평해졌는데 또다시 공정 운운하는 것은 옥상옥이야. 한쪽에 특혜를 주는 것이지. 모든 사람은 표로써 이야기하면 돼.

팀장   평등선거는 모든 사람에게 1표를 행사하도록 하는 것이죠? 그 전에는 아니었나 보네요?

소장   귀족이나 왕족, 배운 사람들에게는 표를 더 많이 줬지. 이를 차등선거라고 해. 선거제도에서도 공정을 논한다면 약자들에게 표를 더 주는 게 맞지. 그래야 공정해지거든. 그런데 이는 차등 선거라고 이미 정의되어 있잖아. 고로 공정은 차등이야.

팀장   일종의 역차별이네요?

소장   역차별이 아니라 역차등이겠지.

팀장   소장님은 평등을 논하면서 왜 평등선거를 이야기하세요?

소장   우리 헌법에 평등 관련 표현은 '양성의 평등', '법 앞에 평등'과 국회의원·대통령 선거와 관련해서 '평등선거' 딱 4번 나와. 그중에서 선거가 두 번이고. 양성의 평등이나 법 앞의 평등은 선언적 의미가 강하고 실제로 실현가능한 것은 평등선거이지. 1인 1표. 이

것으로 평등은 끝이야. 전에 어떤 글을 보니까 '인간은 공정을 추구한다'는 실험도 있었는데 난 그 실험도 이해가 안 되더라고.

평등 관련 실험의 불평등성

팀장 어떤 실험인가요?

소장 최후통첩 게임Ultimatum Game이야. A와 B가 있어. A에게 10만원이 주어지고 A는 10만 원을 어떻게 나눌지 B에게 제안할 수 있고, B는 그 제안의 수용 여부를 선택할 수 있지. B가 A의 제안을 거절할 경우 A와 B 모두 아무것도 갖지 못해. 두 사람은 전혀 모르는 사이이고, 앞으로 볼 일도 없기에 이기적으로 행동해도 되지. 실험 결과 대다수가 40% 정도의 몫을 상대방에게 주는 방식을 제안하였으며, 상당수는 정확히 반씩 나누자고 제안하기도 했어. 또한 B의 역할을 하는 사람은 20% 미만의 몫이 제안될 경우 이를 거절하는 모습을 보였지.

팀장 B의 경우 조금만 가져도 이익인데 그러지 않고 금액이 적으면 거절하였네요?

소장 고전 경제학의 이론대로라면, 합리적이고 이기적인 존재로서의 A는 금액의 거의 모두를 차지하는 방식으로 제안하고, B는 가장 적은 금액의 제의에도 수락할 것이야. 만약 A의 제안을 거절한다면 아무것도 얻지 못하기 때문이지. 그런데 결과는 이 생각과 달랐지. 사람들은 이 실험 결과에 대해서 인간은 이기적으로만 행동하지 않고 어느 정도 공정성을 유지한다고 보았지.

팀장 실험 결과만 보면 저도 그렇게 보이는데요?

소장 그런데 나는 이 실험을 보면서 '역시 실험은 실험이구나, '실험의 한계를 벗어나지 못하는구나'라는 생각이 들었어. 일단 두 사람은 노력하지 않고 공짜로 돈을 받는 구조야. 만약에 실험 고안자가 다른 조건을 붙였다면 실험 결과는 달라졌을 거야. 예를 들면 A에게는 하루 10시간 땡볕에서 일한 후 10만 원이 임금으로 주어졌다고 가정하고, B는 그 10시간 동안 에어컨이 빵빵하게 틀어진 PC방에서 게임만 하였다고 치자. 물론 A와 B가 상대방의 사정을 알고 있고. 이 상황에서 실험 고안자가 A에게 10만 원을 주고 B에게 얼마를 나눠주겠느냐고 물을 때도 실험 결과처럼 A는 40% 미만을 제시하고 B도 군소리 없이 받아들일 것인가 하는 점이야. A는 자기가 열심히 일했기 때문에 비록 공돈이더라도 자신이 훨씬 더 가져야 한다고 생각할 것이며 B 역시 A가 공돈을 받았더라도 자신은 10시간 동안 놀았기 때문에 A가 낮은 금액을 제시하더라도 순순히 받았을 것이지.

팀장 그렇겠네요. 일하거나 논 심리가 무의식중에 작용하겠네요?

소장 이것은 어디까지나 실험 상황이고, 실제 상황이었다면 A가 어디서 공짜 돈이 생겼더라도 B에게 한 푼도 주지 않았을 것이며, B도 이에 대해서 불만을 표시하지는 않을 거야. 아니 A 입장에서 B라는 존재도 모를 수 있으며 B 또한 A의 존재를 알 수 없는데 어떻게 불만을 표시하겠는가? 로또 복권 당첨자를 보면 쉽게 알 수 있어. 자신이 들인 돈은 기껏해야 5,000원이지만 1등에 당첨되었다고 어디 수억 원을 남 주는 것을 봤는가? 또한 1등에 당첨되지 않은 사람이 '네가 받은 돈 중에는 내 돈 5,000원도 포함되어 있으니 당첨금을 내게 좀 나누어 줘야 하지 않느냐'고 주장할 수도 없는 것이야. 두 사람이 아예 만날 확률도 희박하고.

팀장 이 최후통첩 게임은 말 그대로 게임이잖아요. 게임으로 보면 될 것 아닌가요?

소장 내가 하고 싶은 말이야. 게임은 룰이 있잖아. 룰대로 하는 게임을 실제 상황에 적용하면 안 되지. 피실험자 모두 게임으로 인식하고 그 게임에 충실한 것뿐이야. 실제가 아님을 확실히 인지하고 실험자의 요구에 부응한 거고. '요구특성효과'가 작용하였다고 봐야지.

팀장 '요구특성효과'가 무엇인가요?

소장 심리학 실험을 할 때 피실험자가 무의식적으로 실험자가 요구하는 대답을 하는 것을 말해.

그래도 평등을 지향해야 한다

팀장 그럴 수도 있겠네요. 소장님의 말씀은 현재의 불평등, 불공정 상황을 그대로 받아들이고 살라는 말인가요?

소장 그건 아니라고 보네. 인간의 위대한 점이야. 어떤 이상을 만들고 그 이상을 향해 조금이라도 다가가는 것, 그것의 실현을 위해서 노력하는 것은 참 좋은 일이야. 다만 너무 급속하게 진행해서는 안 된다는 것이지. 인간의 진화와 관계있어. 수백만 년 동안 진행되어 온 진화를 어떻게 몇십 년 만에 법과 제도 그리고 불만과 불평으로 바꾸려고 하는 건가? 천천히 노력해 나가야지. 인간은 그게 문제야. 자기 시대에 어떻게든 모든 것을 다 이루려는 것, 다음 세대가 할 일을 남겨 놓지 않는 것 말이야.

팀장 그래도 시대의 사명, 소명이 있잖아요? 그 시대에 태어났으면 그 시대에 해야 할 일 말이죠.

소장 우리가 지금 논쟁하는 것이 질서 속의 작은 변화인지 그 질서 자체를 붕괴시키는 건지 모르겠어.

팀장 평등을 원하는 일이 이렇게나 질서를 깨뜨리는 일이란 말인가요? 질서 속의 작은 변화로 볼 수 있지 않나요?

소장 생물의 진화는 자연선택과 성선택이 있지. 일반적으로 동물들에게는 이 둘만 해당하지. 여기서 인간이 선택하면 인위선택이 되지. 인공수정 등 말이야. 그런데 그건 인간이 동물에게 적용할 때이고 인간이 인간한테 적용할 때도 있는 것이 이 이념, 사상, 주의主義라고 생각해. 이념이 안 맞거나 사상이 안 맞는 사람을 끊임없이 죽이고 도태시켜. 자신들과 비슷한 사람만을 남겨 놓지. 내 말은 이런 식으로 사회적, 정치적 선택을 해서는 안 된다는 것이야.

팀장 그니까 소장님은 시대가 흘러가는 대로 따라가면 된다는 뜻인가요?

소장 시중에는 평등 또는 공정성을 다루는 수많은 책이 있지. 난 그중에서 한두 권도 제대로 읽지 않았는데, 군이 남이 말하는 평등이나 공정성에 관심을 가질 필요가 있나. 나만의 평등 개념을 스스로 정립하면 되지. 내가 정치인이 되거나 사회사업가가 되어서 제도와 사회를 개혁할 것도 아니고.

팀장 그건 너무 소극적인 생각 아닌가요?

소장 나는 남은 책 쓰고 난 읽어야 하고, 남이 정의하고 난 받아들이거나 비판하는 둘 중 하나를 선택해야 하는 상황 자체가 평등하지 않다고 생각하네.

팀장 그건 궤변인 것 같은데요?

소장 내가 궤변을 부릴 때가 있는데, 그것은 다른 사람의 주장이나 전제가 궤변 같을 때 궤변으로 나오더라고. 무의식적인 반응이야. 눈에는 눈, 이에는 이. 자동반사적이지. 뇌의 생존본능이랄까. 그리고 평등을 요구하는 사람들 자체가 평등의식을 갖고 있지도 않아.

평등을 외쳐도 평등을 실천하지는 않는다

팀장 그건 또 무슨 말씀이신가요?

소장 보통 극단적인 평등을 이야기할 때 결과의 평등을 이야기하잖아. 그런데 평등을 요구하거나 주장하는 사람은 남들도 평등하게 대해 주어야 하는데 그렇지 않아. 아주 이기적으로 행동하지.

팀장 어떻게 이기적으로 행동한다는 것인지요?

소장 주위에 열 군데의 음식점이 있어. 맛은 어느 정도 객관적이라서 남들이 맛있다고 하는 데는 대부분 맛이 있지. 이런 식으로 평가 점수를 매기자면 1번부터 10번까지 순위가 매겨지겠지. 이것까지 평등으로 생각해서 점수를 매기지 말자고 주장하진 않겠지? 그럼 평등사상을 가진 사람은 이 점수에 상관없이, 오늘은 이 음식점, 내일은 저 음식점, 또 다른 날은 점수가 제일 낮은 음식점을 골고루 방문해야 할 것 아닌가. 공평하게 평등하게. 그런데 그렇지 않잖아. 맛있고 평점 좋은 곳 위주로 가거나 배달시키잖아. 처음부터 골고루 시켰으면 어느 음식점이 돈을 더 많이 벌지 않고 골고루 벌 텐데. 한곳에 집중하여 선택하는 바람에 어느 한 음식점은 돈을 더 많이 벌게 되지. 그러면서 나중에는 우리 때문에 돈을 벌었다며 사회 환원, 아니 서비스 더 주지 않는다고 불평하지.

팀장   먹는 일은 본능적인 것인데 그걸 평등에 비유할 수 있나요?

소장   달리 생각해 보게. 아무 데서나 먹어도 영양분은 비슷해서 포도당이나 단백질 흡수는 똑같은데 맛 때문에 일부 음식점만 이용한다면, 다른 분야는 더하면 더하다고 봐야지. 다른 분야는 평등하게 대한다고 할 수 있겠나. 그러니까 평등을 주장하는 사람들은 맛있는 음식은 먹고 싶고 그런데 그 한 음식점이 돈을 버는 꼬라지는 보고 싶지 않은 거야. 이건 무슨 심보야. 둘 중 하나는 포기해야지. 맛있다고 소문난 집 음식점 주인이 평등을 주장하면서 매번 자기 음식점만 오는 평등을 주장하는 사람에게 '왜 평등을 주장하면서 우리 집만 오느냐. 다른 맛없는 집에 가서도 공평하게 팔아주어야 하지 않느냐'고 핀잔을 준다면 뭐라 할 것인가. 불친절하다고 난리 난리 칠 것인가, 조용히 수긍하고 맛없는 집으로 향할 것인가. 그런데 여기까지는 소극적 평등을 말하는 것이고 적극적 평등은 또 다른 문제지.

팀장   적극적 평등이라뇨?

소장   모든 음식점을 평등하게 대할 수 없는 자신을 발견하고 모순점을 느끼지. 그래서 요구하지. 맛없는 음식점에 가서는 음식을 맛있게 만들어 보라고. 당연히 좋은 소리 못 듣지. 무슨 말도 안 되는 소리 하냐고, 나도 음식 맛있게 만들고 싶어 미치겠다고, 어디서 염장 지르냐고 화를 내겠지. 그러면 이번에는 맛있는 음식점에 가게 되겠지. 음식을 못해서 손님들이 덜 오게 해서 다른 음식점과 형평성을 맞추라고 말이야. 그럼 주인은 어이가 없겠지만 조용히 타이르겠지. '나도 그런 마음이 굴뚝같으나 우리 음식 맛을 즐기면서 행복을 느끼는 사람이 있는데 그들의 그런 마음을 뺏을 수가 없다'고 말이야. 그리고 '평등을 좋아하는 당신은 맛없는 집에 계속 가서 평등사상을 실천하세요'라고 말하면 어떻겠어? 그럼 또 말하겠지. 가진 자가 더하다느니, 남에 대한 배려심이 없다느니, 다 같이 잘사는 세상이 오는 게 배가 아프냐는 식으로 말이야.

팀장 아무리 평등을 주장한다고 하더라도 그들에게 맛없는 음식을 사 먹으라고 하는 것은 평등이 아니라 희생을 강요하는 거잖아요?

소장 주장을 했으면 주장을 한 사람이 실천하는 게 맞는 거지, 왜 다른 사람이 희생해야 하는 건가. 실제로는 돈 많이 버는 사람이나 대기업이 세금을 더 많이 내잖아. 영세업자는 비과세인 경우도 많고. 만약에 우리나라 모든 사람이 모두 영세업자면 누가 세금을 내겠나. 결국 세상이 평등하지 않기에 그나마 다른 사람들도 혜택을 누리는 것이지. 하여간 내 생각은 그래. 평등을 주장하는 사람이 실천하면 사회는 밝아지긴 할 것 같아. 누구도 안 보는 영화를 볼 것이며, 누구도 가지 않는 관광지에 갈 것이며, 누구도 살지 않는 곳에 가서 살겠지. 이게 평등한 세상을 꿈꾸는 사람이 해야 할 일이지.

팀장 평등이 이렇게까지 멀리 갈 수 있군요? 다른 건 몰라도 생각 또는 생각하는 수준의 평등은 영원히 오지 않을 것 같습니다.

소장 평등사상은 스스로 실천하는 것이지, 자신의 이익은 챙기고 남에게는 평등을 요구하는 것은 아닌 것 같아. 이 세상에 평등한 것은 아무것도 없어. 다만 평등이라는 단어와 그 평등이 있다고 믿는 사람만이 있을 뿐이지. 그래서 현명한 사람은 평등을 입 밖에 내지 않아. 속으로 외칠지는 몰라도. 평등의 모순 때문에 자신이 되돌려 받을 수 있음을 알기에.

팀장   뭔가 헷갈리는데요. 이해도 잘 안 가고요.

소장   맛있는 음식을 만드는 사람들은 음식 맛에서 남들과 차별화한 것이라고 할 수 있지. 우리는 흔히 차별화된 서비스, 차별화된 제품, 차별화된 전략 등 남과 다른 차별화를 끊임없이 추구하지. 그래야 생존이 가능하고.

팀장   물건이나 전략 등의 차별화가 사람들 사이에서의 차별화와 같은 가요? 범주의 오류 아닌가요?

소장   범주의 오류라면 오류라고 할 수 있지. 하지만 그렇게 주장하는 사람들도 수없이 많은 범주의 오류를 범하지. 폭력물이나 외설물을 보면 폭력적이거나 성범죄를 저지를 가능성이 있다고 말이지. 이 또한 범주의 오류라고 할 수 있지.

팀장   실제로 폭력물을 많이 보거나 성인물을 많이 보면 그러한 범죄를 저지를 확률이 높다는 것은 통계적으로 나온 것 아닌가요?

소장   그 논리를 그대로 적용한다면 물건이나 사물, 전략 등에서 남과 차별화한다면 사람들에게도 그렇게 차별화하는 것을 정당화하지 않을까 우려되네.

팀장   설마 그럴 리가요?

자유와 평등은 대등하지 않다

소장   난 왜 자유를 이야기할 때 평등을 논하는지 이해를 못 하겠어. 자유는 국가로부터의 통제와 간섭을 배제하는 것이고 평등은 그 자유 안에서 개인이 실현 또는 증명해야 하는 것이지, 국가에게 요구하는 것이 아니지. 이미 자유를 얻어서 평등해졌기 때문에.

즉 우리는 모두 자유를 얻었다는 의미에서는 평등하기에 또다시 국가에 평등을 요구해서는 안 돼. 개인들 간의 평등은 자유를 가진 그들이 자유스럽게 알아서 할 일이고.

팀장 자유와 평등이 대등한 가치가 아니라는 뜻인가요?

소장 자유를 논할 때는 책임을 거론하잖아. 권리에는 의무가 반드시 따르지. 바늘과 실 관계처럼 말이야. 많은 권리를 누리면 누릴수록 그만큼 책임도 막중한 것이지. 그런데 평등은 권리인지도 불분명할뿐더러 권리라고 하면 그에 수반되는 의무나 책임이 반드시 있어야 할 터인데 이것이 무엇이지? 불평, 불만, 저항, 주장, 요구 등이란 말인가?

팀장 그렇다면 평등이란 도대체 무어란 말인가요?

소장 내가 보기에는 평등, 다시 말해서 균등은 자유와 책임의 정도를 동등하게 만드는 하위 요소일 뿐이야. 자유에 따르는 그 균등(평등, 대등)한 책임, 이런 식으로 말이야. 평등은 신분제 사회에서 일시적으로 주장되었던 구시대적인 용어야. 오늘날 민주국가에서 평등은 아무런 의미도 없지.

팀장 듣고 보니 자유는 실체적 가치이고 평등은 절차적 · 과정적 가치로 보이는군요?

소장 그렇게 볼 수도 있겠네. 절차적 가치가 중요하지 않은 것은 아니지만 실체적 가치와 동등한 레벨은 아닌 것 같아. 부수적이라고 할 수 있지. 자유와 평등을 동시에 논하는 것은 평등하지 않다는 말이지. 범주가 서로 달라.

팀장 그럼에도 사람들이 평등을 들먹이는 이유가 무엇인가요?

소장 평등을 요구하는 것 자체가 말이 안 되지. 이미 그보다 큰 자유를 주었는데. 국가가 모든 사람은 평등하다는 말을 천명하지 않아도 평등사상을 가진 사람은 평등을 스스로 증명하고 실현하고 실천하는 것이야. 천한 사람도 왕 같은 존재가 될 수 있음을 증명하는 것이지. 고려시대 때 천민과 노비임에도 이의민과 김준은 권력을 쥐었지. 평등을 실현 또는 증명한 것이야. 그에 반해 같은 천민과 노비임에도 만적과 망이·망소이는 '왕후장상의 씨가 따로 있냐'며 평등을 부르짖고 반란을 일으켰지만 실패했어. 이들은 평등을 실현하거나 증명하지 못하고 주장하거나 요구한 것이라고 볼 수 있지.

팀장 소장님은 평등을 너무 무한정으로 확장하는 것 아닌가요? 종착지가 없네요?

소장 평등의 개념상 어쩔 수 없어. 평등은 이 세상 뭐든지 평등하게 대우해 줘야 하기 때문에 상대가 확장하고 싶은 범위까지 확대할 수밖에 없어.

팀장 그건 자유도 마찬가지잖아요. 자유도 무한정 확장할 수 있는 것 아닌가요?

소장 자유는 아니지. 자유는 '남의 자유를 해치지 않는 선'에서라는 제한이 붙지. 평등은 남의 평등을 해치지 않는 선이라는 제한이 붙을 수가 없어. 평등을 말하는 것 자체가 이미 남의 평등을 아니 자유까지 해치는 것이니깐.

피해와 피해의식은 균등해야 한다

팀장 좀 어지럽지만 일단 이해한 것으로 치죠. 평등이 이렇게 실현되었는데도 끊임없이 평등을 외치는 이유가 무엇이라고 보시나요?

소장 피해의식 때문이야. 피해의식으로 인해 공정을 외치고 또 그로 인해 공정이 깨지지.

팀장 피해의식을 가질 만하니까 가지는 것 아닌가요? 괜히 가지겠어요?

소장 물론 그렇긴 하네. 자기가 받았다고 스스로 느끼는 피해에 대해 그에 비례하여 피해의식을 가져야 하는데, 피해의식은 실제 피해의 규모보다 오버하는 것을 말하네. 피해와 의식이 균등하지 않음이지. 이의 원인은 지식이 부족할 수도, 그동안 조금씩 피해가 누적되어서 의식화되었을 수도, 자신에게 일어났던 일은 확대 과장하고 남에게 일어난 일은 축소 왜곡하는 타고난 기질 성향일 수도 있지. 이 결과로 남들에겐 별거 아닌 것, 큰 데미지도 아닌 것 같은데 유난히 큰 피해의식이 자리 잡을 수 있지. 이는 앞서 언급한 원인으로 인해 자신의 피해를 객관적으로 보지 못한 거야. 또한 피해의식은 확대되는 속성이 있어. 커지기 전에 바로잡아야 하네.

팀장 피해의식은 확대되는 속성이 있다는데, 그 반대인 경우는 없나요?

소장 의식의 속성상 축소되는 경우는 거의 없지. 예를 들어 여자 또는 남자라는 이유로 대기업이나 공기업 등에 취직이 잘 안 되었다고 하자. 사실 그곳에는 나름의 인재 선발 기준이 있고 그에 따라 탈락시키는데, 단지 남자 또는 여자라서 떨어진다고 느끼면 그때부터 피해의식은 싹트지. 이는 '지나치게 단순화시킨 인간관계의 오류'라고 볼 수 있지. 그러면 온통 피해의식 때문에 사회에 불만을 가지고, 사회에서는 이들을 구제한다고 몇 명 취직

시켜 주는 등 해결책을 마련하고. 그럴 수 있지. 뭐 여기까진 괜찮아. 그런데 피해의식은 피해의식을 낳는 속성이 있다고 했잖아. 이는 두 가지 방향으로 전개되지.

팀장　두 가지씩이나요?

소장　하나는 피해의식을 가진 사람이 최초의 피해의식을 가지게 된 원인을 해소한다고 해도 또다시 피해의식이 생기지. 입사하여 승진 때 다소 처지기만 해도 또 피해의식이 생기는 것이야. 회사 입장에서는 원칙대로 한 것일 뿐이지. 처음에 입사를 어떤 식으로 하였는 지와 관계없이 능력 있는 자를 승진시킬 뿐인데 '내가 입사를 그런 식으로 해서 승진에서 누락됐나' 등으로 그동안 잠자고 있던 피해의식이 꿈틀대지. 또 다른 방향은 다른 사람도 영향을 받아 피해의식을 가지게 되는 거야. 피해의식이 전염되는 것이지. 이렇게 피해의식이 확산되면 모든 사람들이 어거지를 쓰게 되어 있어. 피해의식이 세상에 만연하게 되는 것이지. 가해자는 없는데 피해자만 있는.

소장　그러면 피해의식을 없애면 되잖아요? 사회 시스템을 정교하게 하거나 공정한 제도를 도입하든지 해서.

소장　피해의식을 아직도 몰라? 피해의식은 나중에 피해망상으로 발전하지. 피해의식은 그 당사자가 없애야 하는 것이야. 자기가 가지고 있는 의식인데 누가 없애줄 수 있다는 말인가. 피해를 보았다고 느낄 때 양보하는 거야. 피해의식이 있는 사람이 다른 사람을 배려하는 거야.

팀장　그게 가능하겠습니까? 우리 사회는 큰소리를 치고 자기 목소리를 내야 들어주잖아요?

소장   틀린 말은 아니지만 이렇게 되면 앞서 말한 상황이 되풀이되지. 한쪽이 피해의식을 가지게 되면 다른 쪽도 피해의식을 가져. 그래야 평등·균등하니까. 그런데 이를 한쪽이 깨게 되면 다른 쪽도 깨게 되지. 균형을 맞추려는 심리가 작용하니까. 피해의식은 정말 없애야 할 의식이네. 이것만 없애도 우리 사회는 어느 정도 성숙한 사회가 될 수 있어.

　　　　　창의성

창의성의 3가지 요소

팀장　이번에는 창의성에 대해서 말씀해 주세요.

소장　난 창의성에 대해서 특별히 할 말은 없어. 창의성이라는 게 발휘
하겠다고 해서 되는 것도 아니고, 노력해서 된다는 보장도 없는
거 아닌가. 창의성은 사람마다 정의가 달라 딱히 이거다 하고 말
할 수 없지.

팀장　그래도 소장님은 창의성이 있다고 들어는 봤을 것 아닌가요?

소장　앞서 이야기했던 것처럼 얼음 위에서 타는 스키도 만들었고. 탄
피 없는 총탄도 만들려고 했었지. 그리고 고등학교 시절엔 남들
이 공부할 때 국제어를 만들려고도 했었지.

팀장　국제어라면 에스페란토어 같은 것을 말하나요?

소장　아니, 그건 언어이고 난 알파벳을 말하는 거야. 문자이지. 영어
와 한글을 섞어서 만든 것 말이야. 요즘 젊은이들이 그런 문자를
만들어 쓰더군. 난 1980년에 이런 시도를 했지. 내가 생각하기에
창의성은 어떤 결과를 사회에 내놓아 사회를 변혁시키거나 발전
시킬 수 있어야 된다고 봐.

팀장　정말 창의적인 작품인 『작업론』도 집필하셨잖아요?

소장　창의성에 대한 정의 중에 가장 마음에 와닿는 게 하나 있는데, 미

하이 칙센트미하이가 정의한 것이야. 그는 저서『창의성의 즐거움』을 통해 창의성은 세 가지 요소로 구성되는 체계의 상호작용으로부터 생겨난다고 했지. 내 책은 여기에 해당이 안 되었어.

팀장 구체적으로 무엇을 말하는지요?

소장 칙센트미하이에 의하면 어떤 사람이 창의적인지 결정하는 요인은 창의적인 개인의 성향만으로 부족하고 그 사람이 창조해낸 새로움이 현장에서 활동하는 전문가 집단에 의해 기존의 영역에 포함되어야 한다는 것이야. 칙센트미하이의 말이 맞는 것 같아. 내가 봐도 환경(또는 문화)이 중요할 것 같아. 아인슈타인이 1부터 10까지만 셀 수 있는 사회에서 태어났다면 그가 아무리 뛰어나더라도 10부터 100까지 셀 수 있는 정도의 창의성만을 발휘할 수밖에 없었을 거야. 다윈이 갈라파고스 군도에서 채집한 새들에 대해 영국의 조류학자 존 굴드가 '이것은 부리가 다른 같은 핀치새이다'라는 말을 하지 않았다면, 그의 진화론은 탄생하지 않았을 거고. 같은 새임에도 부리가 각기 다른 것을 보고 어떤 환경적 작용이 있었음을 직감하였고 이것이 엄청난 연구 결과로 이어진 것이지.

팀장 전문가의 도움이나 인정이 필요하다고 볼 수 있네요?

소장 창의성이 있은 후에 전문가의 인정을 받는 케이스도 있어. 보티첼리의 '비너스의 탄생'은 근 400년간 미술관 지하창고에 처박혀 있다가 가치를 알아본 영국의 문예비평가 존 러스킨에 의해 세상 밖으로 나오게 된 것이야.

팀장 400년 전에도 전문가라는 직업군이 있었는지 몰라도 그의 작품성을 알아보지 못한 것이네요?

소장 전문가가 어떤 한 분야에서 탁월한 역량을 발휘하였다고 해서 다른 분야에서도 같은 성과를 거두리라는 보장도 없어. 거의 모든 학문의 아버지라고 불리는 아리스토텔레스도 천동설을 주장하였고, 지동설을 주장하였던 갈릴레오 갈릴레이도 조수 간만의 차가 달의 인력 때문임을 인정하지 못하고 죽었지. 창의성은 창의적 개인, 창의성을 발휘할 수 있는 환경, 그 창의성을 알아보는 전문가(사전에 도움, 사후事後에 인정) 등이 맞아떨어져야 가능함을 다시 한번 알 수 있어.

최초의 기준 정립이 어렵다

팀장 소장님 책도 이를 인정해줄 전문가가 없었던 것은 아닌가요?

소장 뭐 이런 책을 인정하는 데까지 전문가가 필요하겠어. 다만, 우리나라가 모든 분야에 대해서 아직도 전문가다운 전문가가 없는 실정이지. 최진석 서강대 명예 철학 교수의 강의 중에 이런 내용이 있지. 1977년 대한민국은 김정룡 박사에 의해 세계 최초의 B형 간염 백신을 개발했다고 해. 커다란 쾌거였으나 안타깝게도 그 백신을 사용할 수 없었다고 하더라고. 당시 우리나라 보건사회부에는 백신의 사용을 인증해줄 기준이 없었기 때문이었다고 해. 결국 몇 년이 지나고 미국과 프랑스가 백신을 개발하고 상용화한 후에야 그 인증 기준치를 빌려 썼다고 하더군. 말하자면 백신을 판단할 전문가가 없었지.

팀장 기준을 정하는 게 쉬운 일이 아니군요?

소장 비단 발명 분야에서만 기준을 정하는 것이 어렵다고 할 수는 없지. 거의 매일 보는 현상에서도 어떤 기준이 없어서 새로운 발견으로 이어지지 못하니까. 진도의 모세의 기적 알지? 진도군의 섬 중 바다에서 일어나는 이 현상을 두고 모세의 기적이라고 하는데, 이 말을 쓴 지도 얼마 되지 않아.

팀장   언제쯤인가요?

소장   1970년대에 프랑스 대사가 이곳에 놀러 왔다가 신기하게 바닷길이 열리는 곳을 보고 본국으로 돌아간 후 이 현상에 대해서 프랑스 신문에 기고하였지. 이로 인해 진도 모세의 기적이 세상에 알려진 것이야. 그러니까 그전에는 그저 바닷길이 열리는 정도, 뽕할머니 전설만 알았을 뿐이지. 이후 한국에서 많은 모세의 기적이 발견되었지. 보령 무창포, 화성시 제부도, 인천 옹진군의 선재도 등 말이야. 우리는 우리 스스로 모세의 기적을 찾지 못하고 남이 언급을 해서야 비로소 알게 된 것이지.

팀장   앰뷸런스가 지나갈 때 앞에 가는 차들이 옆으로 비켜주는 것은 모세의 기적이라고 잘도 명명하던데 왜 진도의 기적은 우리가 먼저 알지 못했을까요?

소장   그니까 성경에 나오는 모세의 기적을 바닷길이 앞쪽부터 뒤쪽으로 갈라지는 모양으로 알았던 것 같아. 차들이 이러한 현상을 보이는 것에 대해서는 모세의 기적이라고 바로 알아차릴 수 있지만, 달의 인력에 의해서 시간을 두고 서서히 갈라지거나 아니면 갈라져 있는 상태를 보고서는 모세의 기적이라고 명명할 발상을 하지 못하였던 것이지.

팀장   우리나라 사람의 빨리빨리 습성이 여기서도 드러나는군요. 몇 초, 몇십 초 사이에 일어나는 일은 금방 지각해도 몇 분, 몇십분, 몇 시간에 걸쳐 서서히 진행되는 상황에 대해서는 인지하기 힘들었던 것은 아닌가요?

소장　설마 그렇기야 하겠어. 우리나라 사람들이 그런 자연현상에 대해서 무심해서였겠지.

창의성은 우연히 발현되기도 하는가?

팀장　창의성은 우연히 발현되는 경우도 있다는데요?

소장　칙센트미하이는 창의적인 업적은 갑작스런 통찰력에 의한 것이 아니라 오랜 노력 끝에 찾아오는 것이라고 했지. 물론 과학 영역에서는 우연한 깨달음이나 발견 즉 세렌디피티serendipity를 자주 볼 수 있지만, 그런 우연한 깨달음이나 발견도 오랫동안 꾸준히 고민하고 준비된 사람들에게만 가능하다고 봤지.

팀장　그 견해가 맞는 것 같아요. 어떤 분야든 끊임없이 고민하지 않는 사람에게 갑자기 창의성이 떠오르지는 않을 것 같습니다.

소장　아르키메데스가 새로 만든 왕관이 순금인지를 알아보라는 왕의 오더를 받지 않았다면 목욕탕에서 그냥 목욕만 했겠지. 끊임없는 고민과 생각이 목욕탕까지 이어져서 발견하게 된 것이지. 어떻게 하면 자동차를 대량 생산해서 싸게 공급할까 하는 고민이 없었다면 도축장의 컨베이어 시스템도 헨리 포드에게는 그저 신기한 과정일 뿐이었겠지. 그는 이것에서 아이디어를 얻었어. 가축의 분해와는 반대로 분해된 부품을 조립하는, 반대의 경우를 생각한 것이지. 제철소에서 일하던 윌리스 캐리어는 여름철 높은 습도 때문에 인쇄에 어려움을 겪던 인쇄소의 문제를 해결하기 위해 고민하던 중 증기기차에서 수증기가 나오는 것을 보고 에어컨을 발명하게 되었지.

팀장　창의성은 굳이 자신이 문제를 내고 그 문제의 답을 찾아야 하는 것은 아니네요. 문제는 다른 사람이 낼 수도, 아니면 환경도 될 수 있네요.

소장　스스로 문제를 내거나 아니면 다른 사람이 문제를 낸 것을 해결할 수도 있지. 하여간 가장 기본은 고민이지. 고민을 해야 된다는 점이야.

팀장　창의적인 결과를 만들어 낸 사람 중에는 다소 엉뚱한 사람도 있잖아요?

소장　여기서 엉뚱하다는 의미가 뭘까? 어떤 분야나 영역에 전혀 관심 없는 사람이 다른 분야나 영역에서 창의성을 발휘한다는 것일까? 아니라고 보네. 그는 평상시 어떤 것을 깨우치기 위해 부단히 노력했지. 그도 밥은 먹어야 하고 산책을 해야 하고 목욕도 해야 하지. 이건 생활이니까. 하지만 이 과정에서 창의성이 발휘되기도 하지. 아르키메데스가 목욕탕에서 유레카를 외쳤다는 게 다소 엉뚱하다고 생각될 거야. 실험실이나 연구실이 아니었으니까.

팀장　때는 안 밀고 이상한 소리나 하니깐요?

소장　하지만 그는 무게에 대해서 끊임없이 고민했고 그 고민들이 밥 먹을 때도, 산책할 때도, 목욕을 할 때도 계속 그의 머릿속을 맴돌았지. 그러다가 목욕할 때 탕 속에서 영감을 얻은 것이고. 그동안의 생각의 결실이 하필 목욕탕에서 이뤄졌을 뿐이지. 칙센트미하이는 우연한 깨달음도 준비된 사람들에게만 가능하다, 주어진 문제점에 대해 오랫동안 꾸준히 생각해온 사람에게 찾아온다고 하였지.

몰입의 역설

팀장 참, 칙센트미하이는 『몰입, 미치도록 행복한 나를 만난다』라는 책도 저술하였는데, 몰입이 창의성에 도움이 된다고 보십니까?

소장 글쎄, 몰입이 창의성에 도움이 될 것 같기도 하고 아닐 것 같기도 해.

팀장 그런 모호한 말을 하시네요?

소장 몰입이 창의성에 도움이 되는 경우도 있고 되지 않는 경우도 있다고 봐. 바둑을 둘 때, 테니스나 탁구를 할 때, 게임을 즐기거나, 공부할 때 등은 몰입이 아주 중요하지. 누가 옆에 있어도 몰라보고, 끓는 물에 차가 아닌 시계를 넣기도 하는 그 정도의 몰입이 자신의 역량을 극대화할 수 있는 최고의 방법이긴 하지. 하지만 이게 창의성인지는 생각해 봐야 할 것 같아.

팀장 그건 왜죠?

소장 바둑에서 죽어가는 대마를 살리기 위해 온전히 몰입하면 그 방도를 찾을 수 있고 공부, 게임, 운동 역시 몰입하면 그 전의 자신 또는 타인에 비해 월등히 좋은, 많은 결과를 얻을 수 있겠지만 그것으로 끝이야. 실제 창의성을 보면 앞서 이야기한 것처럼 산책을 하거나 목욕을 할 때, 멍때릴 때 발현되지. 아마도 몰입하면 그 몰입 대상에 빠져서 다른 생각을 하지 못해서 그런 것 같아.

팀장 어떤 생각을 할 때 다른 생각은 하지 않는 게 좋은 것 아닌가요? 다른 생각은 다른 말로 잡념이라고 하지 않나요?

소장 창의성은 양립 또는 병행 가능성에서 나온다고 봐. 온전히 한곳, 한 대상에 몰입하면 이는 몰입이라기보다는 매몰된 것이거나 함몰된 것이야. 매몰된 사람이나 함몰된 사람이 창의성을 발휘하기는 힘들다고 봐. 산책이나 목욕, 멍때리는 것은 그 행위를 하면서도 다른 행위를 할 수 있거든. 다른 무언가가, 즉 생각이 들어올 틈을 비워둔 것이지. 잘 생각해 봐. 역사상 산책하다, 목욕하다, 멍때리다 창의성이 튀어나온 경우는 있지만, 바둑에 몰두하다 보니 창의성이 생겼다, 탁구에 온 신경을 집중하다 보니 창의성이 생겼다, 게임에 빠졌더니 창의성이 생겼다, 공부에 열중하다 보니 창의성이 생겼다 같은 말을 들어본 적이 있는가?

팀장 없는 것 같습니다.

소장 바로 그거야. 바둑에서, 탁구에서, 승리할 수는 있지만 그건 창의성이 아니지. 공부할 때 더 많은 것을 암기할 수는 있어도 그걸 창의성이라 할 수는 없지. 물속의 보물을 건지기 위해 너무 몰입하다 우물에 빠졌다고 생각해 봐. 보물은 건질 수 있겠지만 올려다본 하늘은 얼마나 좁은지. 말 그대로 매몰된 채 하늘을 본 것이지. 얼마나 시야가 좁겠어.

팀장 아인슈타인은 바이올린을 연주하면서 상대성 이론을 떠올렸다는 말을 들은 적이 있는 것 같은데 이것도 일종의 몰입 아닌가요? 아인슈타인은 바이올린에 몰입하면서도 상대성 이론을 발견하였잖아요?

소장 그러니까 평범한 사람과 천재의 차이겠지. 어떤 사람에게는 몰입이 창의성에 방해가 되고 어떤 이에게는 도움이 되는 것이라고 봐야지. 사람 나름이라고 봐. 아니면.

팀장 '아니면'이라뇨? 다른 이유라도 있나요?

소장 아인슈타인은 자신이 연구하는 주제에 대해서 평생을 고민했거든. 결국 그 고민의 결과가 바이올린 연주할 때 하필 발현된 것이라고 볼 수도 있지. 앞서 이야기한, 무게에 대해서 끊임없이 고민한 아르키메데스가 이치를 발견한 곳이 우연히도 목욕탕이었듯이 말이야. 그것도 아니면?

팀장 그것도 아니라니요?

소장 바이올린 켜고 난 후 쉴 때 어떤 아이디어가 생각났는데 바이올린 연주 직후라서 바이올린에서 영감을 떠올렸다고 말했을 수도 있어. 어떤 경우든 바이올린 연주할 때는 아이디어가 생길 수는 없지.

팀장 몰입이 창의성에 필요한 경우도 있고, 아닌 경우도 있는 것을 잘 알았습니다. 지능과 창의성은 관계가 있다고 보십니까?

IQ와 창의성의 관계

소장 학자들에 의하면 IQ가 120이 될 때까지는 창의성도 높아지지만, 그 이상에서는 IQ가 창의성과 관련이 없다고 하더라고. IQ 120이면 상위 10%이고, 130이면 상위 2%, 140이면 0.5%인데 사실 이 정도면 흔하잖아. 인구 5,000만의 10%면 500만 명이고, 2%면 100만 명이고, 0.5%면 25만 명이지. 지능우수자는 이렇게 널려 있지만 우리나라에 창의성이 탁월한 사람들이 많다고 들어본 적 있는가?

팀장 창의성과 관련해서는 들어본 적 없는 것 같습니다.

소장 지능이 높다는 것은 가능성이 높다는 것뿐이지. 창의력은 성향이며 기질이지. 끈질김 같은 것 말이야. 여기서 IQ는 만능이 아니야. 어떤 주어진 범위 또는 생각 안에서 적용을 하는 것이고, 창의성은 그것을 벗어나 전혀 다른 것을 연결하는 것이지. 예를 들면 닭 도축장의 컨베이어 벨트를 돼지 도축장에 적용하였다면 이는 IQ가 작용한 것이고, 자동차에 적용하였다면 창의성을 발휘한 것이라고 보면 되지. 뭐 이런 식으로 이해하면 될 것 같아. IQ와 창의성은 범위와 깊이가 서로 달라. 국어사전, 백과사전을 통째로 외운다면 IQ는 올릴 수도 있겠지. 아니 사전을 외울 정도면 IQ 자체가 처음부터 좋았을 거야. 하지만 이들이 시를 쓰고 소설을 쓰는 것은 또한 별개의 문제지.

팀장 IQ와 창의성은 차원이 다르군요? 증기기관을 기차가 아닌 배에 적용해서 증기선을 만들면 IQ지만 증기기관에서 힌트를 얻어 에어컨을 만들어 내면 창의적이군요?

소장 창의성에 대해서는 마지막으로 이야기하고 끝내지. 사실 우리는 대부분 교육이 아닌 세뇌를 받고 살아왔다고 해도 무방해. 세뇌에서 창의성이 나올 리 만무하지.

팀장 세뇌에서 창의성이 나올 수 없다는 말에는 동의하지만, 우리 교육이 세뇌에 가깝다는 말은 동의하지 못하겠는데요?

소장 우리 교육을 주입식 교육이라고 하지. 주입과 교육은 맞지 않는 단어 조합이야. 주입이라는 말이 교육과 세뇌 둘 중 어느 쪽에 더 가깝겠어? 잘 생각해 봐.

팀장 주입은 세뇌와 더 가까운 것으로 보이는데요?

소장 주입식 교육을 받아 온 사람들이 창의성 교육 운운하는 게 좀 웃기지 않나. 주입식 교육을 받아 온 사람들이 일정 시간이 흐르거나 어느 연령대가 되면 창의적으로 바뀌나? 그건 아니라고 봐. 평생을 주입식으로 살아온 사람들인데. 그런 사람들이 스스로 창의성 있는 사람으로 탈바꿈하는 게 가능하겠나? 창의성도 주입식으로 이해했을 텐데.

팀장 창의성은 처음부터 창의성 교육을 받아야 된다는 말씀이신가요?

소장 그런 것 같아. 아니면 아예 주입식 교육을 거부하든가.

팀장 그 말은 공부를 안 해야 된다는 말 같은데요. 공부를 못한 사람이 더 창의성이 높다는 말로 들리는데요?

소장 안 한다기보다는 스스로 원리를 찾아서 공부하는 방법을 터득해야 한다고 봐.

팀장 창의성에 관한 책을 읽으면 도움이 되지 않을까요?

소장 그다지 도움 되지 않을 거라고 봐. 그냥 창의성에 관한 책을 읽은 창의성 없는 사람일 뿐이야. 복권에 관한 책을 읽었다고 해서 복권에 당첨되겠어? 전혀 별개의 문제지.

팀장 참, 질문하려고 했다가 깜박 잊은 게 있는데, 창의성과 '생각³'은 관계가 어떻게 되나요?

소장 창의성은 누구나 발휘할 수 있는 것이지. 고도의 지적 능력을 요하지 않는 일상생활에서 찾거나 경험할 수 있는 창의성이라면 인구 10명 중 한 명 또는 5명 중 1명이면 가능하다고 봐. '생각³'은 인구 10만 명당 1명꼴로 가능하다고 이미 말했잖아.

팀장 일반적으로 사람들은 창의성을 높이 평가하잖아요?

소장 범주가 달라. 창의성은 기술 또는 과학과 발명 등과 관련 있고, '생각³'은 판단력과 관련 있지. 창의성은 구체성을 띤다면 '생각³'은 좀 추상적이라 할 수 있지. 뉴턴은 매우 창의적인 사람이었지만, 판단을 잘못해서 주식 투자는 실패했잖아. 에디슨도 뛰어난 발명가였지만, 테슬라와의 교류와 직류 싸움에서는 패배했잖아. 하지만 제갈량이나 이순신 장군은 창의적인 발명을 이룬

것은 없으나 거의 모든 전투에서 뛰어난 판단을 해서 승리를 거두었잖아. 창의성이 풍부한 사람 중에는 괴짜, 기인, 엉뚱한 사람들도 있지만 '생각³'은 오로지 현명한 판단만 하는 사람이야. 발명과 관련 있는 특허출원 건수는 해마다 15만 건 이상이지. 10년이면 150만 건이 넘어. 하지만 '생각³'은 아니잖아. 솔직히 10만 명에 한 명 있을지 100만 명에 한 명 있을지 알 수 없지. 이순신 장군이 인구 10명 또는 100명 중에서 한 명씩 나올 수 있는 사람은 아니잖아. 내 말이 틀리나?

팀장   아니요. 맞는 것 같습니다. 소장님 말씀을 들으면 뭐든지 이해가 됩니다. 전문가들이라고 해도 인구 100명 또는 200명당 한 명 정도이니 당연히 그들 사이에서도 생각 차이가 날 수밖에 없겠네요? '생각³'을 가진 사람들에 비하면 너무나 평범하니까요.

소장   '생각³'을 가진 사람이 창의성까지 갖춘다면 금상첨화겠지.

생각을 잘하기 위한 방법

알고 있는 지식도 업그레이드하기

팀장 제가 보기에는 소장님은 오직 일생을 생각하는 것만으로 살아오신 분 같아요. 생각을 잘하기 위한 특별한 방법이라도 있나요?

소장 지금까지 내가 쭉 이야기한 내용을 곱씹어보면 생각을 잘하는 묘수를 찾을 수 있다고 봐. 이제부터는 정리하는 의미에서 생각에 관한 이야기를 좀 덧붙여 볼게.

팀장 예. 감사합니다.

소장 눈 감으면 코 베어 갈 세상이라고 하지 않나. 항상 잘못된 지식은 바로잡고 바뀐 지식에 대해서 관심을 가져야 하네.

팀장 예를 들어주시면 이해가 더 잘되겠습니다.

소장 초등학교 3~4학년 무렵에 미국 서부 개척 시대 이야기를 다룬 만화를 보게 되었는데, 제목은 '황야의 은화 한 닢'으로 기억돼. 어린 시절 악당들에게 부모를 잃은 청년이 절치부심 끝에 원수를 만나 대결하는 과정에서 마지막 한 명의 악당을 남기고 총알이 떨어지는 위기를 맞아. 죽음에 직면한 그가 주머니를 뒤졌을 때 은화 한 닢이 손에 쥐어졌지. 그는 이 은화를 총의 약실에 넣고 방아쇠를 당겨 결국 악당을 사살하고 그 대결의 원인이 된 부모의 원수도 갚아.

팀장 전형적인 서부극의 스토리네요.

소장 당시에는 무척 감동적으로 보았지만, 몇 년이 지난 후에 이 만화가 사기임을 알고 황당하지 않을 수 없었지. 일단 은화는 동전이라서 총구에 들어가지도 않을뿐더러 뇌관과 화약이 없기에 방아쇠를 당긴다고 해도 격발이 될 리 만무하였지. 총알이 총구를 벗어날 확률은 제로였어. 총에 대한 전문적인 지식이 없을 경우 죽을 때까지 평생 그게 가능한 일로 잘못 알고 살았을 것 아닌가? 새로운 지식도 중요하지만 과거 지식도 어떻게 변했는지 점검해 봐야 돼.

팀장 지식은 사고력의 밑바탕이니까 당연하겠네요. 기존에 알고 있는 지식이더라도 주기적으로 업데이트해야겠습니다.

소장 내 말이 그 말이야. 중학교 생물 시간에 미모사라는 식물을 알게 되었지. 잎에 기공이 있어 잎을 건드리면 잎이 오므라드는 콩과 식물인데, 우리나라에서는 이 현상을 보고 함수초含羞草라고 불렀지. 그런데 몇십 년이 지난 최근에 화원에 가서 미모사를 봤더니 신경초라고 쓰여 있더라고. 이름이 바뀌었거나 두 개였는데 함수초는 안 쓰게 되고 신경초만 쓰게 되었을 수도 있지. 지식이나 명칭도 중간에 바뀔 수 있음을 알고 바뀐 것을 아는 데 게을리해서는 안 되네. 라면의 어원을 로면老麵으로 알고 있었는데 어느 날 보니 납면拉麵도 어원이라고 하더군. 슈베르트의 곡은 '숭어'로 알고 있었는데 '송어'였고, 백상어가 백상아리로, 을사조약이 을사늑약으로 바뀐 예가 많지.

팀장 호주의 프로골퍼 그렉 노먼을 '호주의 백상어'라고 부르는데, 그럼 이제는 '호주의 백상아리'로 불러야 하나요?

생각⁵

소장 나도 그게 궁금했는데 지금도 '호주의 백상어'라고 부르는 것 같아. '호주의 백상아리' 하면 어감이 이상하잖아. 둔해 보이고.

팀장 진짜 장롱에 넣어 두었던 지식도 꺼내서 다시 봐야겠네요? 정말 알아야 할 게 많군요?

단어의 기본 개념을 알아야 한다

소장 우리는 좀 어려운 단어의 개념은 잘 알면서도 그 기본이 되는 단어의 뜻은 정확하게 모르는 경우가 왕왕 있어. 좌익, 우익이라는 말을 예로 들어볼게. 좌익은 개혁적인 것, 진보적인 것을, 우익은 보수적인 것, 안정적인 것을 추구한다고 생각하지. 더 나아가 그 말의 탄생 유래도 알고 있어. 프랑스 대혁명 후 의회에서 의장석을 기준으로 오른쪽에 왕당파가, 왼쪽에 공화파가 주로 앉았기 때문에 거기서부터 기원했다는 것을. 하지만 그 말들의 전제가 되는 오른쪽과 왼쪽에 대해서는 잘 설명하지 못하지.

팀장 그러게요. 좌익 우익 많이 들어봤지만, 오른쪽과 왼쪽은 어떻게 설명해야 하는지 딱히 생각이 나질 않네요?

소장 '행복한 사전'이라는 제목의 일본 영화가 있어. '배를 엮다舟を編む'가 원제목이지. 내용은 이래. 사전 편찬부에 공석이 생기자 편집장은 새로운 후임자를 물색해. 만나는 직원마다 한결같은 질문을 던지지. 오른쪽을 설명해보라고. 사실 오른쪽이라는 단어는 일상에서 많이 접하는 말이지. 오른손, 우뇌, 우측 보행 등…. 대부분의 직원은 모르겠다고 하거나 다소 엉뚱한 답변을 해. 나도 생각해 보았으나 별로 생각나는 것이 없었어. 주인공의 답은 이랬어. '서쪽을 보고 있을 때 북쪽'이라고.

팀장 엥? 좀 엉뚱한데요?

소장 처음에 나도 이런 답변을 들었을 때 너무나 뜻밖이었고 당황하였지. 뭐 저렇게 생각하다니 정말 이상한 사람이 아닌가 싶었어. 궁금증이 생겨 네이버의 우리말 사전을 검색하니 '북쪽을 바라보았을 때 동쪽'이라고 되어 있었어. 나는 지금까지 수없이 많이 오른쪽 왼쪽 등을 사용하였으나 그 사전적 의미는 제대로 몰랐던 것이야.

팀장 저도 오른쪽의 정의를 처음 알게 되었습니다. 저라면 오른쪽을 심장에서 더 멀리 떨어진 쪽에 있는 팔 부분을 오른쪽이라고 했을 것 같습니다.

소장 응, 나도 생각해 봤는데 심장이 가운데 있는 사람도 있고 심지어 오른쪽에 있는 사람도 있어서 정확한 정의는 아닌 것 같고 해서 다른 기준으로 구별해 보았지.

팀장 어떻게 말인가요?

소장 우리나라 사람은 성인이 되면 대부분 운전면허를 가지고 있잖아. 거기에 착안하였지. 중앙선을 기준으로 해서 안쪽 차선을 1차선, 바깥쪽 차선을 2차선이라고 하잖아. 그래서 난 자동차가 달리는 방향으로 2개의 차선이 있을 때, 1차선이 아닌 2차선이 오른쪽이라고 말이야.

팀장 오, 그럴듯한데요?

소장 여기에도 맹점이 있지. 미성년자 등 운전면허를 딸 수 없는 사람에게는 설명하기가 좀 곤란하지.

팀장 그렇군요.

소장 영화는 오른쪽을 설명하는 예로 몇 가지 더 나열하지. 시계에서

1시부터 5시까지의 부분이라든가, 숫자 '10'에서 '0'이 있는 자리라든가… 나름 모두 합리적인 정의를 하고 있었던 셈이지. 그런데 한 가지 정의는 좀 고개를 갸우뚱하게 만들었어. '책을 폈을 때 짝수가 나오는 페이지'라는 것인데, 옆에 있던 책을 펼쳐보면 오른쪽에 있는 페이지는 항상 홀수였기 때문이야. 한참을 생각하다가 일본 서적은 우리와는 반대로 책장을 넘기게 되어 있음을 깨달았지. 오른쪽이라는 단어 하나에서도 이렇게 개념 정립이 쉽지 않으니 소통이 될 리가 있겠는가. 좌와 우가, 우리와 일본이….

기발한 역발상도 필요하다

소장   생각을 잘하기 위해서, 새로운 생각을 하기 위해서는 역발상도 가능하지. 단순한 역발상이 아니라 아주 말도 안 되는 역발상 말이야.

팀장   역발상이면 역발상이지, 말도 안 되는 역발상이 따로 있나요?

소장   도미노 이론이라고 있어. 어떤 지역의 한 나라가 공산화되면 인접 나라들도 차례로 공산화된다는 이론이지. 미국의 국무장관 덜레스가 중국·북한·월맹의 뒤를 이어 월남이 또 공산화되면 그 주변 나라들도 차례로 공산화될 것이라면서 쓴 용어야.[1] 이 이론은 도미노(일종의 서양장기)에 비유하여 최초의 말을 쓰러뜨리면 잇달아 다른 말들이 차례로 쓰러지게 된다고 설명한 데서 유래하였지.

....

1   네이버 지식백과

팀장 당연하지만 도미노 게임이 먼저고 도미노 이론이 나중에 생겨난 것이겠네요?

소장 하지만 창의적인 사람이라면 인도차이나반도가 차례로 공산화되는 과정을 지켜보면서 도미노 게임(도미노 게임이 과거에는 없었던 게임이라 가정하고)을 생각할 줄 알아야 한다는 것이야. 결코 쉽지 않은 일이지. 평소에 그런 생각을 끊임없이 해야 그래도 약간의 창의성이 발휘될 기미라도 보이겠지. 난 뉴턴이나 아인슈타인이 평소 어떤 생각을 하였는지 잘 모르지만 아마도 이런 생각을 했던 것 아닐까 해. 일반 사람은 전혀 생각하지 못하는 생각, 바로 이런 생각 말이야.

팀장 이렇게 생각하기가 어디 쉽겠나요?

소장 물론 거의 불가능하긴 하지만, 그보다 더 낮은 단계에서의 생각은 할 수 있을 것 같아.

팀장 낮은 단계에서의 생각이라뇨?

소장 내가 앞서 헨리 포드가 자동차 대량 생산을 위해 생산 공정을 자동화하려고 했을 때 도축 공장을 견학한 후 그곳에 설치되어 있던 컨베이어 시스템을 보고 아이디어를 떠올렸다고 말했잖아.

팀장 예. 헨리 포드는 도축 공정과는 반대로 적용했다면서요?

소장 이 도축 공장에서 만들어 낸 컨베이어 시스템이 당시에는 너무나도 획기적인 굉장한 아이디어였는데, 왜 그들은 그 아이디어를 도축 공장에만 적용할 생각을 하였는지 모르겠어. 다른 산업이나 공장에 적용하였으면 훨씬 더 크게 사업에서 성공하였을 것이고 결과적으로 전체 산업 발달도 몇 년 더 빨리 이루어졌을 텐데.

팀장 컨베이어 시스템을 도축 공장에서 최초로 만든 것인지, 아니면 그들도 다른 곳에 설치되어 있던 시스템을 차용한 것인지 모르잖아요?

소장 그렇다고 하더라도 도축 공장에 컨베이어 시스템을 설치한 회사에서는 왜 도축 공장에 응용할 생각만 하였을까 하는 의문은 그대로 남지. 곰곰이 생각하면 자동차 공장이 혁신적이니까 자동차 공장에서 컨베이어 자동화 시스템을 먼저 개발하고 이를 도축 공장에서 차용한 것이라고 생각되는데, 실제는 반대라서 이상했어.

팀장 그렇긴 하네요? 그렇게 되었다면 더 큰돈을 벌었을 텐데 말이죠?

소장 아마도 2가지를 생각하지 못했던 것 같아. 도축 공장은 생명체(도축될 동물)에서 비생명체(자동차 등 기구)로의 적용을 생각하지 못한 것 같고, 근본적으로는 도축 공장에서는 전체를 부분으로 분해하는 것이잖아. 자동차 공장은 부분으로 전체를 완성하는 것이고. 이는 발상의 전환이 필요한 부분이지. 여기에서 헨리 포드의 위대함을 발견할 수 있지. 단순한 차용이 아니라 한 번의 전환을 했으니깐.

인과관계와 상관관계의 구별

소장 인과관계와 상관관계도 알아야 해. 인과관계는 원인과 결과 사이에 필연성이 있어야 하는 것이고, 상관관계는 필연성은 아니고 약간의 개연성이 있을 뿐이지. 상관관계와 인과관계를 혼동해서는 안 되지. 반드시 원인과 결과가 아니더라도 시간 순서를 착각하면 안 돼.

팀장 구체적으로 설명해 주세요.

소장 인간이 동물과 다른 점 중 하나가 시간 개념이 있다는 거야. 시간의 전후를 인식하는 게 중요하지. 동물도 자신이 현재 살고 있는 곳과 어디가 먹이가 풍부한 곳인지는 알지만, 시간의 선후 즉 어느 것이 먼저인지 나중인지는 몰라. 사람도 이 시간의 선후를 착각하는 경우가 많아. 즉 인과관계를 혼동하는 것이지. 결과적으로 '경찰관이 많아지니까 범죄가 많아지는구나' 같은 엉터리 논리를 펴게 되는 거야.

팀장 이걸 뭐, 무슨 논리적 오류라고 하던데요?

소장 논리적 오류 중에서 인과관계 전도의 오류라고 하지. 또 공통원인 무시의 오류라고 있어. 사람들은 번개가 천둥의 원인이라고 생각하기 쉽지. 사실 천둥과 번개는 다른 공통원인을 가지고 있지. 대기의 불안정으로 인해 생기는데, 번개는 빛이라서 먼저 보이고 천둥은 소리라서 나중에 들릴 뿐이지.

팀장 시간의 순서를 잘 모르면 지식을 잘못 알게 되겠군요?

소장 뉴턴이 생전에 위대한 업적을 쌓았기 때문에 죽어서도 국장國葬으로 치러졌는데 그게 사진으로 남아 있다고, 누군가 설명하더라고. 그런데 뉴턴은 17~18세기 사람이고 사진은 19세기에 발명되었거든. 그러니까 뉴턴의 국장 사진은 그림을 찍은 사진을 말하는 거야. 국장을 직접 찍은 사진과 국장 그림을 찍은 사진은 엄연히 다르지.

팀장 서양의 그림은 정교해서 사진과 그림을 착각할 수 있었겠네요?

소장 가끔 코페르니쿠스적 전환이니 혁명이니 하는 말을 듣는데, 정확하게는 코페르니쿠스적 전환이나 전회가 맞지. 이마누

생각³

엘 칸트가 그의 저서인 『순수이성비판』 재판본 머리말에서 'Kopernikanische Wendung'이라고 언급하였거든. 그 책은 1787년도에 출간되었지.[2] 'Wendung'에는 혁명이라는 뜻은 없어. 전환, 변환이라는 뜻만 있지. 혁명을 뜻하는 'revolution'은 1789년 프랑스 대혁명 이후에 독일에 들어왔지. 그러니까 코페르니쿠스적 혁명은 틀리고 전회나 전환이 맞는 것이지.

팀장 그런데 왜 우리말 번역에는 가끔 '코페르니쿠스적 혁명'이라고 되어 있을까요?

소장 그 경우는 아마도 독일어 원문을 번역한 게 아니라 영어 'revolution'을 번역해서 그런 걸 거야.

팀장 그 전환이나 전회가 혁명적이라고 생각되어서 혁명이라고 번역한 것은 아닐까요?

소장 물론 그렇게도 볼 수 있는데, 비유를 또 비유하는 것은 옳지 않다고 봐. 그건 지나친 의역 아닐까? 'revolution'이 공전公轉이라는 뜻이 있으므로 오히려 '코페르니쿠스적 공전'이 더 맞는다고 봐. 그 전의 공전은 태양이 지구를 돈다는 의미에서의 공전이었다면 코페르니쿠스적 공전은 지구가 태양을 돈다는 의미에서의 공전이니까. 공전을 보는 시각이 바뀐 것, 이 자체가 혁명이고 전환이니까. 무슨 의미인지 알겠지? 마지막으로 관찰에 대해서 한마디만 해줄게.

---

2   초판본은 1781년도임.

관찰은 운을 좋게 한다

팀장 관찰 좋죠. 현대인 치고 관찰을 중요시하지 않는 사람이 어디 있 겠습니까? 창의성을 떠나서 필수라고 봐야죠?

소장 관찰이 운을 좋게 한다는 실험이 있어서 소개해주려고 해.

팀장 아, 그런 실험도 있었군요?

소장 1990년대에 영국의 심리학 교수 리처드 와이즈먼Richard Wiseman 은 스스로 '운이 좋다'고 느끼는 사람들은 관찰력이 특별히 뛰어 난 경향이 있지는 않은지, 주위를 살피는 그런 능력 덕분에 주변 에 숨은 유용한 단서를 쉽게 인지할 수 있는 것은 아닌지를 실험 했어. 신문광고를 통해 스스로 운이 좋거나 불운하다고 느끼는 사람들을 연구실로 불렀지. 그들에게 신문을 나누어 주고 지면 을 넘겨보며 게재된 사진의 개수를 세어 달라고 부탁했지.

팀장 운이 좋은 것과 관찰력, 이게 실험이 가능한가요?

소장 이 과제는 관찰력이 뛰어나면 지름길을 발견할 수 있게 설계되 어 있었어. 와이즈먼 교수가 신문의 두 번째 페이지 어딘가에 "더 이상 세지 마세요. 이 신문에는 사진이 43장 있습니다."라는 메시지를 몰래 끼워 넣었던 것이지. 대체로 운 좋은 사람들은 이 메시지를 알아볼 가능성이 훨씬 높았고, 덕분에 몇 초 만에도 정 답을 제시할 수 있었지. 반면, 운 나쁜 사람들은 힌트를 보지 못 한 채 열심히 사진을 세느라 약 2분을 허비했어.[3]

팀장 이게 운과 관찰력과의 관계인가요?

소장 와이즈먼 교수는 이 실험을 통해 상당히 흥미로운 점을 발견했

....

3 『인벤톨로지』, 페이건 케네디, 클레마지크

어. 운이 좋다고 생각하는 그룹은 훨씬 꼼꼼하게 주변을 살폈고 힌트 발견을 잘했지. 반대로 운이 나쁘다고 생각하는 그룹은 주변을 철저히 살피지 못했어. 운 좋은 사람들은 관찰력 또는 정보를 찾는 능력이 뛰어나다는 특징을 가지고 있었어. 알고 보면 운이 좋다는 것도 관찰력의 산물인 셈이지.

팀장   관찰을 잘하는 사람이 남보다 정답을 빨리 쉽게 찾고 그러한 과정이 쌓여 자신은 운이 좋다고 여기게 된 것이고 또 상시 관찰을 잘하게 되는 선순환이 된 것 같습니다.

소장   『창의성의 즐거움』에 보면 창의성을 가진 사람에게 당신의 창의성이 무엇이냐고 질문했을 때 운이 좋아서라고 대답했다는 경우가 상당히 많았다고 하더라고. 이는 단순히 겸손해서 그런 것은 아니라고 봐. 실제로 운이 창의성에 중요한 역할을 한다고 볼 수 있지. 이 실험 결과처럼 말이야. 자신들의 창의성이 운의 결과였다고 말한 창의적인 사람들은 이 실험 결과를 몰랐겠지만, 관찰이 그들을 행운을 가진 사람으로 만들었다고 볼 수 있지. 그러니 팀장님도 관찰력을 키우도록 하게.

팀장   그래야겠습니다.

소장   관찰과 관련해서 더 추가적으로 이야기해 줄게. 사실 관찰은 권력이야. 관찰력에서 력ヵ은 Ability가 아니라 Power지. 권력은 상호 주고받는 것이 아닌 일방적인 것이지. 관찰자에게는 피관찰자가 누구이든 간에 관찰 대상에 불과해. 상대는 자신이 관찰 대상인지 아닌지도 모르고 자신의 일거수일투족, 성격, 취미 등 인격 전반에 대해서 관찰당하지. 자신을 관찰하지 말라고 하거나 잘못 관찰하고 있다는 식의 어떠한 하소연도 할 수 없어. 관찰

자가 느끼고 해석하고 평가하고 판단하는 것에 어떠한 영향력도 행사하지 못해. 하멜과 마르코 폴로가 자신들이 보고 느낀 대로, 개인적인 상상력을 집어넣어 표류기와 견문록을 쓰더라도 조선과 중국은 어떤 영향력도 행사할 수 없었지. 관찰은 권력이야. 이 권력을 한번 제대로 휘두르고 싶지 않은가?

팀장 관찰이 권력이고 상대가 전혀 눈치채지 못한다면 한번 휘두르고 싶습니다.

⋮

소장 그리고 이다음부터는 내가 쓴 글을 출력해서 줄 테니 읽어보고 그걸로 토론하자고. 알겠지?

팀장 예. 알겠습니다. 일종의 과제네요.

생각³

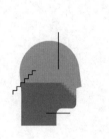

Part 3
단상
斷想

성장 = 성공 + 실패

실패는 다양한 모습으로 우리에게 다가온다. 어떤 실패는 별거 아닌 양 가볍게 훌훌 털어버릴 수 있는가 하면 어떤 실패는 단 한 번일지라도 목숨을 버려야 할 정도로 치명적일 수 있다. 사자의 사냥 실패는 그저 그날 한 끼 하루를 굶는 일이지만 사냥감인 영양의 도망 실패는 곧 죽음을 의미한다. 실패를 대하는 사람의 태도 역시 천차만별이다. 어떤 이는 그저 한 수 배웠다며 무덤덤하지만 다른 이는 좌절감과 고통에서 헤어 나오지 못한다.

사람들은 실패에 대한 두려움 때문에 위로받기 위해서, 용기를 얻기 위해서 위인들의 명언을 찾아보곤 한다. '실패는 성공의 어머니'라는 명언을 가장 쉽게 떠올려 볼 수 있지만, 이 말 역시 성공한 사람의 한때의 실패담임을 알 수 있다. 사회는 실패한 사람의 명언이 오랫동안 인구에 회자되도록 내버려 두지 않는다. 성공한 사람만이 실패와 성공에 관한 명언을 남길 수 있다.

실패와 관련된 수많은 명언을 이해하고 가슴으로 받아들인다고 해서 나 자신을 설득할 순 없다. 그 명언들도 그 말을 한 사람이 실패 당시 느꼈을 감정이나 생각, 자각의 정도에 달려 있기 때문에 지금의 나의 처지나 상황, 입장과는 맞지 않는다. 『화엄경』의 일체유심조—切唯心造, 즉 '모든 것은 마음먹기에 달려있다'라는 명언을 빌려 '실패를 실패로 보지 말자. 누구나 겪는 일이다'라고 스스로 자위하더라도 마음 한편에 있는 이성은 '너는 참 비겁한 변명만을 늘어놓는구나' 하면서 조롱할 것이다. 결국 더 이상 실패를 실패로 여기지 않는 자신만의 고유한 논리를 스스로 개발해야 하는 것이다. 자신의 이성이 '그 정도면 내가 충분히 설득당할 만하네'라고 만족할 정도로.

20대 후반 무렵에 우연히 부기簿記라는 공부를 하다가 자산資産의 개념을 알게 되었다. 자산은 자본 + 부채이다. 자산 = 자본 + 부채, 처음에는 이 개념을 이해하기 어려웠다. 왜 반대 개념인 자본과 부채가 자산이 되는지 의아했다. 보통 부채는 쉽게 말해서 은행에서 이자를 주고 빌리는 돈, 이른바 빚인데 이게 자산이 되다니… 좀 더 공부하니 알게 되었다. 은행에서 돈을 빌려 기존 사업을 확장하고 새로운 사업을 벌이고 수익이 나면, 이자를 갚기만 하면 되는 것이었다. 그러니까 빚을 지더라도 그 이상의 수익만 내면 재산을 불리는 아주 좋은 수단이 되는 것이다.

이를 깨닫는 순간 머릿속에서 뭔가가 번뜩였다. 옳거니, 성공과 실패의 개념도 이렇게 적용하면 정립이 되는구나! 최소한 나 자신을 설득할 수 있다는 생각이 들었다. 즉 '성장 = 성공 + 실패'라는 공식으로 말이다. 이 공식은 앞서 자산의 공식과 형식적 구조는 동일하다. 자산과 자본은 비슷한 개념이고, 자본과 부채는 반대 개념이듯 성장과 성공도 유사한 개념이고 성공과 실패도 흔히 알 듯 반대어이기 때문이다. 이와 같이 성장은 자산에, 성공은 자본에, 실패는 부채에 자연스럽게 대응한다.

생각⁵

부채도 잘 관리하면 큰 자산이 될 수 있듯이 실패도 잘만 활용하면 큰 성장을 거둘 수 있는 밑거름이 되는 것이다. 실패에서 교훈을 얻는다든지, 경험을 축적한다든지 등으로 말이다. 말 그대로 무형의 자산이 되는 것이다. 이 공식은 다양하게 응용이 가능하다. 경험 = 성공 + 실패, 교훈 = 성공 + 실패, 자산 = 성공 + 실패 등으로 전환하여도 전혀 어색하지 않다. 어느 공식을 선호하든지 간에 성공 + 실패는 상수常數이다.

자본만 있고 부채가 전혀 없다면 위험 부담은 줄일 수 있다. 하지만 큰 수익은 기대할 수 없다. 마찬가지로 완벽한 성공에 집착해서 실패를 두려워한다면 모험을 회피할 것이므로 역시 큰 성장을 바랄 수 없는 것이다. 자본은 능력만의 문제이지만, 부채는 돈을 빌릴 수 있는 능력(신용 또는 담보)은 당연하거니와 용기까지 필요로 한다. 은행에서 돈을 빌릴 수 있는 능력이 되는 사람도 위험하다고 생각해 안정적인 삶을 선택하여 돈을 빌리지 않는 경우도 많기 때문이다. 실패 역시 같다. 이 정도로 하면 실패하지 않겠다는 감을 잡을 수 있는 지적 능력도 갖추어야 하고 실패를 하더라도 담담히 받아들일 수 있는 용기가 있어야 하는 것이다. 어느 쪽이든 용기는 용기를 내지 않았을 때보다 훨씬 더 큰 결과를 만들어 낸다. 부채와 실패는 그 사람이 감당할 수 있는 용기에 비례하며 용기의 강도强度는 그 사람의 그릇 크기에 따라 결정된다.

성장은 태어나면서 죽기 전까지 기나긴 기간 동안 이어지는 연속적인 과정이다. 성공은 성장 과정 사이사이에 있는 국지적局地的인 목표 달성이고 실패는 그렇지 못한 것이다. 성공은 성장해 가는 여정에서 일시적으로 비주기적으로 발생하는 이자나 부산물 같은 존재이다. 영원히 붙는 이자는 없고 항상 부산물이 발생하는 것도 아니듯이 한 번 성공하였다고 그대로 멈추거나 쭉 유지되는 것도 아니다. 더 큰 성공을 위해 끊임없이 계획을 세우고 노력을 기울여야 한다. 그 활동이 성장이다. 성장은 계속적이고 비가역적非可逆的인 데 반해 성공은 일시적이고 가역적可逆的이다. 그래서 '나날이 성장한다'. '인간은 죽을 때까지 성장을 멈춰서는 안 된다'는 말은 있어도 '나날이 성공한다'. '죽을 때까지 성공한다'라는 말은 없는 것이다.

성장이 성공보다 상위 또는 더 넓은 개념임을 알 수 있다. 성장에 인생의 방점을 찍으면 어제보다 오늘 더 나아졌다거나 혹은 나빠졌다고 해서 일희일비—喜—悲하지 않는다. 지금까지 위인들의 성공과 실패에 대한 명언은 마치 실패하면 나중에 반드시 성공으로 보상받는다는 착각을 불러일으키기에 충분하다. 부채가(이익을 내서) 반드시 자본으로 전환되지는 않듯이 실패가(교훈을 주거나 경험이 되어서) 반드시 성공의 발판이 되지도 않는다. 따라서 '실패가 성공을 이끈다, 언젠가는 성공하겠지'라는 막연한 생각에 천착穿鑿하기보다는 성장에 초점을 맞추어야 한다.

성장에 목표를 두면 성공했을 때 일시적으로 몸은 짜릿해지고 마음은 성취감, 승리감에 도취되고 자신감은 하늘을 찌르고 행운의 여신은 내 편이라는 착각을 자연스럽게 할 수 있지만, '이게 다는 아니지, 다음을 준비해야지' 하며 곧 평정심을 되찾을 것이다. 실패하였다고 한동안 실의에 빠져 절망하거나 패배감에 젖어 있을 수 있지만, 머지않아 '이런 금쪽같은 교훈 아무나 얻나, 이런 값진 경험 돈 주고도 못 사지' 하면서 툭툭 털고 일어날 것이다. 이들은 성공이나 실패에 초연할 수 있다. 어떤 식으로든 자신이 성장할 것임을 알고 있기 때문이다. 자기 설득 내지 합리화가 가능해진다. 성공이 그렇게 목맬 일도, 실패가 그렇게 자책할 일도 아님을 알게 되기 때문이다. 스스로를 용서할 것이며 남의 실패에도 관대해질 것이다. 이런 인식이 사회 구성원 모두에게 확산된다면 실패가 사회적 자산의 하나로 수용될 희망도 보일 것이다.

실패가 두려워 구상에만 머물거나 구상(계획)을 하더라도 시도(도전) 자체를 하지 않는다면 소위 중간은 가지 않을까? '가만히 있으면 중간이라도 간다'라는 속담도 있지 않은가? 그렇지 않다. 시도하지 않는 것 자체가 실패이다. 시도하면 성공과 실패 반씩의 확률이지만 시도하지 않는다면 실패의 비율이 훨씬 높아진다(실패율 75%, 이 부분은 세상은 끊임없이 움직이고 세상의 모든 일은 끝없이 진행되고 있기에 제자리에 있으려면 가만히 있는 게 아니라 열심히 뛰어야만 한다는 '붉은 여왕 효과Red Queen's Effect'로도 설명이 가능하다). 성공과 실패는 모두 시도를 원인(선행행위)으로 하는 결과이다. 한쪽이 다른 한쪽의 원인이 아니다. 그래서 '실패를 딛고 성공에 이르다'라는 말은 성립되지 않는다. 앞의 '실패'와 뒤의 '성공'은 전혀 다른 행위(시도)의 결과이다. 두 번의 시도가 생략된 것이다. 이 문장의 원래 뜻은 이렇다. '(이전에 행했던 시도에서의) 실패를 딛고 (또다시 시도하여) 성공에 이르다'.

생각이 여기에 미친다면 무조건 시도해야 한다. '시도하지 않음'은 성공에 대한 가능성이 전혀 없는 것이며 '용기 없음'의 징표이고, 실패와 성공과의 조그마한 간극에 있는 고통조차도 인내하지 못하는 '나약함', 실패에서 얻을 수 있는 귀중한 교훈이나 경험을 통째로 날려버리는 '어리석음'일 뿐이다. 실패한 자는 시도한 자 중 1등에게 잠깐 순위가 밀린 것뿐이지만 시도하지 않는 자는 시도한 자 중의 꼴찌에게도 영원히 패배한 것이다. 도전하지 않을 이유가 있겠는가? 도전에 실패하지 말라.

"결과에 실패한 자는 용서받을 수 있어도 도전에 실패한 자는 용서받을 수 없다."

지금까지의 내용을 쉽게 정리하자면 성장은 '용기 → 도전 → 성공 또는 실패'의 사이클이 무한 반복되는 (정신적) 프랙털 구조를 이룬다. 성장은 이러한 사이클의 총합이다.

성장의 프랙털 구조

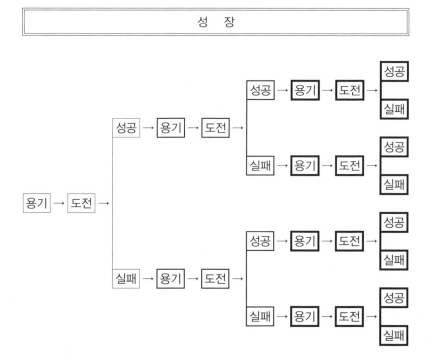

• 성장은 그에 맞는 적절한 때가 있다

제2차 세계대전 말기 히로시마에 원자폭탄이 투하되었을 때도 살아남았다는 생명력 강한 대나무, 그 대나무가 볏과 식물이라는 것을 아는가? 볏과 식물에는 벼 이외에도 보리, 옥수수, 억새, 잔디 등이 있다. 볏과 식물의 특징 중 하나는 어느 순간 갑자기 쑥 성장한다는 것이다. 벼가 익으면 익을수록 고개를 숙인다는 말이 있다. 나이 들수록 많이 배우고 경험이 많아져 겸손해진다는 의미로 사용된다. 사람들은 벼 이야기를 할 때 벼가 익어 고개 숙이는 부분만을 강조하는데, 사실 벼가 익어 고개 숙이는 시기는 벼의 일생에서 얼마 되지 않는 짧은 시기이다. 그것도 수확하기 직전까지일 뿐이다. 어느 한 시기 가지고 벼 전체를 평가해서는 안 된다는 것이다. 벼는 처음에 모 시기였을 때는 뿌리가 땅에 잘 착근하여 이를 발판으로 삼아 하늘을 찌를 듯이 쑥쑥 금방 자라야 한다. 그래야 나중에 이삭이 열리고 익더라도 태풍이나 바람에 쓰러지지 않을 것이며 땅에 닿지 않을 것이다. 사람도 이와 같다. 벼나 사람이나 어느 시절에 자만심이나 패기로 가득 찰 때가 한 번은 있어야 한다는 것이다. 그때가 젊을 때라야 한다. 나이 들어서 수확하기 전이라면 소름이 돋을 일일 뿐이다. 성장은 계단 밟아가듯 균등하게 하는 것이 아니다.

• 환경에 적응하는 것도 성장이다

일본의 관상용 물고기에 코이라는 잉어가 있다. 비단잉어의 하나인 코이는 환경에 따라 성장하는 크기가 달라진다. 어항에서 기르면 5~8cm로 자라고, 연못에서는 15~120cm, 강물에서는 90~120cm의 대어가 된다. 이처럼 코이는 주변 환경에 맞추어 자신의 몸 크기를 결정한다. 환경에 적응하는 것이 성장인가, 퇴보인가를 질문할 수 있지만, 크게 자라든 작게 자라든 성장은 성장이기에 일단 성장이라고 볼 수 있다. 더 나아가 주어진 환경을 극복할 수 없다면 그 안에서 최적화되는 길을 걷는 것도 성장으로 봐야 할 것이다. 사람에게도 똑같이 비유할 수 있다. 어떤 사람은 자신의 생각과 꿈을 무한히 펼치겠다며 자신을 보호하여 주던 울타리 같은 환경을 걷어내기 위해 무던히 애쓰는 반면 어떤 이는 자신의 꿈과 생각을 환경에 맞춰 주어진 일에 최선을 다한다. 능력에 비해 지나친 꿈은 오히려 몸과 마음을 피폐하게 만들고 궁극적으로 파멸로 이끌 것이므로 자신을 둘러싼 환경에 잘 순응하는 것, 적응하는 것이야말로 진짜 성장이라면 성장이라 할 수 있다.

• 부피 자람은 성장에, 길이 자람은 성공에 비유할 수 있는가?

생물학 개념 중에 최소량의 법칙Law of Minimum이 있다. 식물에는 필요원소 또는 양분 각각에 대하여 그 생육에 필요한 최소한의 양이 있다. 만일 어떤 원소가 최소량 이하이면 다른 원소가 아무리 많아도 생육할 수 없으며, 원소 또는 양분 중에서 가장 소량으로 존재하는 것이 식물의 생육을 지배한다는 법칙이다(두산백과). 성장은 최소량의 법칙이 적용되고 성공은 최대량의 법칙이 적용된다고 할 수 있다.

식물에서 웃자란 가지를 도장지徒長枝라 하고 나무의 맨 꼭대기 줄기를 우듬지라고 한다. 대부분의 도장지는 조경사나 아보리스트Arborist(수목관리전문가)들에 의해 제거되고 간혹 분재처럼 아름다운 수형을 위해 우듬지마저 제거되는 경우도 있다. 그대로 놔둔 나무는 그저 목재용이거나 땔

감용으로 전락할 뿐이다. 사람의 생각과 나무의 본성이 같지 않음을 알 수 있다. 사람은 나무를 골고루 성장시키겠다는 일념으로 일부 가지들을 제거하지만 나무는 그저 주어진 환경과 영양 성분에 따라 스스로 자랄 뿐이다.

우리는 흔히 이런 표현을 사용한다. '골고루 성장이냐, 한 분야에서의 성공이냐'라고 말이다. 이 표현을 식물에 대입하여 본다면 도장지와 우듬지를 제거하는 것은 성장으로(나무 전체 수형을 골고루 만들었기 때문에), 그대로 놔두는 행위는 성공으로(한 가지가 다른 가지에 비해 월등히 자랐기 때문에) 비유할 수 있다. 결론적으로 성장에 목적을 두면 도장지와 우듬지는 잘라 버리겠지만 성공에 주목한다면 이 둘을 더욱 키울 것이다. 나무에서의 웃자람이라는 성공은 골고루 자라기를 원하는 인간에 의해 너무 간섭받는다. 인간은 스스로는 물론이고 나무에 대해서도 성장에 더 관심을 갖는 모양이다.

소장   이 글은 어떤 북 유튜버의 글을 읽고 쓴 댓글이야.[1] 이 댓글을 작성하면서 성장과 성공 그리고 실패의 개념 정리를 재정립하는 것만으로도 내게는 의미가 있었고 부수적으로 실패에 대한 두려움에서 약간 벗어날 수 있다는 자신감도 얻게 되었어.

팀장   무슨 댓글이 이렇게 길어요? 하나의 논문이지.

....

1   유튜브 채널 해우비책(https://www.youtube.com/watch?v=xioxB_WPT68)은 동서양의 고전과 인문·사회학 명저들 관련 방송과 요약문을 안내하는 채널로, 글쓴이는 이 방송과 요약문을 통해서 사고력을 크게 향상시킬 수 있었다. 이 책에 실린 글의 일부는 그때 방송에 댓글을 달았던 내용들이다.

소장 댓글 창에 다 쓸 수 없어서 그 유튜버가 방송으로 해줬지. 졸지에 내 댓글이 기라성 같은 석학들의 저서와 같은 반열에 들게 되었지. 이 글은 성장에 관해 쓴 글이지만, 여러 인문학적 지식도 다른 데 적용이 가능한지를 실험하고 싶었어. 예를 들면 회계학 용어를 다른 비유로 대체가 가능한지. 자연과학에서 주로 사용되는 프랙털 이론이 인문학에도 적용이 가능한지를 말이야.

팀장 저도 이 글을 보고 성장과 성공과의 관계를 조금은 알겠더라고요. 어쩌면 그렇게 적절하게 비유하였는지 감탄했습니다.

소장 성장통成長痛이라는 말 들어 봤겠지?

팀장 사람이 갑자기 크게 성장하면서 겪는 고통 말이죠? 요즘은 뜻이 확대되어 조직이나 세력 등의 규모가 커질 때 생기는 고통을 비유하기도 하죠.

소장 성장통을 앓는 이유가 뭐겠어? 성장을 하다 보면 좋은 일만 있는 게 아니잖아. 때론 힘들고 때론 실패의 아픔도 겪겠지. 성장통 없이 클 수는 있겠지만 얼마나 크겠어? 실패는 성장통에서 '통'에 해당된다고 보면 돼. '성장＝성공＋실패'는 성장통의 다른 말임을 알게나.

팀장 예, 잘 알겠습니다. 그런데 TIP의 세 번째 예에서 성공과 성장의 개념은 약간 혼란스럽긴 해요. 보통 성장은 위로 자라는 것을 의미하기 때문에요.

소장 뜻을 잘 알고 있다고 자부하는 명언을 해부하여 숨겨진 오의奧義를 밖으로 드러내는 것 역시 명언의 표면적인 의도 파악 못지않게 가치 있고 중요한 일임을 깨닫게 되었지. Tip의 세 번째 예도 우리가 일반적으로 알고 있는 성장과는 다른 시각에서 볼 수 있

생각^3

다는 의미에서 써본 것이야. 크게 신경 쓰지는 마삼.

팀장 도전도 기회가 있어야 가능한 것 아닌가요?

소장 도전은 외부와 전혀 상관없어. 자신이 할 일이지. 기회가 되어야 도전하는 게 아니라, 도전 자체가 기회를 만드는 거야. 도전은 스스로 만든 기회라고 보면 돼. 도전을 습관화해야 돼.

팀장 도전을 습관처럼 하다가는 실패할 확률이 높잖아요. 실패가 습관이 되어서는 안 된다는 말도 어디서 들어 본 것 같은데요?

소장 물론 실패가 습관이 되어서는 안 되지만, 실패의 또 다른 기능은 성공했을 때 정당성을 부여해 주는 것이거든. '난 이 정도 실패를 거둔 후 이제 성공했으니까 이 성공을 스스로 만들어낸 것이라고 자부해도 돼!' 뭐, 이런 생각 말이야.

팀장 실패 없이 성공해야 더 자부심을 갖는 거 아닌가요?

소장 그렇지 않아. 가면 증후군이라고 있어. 가면 증후군Imposter Syndrome은 현재 가지고 있는 지위나 역할이 자신에게 과분하다고 생각하면서 나타나는 증후군으로, 성공한 사람들도 자신이 행운이나 기회를 잘 잡거나 주위의 도움을 받아서 된 것은 아닌가, 언젠가는 그 성공이 무너지는 것은 아닌가 하는 두려움이 있다고 해. 젊어서 빨리 성공한 사람이 자살하거나 그런 경우가 이에 해당되지. 많은 실패를 경험한 후 성공하였다면 이 가면 증후군에서 벗어날 수 있다고 봐.

팀장 일단 자주 시도하는 것이 우선이네요?

소장 도전을 확률 게임으로 봐야 해. 여러 번 시도하면 그중 한 번은 걸리잖아. 자주 시도하는 게 유리하지. 에디슨은 한 가지 작동법을 알아내기 위해 만 가지 작동하지 않는 방법을 먼저 알아냈다고 하잖아(I have not failed. I've just found 10,000 ways that won't work). 천재나 되니까 작동하지 않는 법 1만 가지를 발견하지. 우리 같은 평범한 사람은 수십 개, 수백 개 전에 작동법을 알아내겠지.

팀장 당연히 시도는 용기를 필요로 하겠죠?

소장 내게 있어 이 글은 어떤 면에서는 용기의 시험이기도 해. '자산＝자본＋부채'를 알고 있어서 이 공식을 '성장＝성공＋실패'로 바꿔 볼까 하고 속으로 생각만 하였지. 막상 쓸 용기는 나지 않았거든. 막연하게 머릿속 구상 속에서 어떤 식으로 논리를 전개해야 할지, 아니 이런 식의 논리 전개가 가능하기는 한지, 나 자신부터 의심이 들었기 때문이야.

팀장 듣고 보니 그러네요. 이런 주제가 글이 될 수 있을지 쓸 수는 있을지에 대한 회의를 극복하고 실제로 작성하는 것 자체가 용기라 할 수 있네요.

소장 이 글에서는 용기를 강조했지만 사실 난 용기보다는 오기를 더 좋아해. 용기는 '용기를 내다'에서 단순히 대응한다는 의미이지만, 오기는 '오기가 발동하다. 오기가 생기다' 등에서 용기보다 더 강한 적극성을 띠거든. 저항하는 용기, 맞서는 용기, 진실을 말하는 용기, 꼭 이기고 싶은 오기, 재한테는 절대 질 수 없다는 오기, 쟁취하고픈 오기, 꺾고 싶은 오기의 예를 보듯이 오기의 결기가 훨씬 강하지. 일반적으로 '오기를 부리다'처럼 부정적 의미로 쓰이긴 하지만, 승부욕을 자극할 때는 용기보다는 오기가 더 큰 힘을 발휘하는 것 같아.

팀장 오기로 버텼다는 말은 있어도 용기로 버텼다는 말은 없는 것으로 보아, 용기는 찰나적인 것이고 오기는 좀 더 지속적인 상태라고 봐도 상관없겠네요?

소장 오기를 잘만 활용하면 용기보다 폭발력이 더 큰 거 같아. 용기의 효과는 도전까지지만 오기는 적극적으로 그 결과까지 의욕하는 것이거든. 물론 그에 따르는 노력과 열정은 반드시 있어야 하겠지만.

팀장 다 좋습니다. 소장님은 용기의 원천을 뭐라고 생각하시는지요?

소장 '용기는 두려움을 없애는 것이 아니라 두려움에도 나아가는 것이다'라는 말이 있잖아. 이를 위해서는 좀 뻔뻔해질 필요가 있어.

팀장 뻔뻔해지다뇨?

소장 뻔뻔함은 이기적인 마음이며 한마디로 욕심이라고 할 수 있어. 이스라엘의 후츠파 정신이나, 마키아벨리의 『군주론』, 청말 민국 초기 이종오의 『후흑학』 등이 어떻게 보면 다 이 뻔뻔함에서 나왔다고 볼 수 있어. 욕심은 인간의 행동 또는 그 행동의 결과에 가장 큰 영향력을 끼친다고 할 수 있을 거야. 인간의 거의 모든 삶의 요소에 가중치를 주지. 평균 10~15%의 아이큐 상승을 가져오며, 집요함과 열정의 강도가 세어지고, 뻔뻔스러워할 상황에서도 자연스럽게 남 탓으로 돌리는 것이 가능하며, 도전하는 횟수가 늘고, 인내의 시간이 길어지며, 노력은 배신하지 않는다는 신념도 강하고, 남들에게 선택받기 위해 더 분투하며, 엉덩이를 의자에 더 오래 붙어 있게 하고, 친구와의 모임도 거리낌 없이 거절하게 만들어.

팀장 욕심과 뻔뻔함을 찬미하는 것 같은 느낌을 받네요.

소장 욕심의 이러한 특징으로 인해 재물욕, 출세욕, 권력욕, 승진욕,

명예욕, 승부욕 등이 체화된 자를 상대하려면 이들과 동등한 욕심으로는 가당치 않고 그들보다 2배 이상의 노력이 필요해. 그렇지 못하면 그들에게 질 수밖에 없지. 이기려면 먼저 뻔뻔해져야 할 수밖에. 어떻게 보면 뻔뻔함이 인간이 가질 수 있는 가장 큰 자산일 수도 있어.

팀장 끝으로 궁금한 게 있는데 아보리스트나 도장지 등 나무와 관련된 용어는 어떻게 아셨나요? 전 생소한 용어던데.

소장 아, 내가 십몇 년 전에 아파트를 한 채 샀지. 1층과 로열층 매물이 나왔는데 같은 평수인데 돈을 더 줄 필요는 없다는 생각에 1층을 샀어. 대신에 프라이버시 보호와 먼지, 소음 등을 막기 위해 발코니 앞에 있는 화단에다가 나무를 심었지. 10평 남짓인데 15년 동안 50여 종 200여 그루를 심은 것 같아. 물론 죽기도 해서 많이 교체했지만 그때 나무에 대해서 많이 공부했지. 다행인 건 식물학대죄가 없다는 거야. 있었으면 벌써 처벌받았을 거야. 나무를 심지 않았다면 지나가는 사람이나 차만 보일 텐데, 지금은 창밖으로 대나무가 살랑거리거든. 엄청 만족하지.

팀장 역시 소장님은 생각 자체가 다르시군요.

Episode 26   내가 생각하는 행복이란

행복이라는 단일 감정이 존재하는가

사람들은 행복을 자주 이야기한다. 행복을 인생 최고의 목표로 삼기도 한다. 하지만 행복은 너무 막연하다. 행복은 찾는 것인지, 아는 것인지, 깨닫는 것인지, 느끼는 것인지, 정복해야 하는 것인지, 잡는 것인지, 혼자서도 가능한 것인지, 남의 도움을 받아야 하는 것인지 등.

결론을 먼저 말하겠다. 행복은 인간이 가진 감정일 뿐이다. 즐거움, 기쁨, 슬픔, 분노, 불쾌, 만족 등 헤아릴 수 없이 많은 인간의 감정 중 하나인 것이다. 모든 감정이 생존에 필요하기에 존재하는 것처럼, 행복도 마찬가지이다. 다만 좋고 긍정적인 감정의 집합체라 할 수 있다. 즐거움, 기쁨, 만족 등을 아우르고 총칭하는 대표 상위 개념이다. 즐거움, 기쁨 자체가 인생의 목표가 아니듯 행복도 그 자체가 인생의 목적이 될 수는 없다. 삶을 살아가는 데 필요한 수단이며 과정일 뿐이다.

인간의 인지가 발달하고 언어 활동이 증가하면서 그 필요성에 의해 생긴 말이 행복이다. 그래서 지금과 같은 '행복'의 정의는 동양에서든 서양에서든 오래되지 않았다. 영어 happiness의 경우 가장 유명한 용례 중하나가 영국 공리주의를 대표하는 '최대 다수의 최대 행복'이다. 다수인의 삶의 목적을 한마디로 설명하기 위해서 이 '행복'이라는 단어가 필요하였던 것이다.

happiness를 일본 사람이 메이지 유신 무렵에 '행복幸福'으로 번역하였다. 우리나라에는 구한말 때 들어왔다. 그러니까 우리가 알고 있는 '행복'은 서양에서는 200년, 일본에서는 150년, 우리나라에선 100년밖에 되지 않은 것이다.

행복이란 말이 없었던 우리 조상들은 모두 행복하지 않았는가? 그건 아닐 것이다. 오복이라고 있었다. 다섯 가지 복이라는 뜻이다. 수壽(오래 사는 것), 부富(부유하게 사는 것), 강녕康寧(건강), 유호덕攸好德(덕을 좋아하고 베푸는 것), 고종명考終命(천수를 누리면서 깨끗하게 죽음을 맞이하는 것)이 그것이다. 福, 德, 運, 안빈낙도安貧樂道, 안분지족安分知足, 무위자연無爲自然, 유유자적悠悠自適도 있었다. 행복이라는 말은 없었어도 비슷한 개념은 있었다. 한반도에 살았던 수억 명의 조상들은 행복이라는 말을 몰랐어도 잘(?) 살았다. 세상 사는 데 전혀 지장이 없었다.

행복은 마음에 달려 있는가

행복의 사전적 의미는 '생활에서 충분한 만족과 기쁨을 느끼어 흐뭇한 상태'이다. 일단 행복해지려면 주관적으로 만족해야 하고 그로 인해 기쁨을 느껴야 한다. 주관적이라고 해서 마음만 먹으면 금방 행복해질 수 있는가?

행복은 행복감幸福感이라고 하지, 행복심幸福心이라고 표현하지 않는다. 그 이유가 무엇일까?

우선 감感과 심心의 차이를 알아야 한다. 감感은 일부 명사 뒤에 붙어 '느낌'의 뜻을 더하는 접미사다. '느낌'은 '몸의 감각이나 마음으로 깨달아 아는 기운이나 감정'으로 자각하고 인식하는 지적 활동의 결과다. 따라서 지식수준에 비례하여 느낌의 강도, 폭은 변할 수 있다. 사람마다 지식 차이가 있으므로 느끼는 정도도 차이가 날 수밖에 없다.

심心은 일부 명사 뒤에 붙어 '마음'의 뜻을 더하는 접미사다. '마음'은 '사람이 다른 사람이나 사물에 대하여 감정이나 의지, 생각 따위를 느끼거나 일으키는 작용이나 태도'로, 마음가짐만으로도 그 작용이나 태도의 결과가 달라질 수 있다.

감感	항목	심心
지적·경험적 요소	기본 속성	의지적·정서적 요소
좋은 감정인지 나쁜 감정인지 뚜렷하게 자각한다.	본인 인지 여부	무의식적으로 생겨나서 본인이 자각하지 못하는 경우도 많다.
본인의 의지 개입 정도가 제한적이다. 지식·경험(외부 변수)에 따라 변화한다. 지식과 경험에 비례한다.	본인 의지의 개입 정도	본인의 의지 개입 정도가 미치는 영향이 크다. 마음 상태에 따라 또는 본인 의지만으로 상황을 변화시킬 수 있다.
아는 것만큼 보이고, 보이는 만큼 느낀다.	관련 명구	모든 것은 마음에 달려 있다.

사람이 모두 행복에 젖거나 행복을 맛보기 어려운 이유는 '감'이기 때문이다. '감'은 깨달아 알아야 하는 것이다. 어떤 상태가 행복한 것인지를 i) 지식 습득, ii) 경험 축적 등을 통해 자각해야 한다.

그에 비해 '심'은 마음만 먹으면 가질 수도, 없앨 수도, 작게도, 크게도 할 수 있다. 자부심, 자존심, 자만심, 자긍심, 애사심, 애국심, 이해심, 배려심, 동정심 등은 말 그대로 마음먹기에 달렸다(저절로 우러나기도 함). 마음먹기란 어떤 일을 하거나 하지 않기 위해서 적극적으로 마음의 상태를 정하는 일이다.

'감'과 '심'은 '입체감'과 '양보심'을 통해서 쉽게 구별할 수 있다. 입체감은 입체적으로 느끼는 것을 말한다. 어떤 물체의 위치와 넓이, 길이, 두께를 가늠하는 감각이다. 이를 '입체심'으로 바꾼다면 '입체적인 마음', '입체적으로 보는 마음'이 되는데 이는 매우 어색하다. 입체적으로 보는 것은 마음이 아니고 기존 지식과 경험이다. '양보심'은 '양보하는 마음'이다. '양보심'이 '양보감'이 될 수는 없다. 양보하는 사람이 '내가 양보하는 느낌'이 든다면 부자연스럽다. 양보는 하거나 하지 않는 마음의 상태이지, 느끼거나 느끼지 못하는 감정의 대상이 아니다.

행복은 '행복감에 젖다', '행복감을 맛보다' 등에서 보듯이 '감'이다. 행복은 느끼는 것이지, 마음가짐으로 달라지는 것이 아니다. 마음이나 의지의 문제가 아니기 때문이다. 행복을 마음가짐으로 바꿀 수 있다면 행복을 조작하는, 억지 행복을 만드는 것이다. 행복에 대한 느낌이 전혀 없는 사람에게 느낌 몇 가지를 예로 들어주면서 "그러니 너도 느껴봐." 하는 것은 강요이며 속박이다. 아니 그 이상이다. 능력 범위 밖을 요구하는 행위이다. 이는 그 사람의 주체성, 정체성을 부정하는 것이다.

설사 욕심을 줄여서 행복해진다고 하더라도 이는 다음의 몇 단계가 생략된 것이다. 원래 하고자 하는 욕심에서 욕심을 낮춘다면 원래 욕심에 대한 포기이며, 이 포기에 대한 합리화가 이루어져야 한다. 이 합리화가 자신을 설득하면 만족하게 되고 나중에는 욕심을 낮추길 참 잘했다고 행복해하는 것이다. 이는 억지이며 궤변에 불과하다. 욕심을 낮추는 것은 행복으로 가는 길이 아니라 체념, 달관, 포기, 눈높이 맞추기, 분수 알기, 자신을 객관화하는 능력을 키운 것뿐이다. 욕심을 낮추는 것이 행복으로 간다는 것은 지나친 비약이다.

행복의 하위 개념 또는 행복을 이루는 요소라고 할 수 있는 기쁨(희열감), 즐거움(쾌감), 만족(감), 상쾌함(청량감), 안정(감) 등을 보면 더욱 또렷해진다.

마음먹기에 따라 즐거움이 크거나 작아지거나, 기쁨이 크거나 작아지거나, 청량감이 크거나 작아지거나, 안정감이 크거나 작아지지 않는다. 이들은 모두 '감'으로 끝나는 단어다. 그저 느낄 뿐이다. 고로 행복은 마음먹기에 달려 있다는 말은 성립하지 않는다.[1]

행복은 언제 평가하는가

행복은 어느 시점을 말하는 것인가? 매초, 매분, 매시, 매일 등으로 나눌 수 있는 것인가? 그 측정이 가능한 것인가?

행복의 사전적 의미가 '생활에서 충분한 만족과 기쁨을 느끼어 흐뭇한 상태'이기 때문에 하루에도 몇 번씩 행복감을 느낄 수 있다. 비 오는 날 창가에서 커피 한잔을 마실 때의 행복, 가을 햇살 아래에서 반려견과 산

....

1   물론 사람들은 자신의 경험을 통해서 또는 다른 사람의 조언을 듣고 행복한 상황이나 활동이 무엇인지를 알고 있다. 그래서 그러한 상황을 찾거나 행동을 재현한다. 행복한 행동이 무엇인지 예상하여 이를 추구하는 활동을 하는 것이다.

책하는 행복, 샤워 후 비누 냄새를 맡을 때의 행복 등 하루에도 몇 번씩 있는 일상 속의 소위 '소소한 행복'도 행복이라고 말하기도 한다.

방금 말한 예는 행복에 대해 일상의 소소한 행위를 '하나하나 개별적으로 완성된 행위로 보느냐' 아니면 '단지 행복을 이루는 인자로 보느냐'의 문제다. 물론 사람에 따라 다를 것이다. 각자 주관적으로 생각하는 행복관이 다르기 때문이다. 인자로 본다면 한 사람의 행복과 불행을 평가하는 시점은 언제일까?

승진에 누락되어 우울한 가장이 며칠 후 아들의 명문대 합격 소식을 들었다면 그는 행복한 것인가, 불행한 것인가? 처음에는 불행하였다가 곧 행복해진 것인가? 아들의 명문대 합격 소식이 먼저였다면 행복하였다가 다시 불행해진 것인가?

이 혼란스런 질문에 한 가지 관점은 제시할 수 있을 것 같다.

지금부터 몇십 년 전, 아마도 중국의 강택민 시절 때였다. 주임급 고위 공무원(중국의 주임은 우리나라의 장관급 공무원임)이 공금 수천억을 횡령한 혐의로 사형당하였다. 그는 죽기 전에 마지막으로 이런 말을 남겼다.

"나는 행복한 삶을 살았다. 수많은 여자와 사귈 수 있어서…."

나랏돈으로 중국의 배우, 미인대회 당선자, 아나운서 등과 수많은 염문을 뿌린 것이다. 호색한인 그가 한 여자와 오래도록 살았다면 행복하다고 말하진 않았을 것이다.

그의 발언은 우리에게 분명한 메시지 두 개를 던진다. 하나는 남자에게 있어 그 어떤 행복도, 미인과 그것도 수많은 미인과 사귄 것에 비할 바가 되지 못한다는 것이다. 또 하나는 행복은 죽기 전에 그동안의 삶을 되돌아보고 '인생을 살면서 많은 굴곡과 부침, 기복이 있었지만 그래도 난 행복했다'라고 스스로 내리는 최종 자기 평가란 것이다.

행복은 일일 점검표를 들고 매시간 '이 시간은 내게 행복했었나?'라고 체크하는 것이 아니다. 행복하다 또는 불행하다는 말은 죽기 전에 딱 한 번만 해야 하는 것이다. 굳이 일일 점검표를 작성해서 그 난을 채워야 한다면 기쁨, 즐거움, 만족 등으로 채워도 충분하다.

소소한 행복은 소소한 기쁨, 소소한 즐거움, 소소한 만족 등으로 대체되어야 한다. 따라서 '비 오는 날 창가에서 커피 한잔을 마실 때의 행복, 가을 햇살 아래에서 반려견과 산책하는 행복, 샤워 후 비누 냄새를 맡을 때의 행복'은 '비 오는 날 창가에서 커피 한잔을 마실 때의 즐거움, 가을 햇살 아래에서 반려견과 산책하는 기쁨, 샤워 후 비누 냄새를 맡을 때의 상큼함' 등으로 바꾸어야 한다.

소장 여기서의 핵심은 행복이 무엇인가가 아니고 '감'과 '심'의 구별이 야. 이 '감'과 '심'을 잘 구별하는 감만 익혀도 언어에 대한, 사고 에 대한 개념이 잡히지?

팀장 '감'과 '심'을 구별할 생각을 어떻게 하셨는지요?

소장 사람들은 행복은 마음에 달렸다고 강조하는데, 긍정적인 마음 을 가지라는 뜻으로 이야기하는 것일 거야. 하지만 사람들이 어 디 긍정적이기만 한가. 아니지. 부정적으로 마음먹는 사람도 많 잖아. '아, 난 뭘 해도 안 돼. 난 왜 이렇게 불행하지?' 하는 사람 에게 마음만 먹으면 된다는 식으로 해결책을 주지만, 사실 그들 에겐 씨알도 먹히지 않지. 그래서 '감'과 '심'을 구별해 본 것이고, 난 행복은 주관 또는 마음에 달려있다는 말에 반대해. 객관적으로 평가해줘야 한다고 생각해.

팀장 그러니까 그 사람이 '난 행복하다' 또는 '불행하다'라고 주관적으로 느끼는 것이 행복이나 불행이 아니라, 제삼자가 '당신은 행복한 사람이다' 또는 '불행한 사람이다'라고 평가를 해줘야 한다는 말씀인가요?

소장 꼭 그렇다는 이야기는 아니고 우리나라 사람 대부분은 행복하다고 봐. 흔히들 불행을 이야기할 때 사용하는 말인 상대적 박탈, 피해의식, 불평불만은 행복과는 범주가 다른 것이지. 그 사람들은 행복 안에서 일어나는 사소한 또는 소소한 일탈을 확대 해석한 거야.

팀장 그렇다면 소장님은 우리나라 국민 중 어느 정도가 행복한 사람이라고 보시나요?

소장 90% 정도. 내 생각에는 행복을 평가하는 인자는 개인이 느끼는 '불행하다' 또는 '행복하다'가 아니라 제삼자가 평가하는 그 사람의 성격이나 성향 또는 욕심의 문제로 보면 될 것 같아.

팀장 그렇게 바뀌면 뭐가 달라지나요?

소장 욕심 많은 A가 어느 정도 부와 명예를 얻었음에도 항상 자신은 불행하다고 말할 때, 제삼자 그러니까 주위 사람들이 '저 사람은 너무 욕심이 많아. 저 정도면 충분한데'라고 평가한다면 A는 자신이 느끼는 불행감에도 불구하고 객관적으로 행복한 것이라고 간주하는 것이지.

소장 정말 심오한 것인지, 궤변인지 저로서는 알 수가 없네요.

생각³

Episode 27

왜 성매매는 범죄가
아니라고 생각하는가

성매매처벌법을 찬성하는 자, 폐지하자고 주장하는 자 양쪽 주장 모두 일리 있다. 여기에서는 법률적 공방을 이야기하려고 하는 것이 아니다. 그것은 전문가들의 몫이다. 성매매 처벌을 반대하는 남자들의 논거를 몇 가지 정리하였다.

성적 평등주의의 실현

성매매특별법에서 말하는 '성매매 행위'란 불특정인不特定人을 상대로 금품 그 밖의 재산상의 이익을 수수授受·약속하고 성행위를 하는 것을 말한다. 이 경우에만 처벌되는 것이다. 쉽게 말하면 이 남자 저 남자 아무나 손님을 받는 매춘부와 그 매춘부와 성관계한 남자는 처벌하고 애인, 섹스파트너, 이성 친구, 내연 관계, 현지처 등이 있는 자는 아무리 돈이 오고 가도 처벌할 수 없다. 돈 많은 자가 여러 명의 첩을 두더라도 처벌하지 못한다. 돈이 있거나 장기적인 외도를 하는 자는 오히려 처벌하지 못하고 어쩌다 성욕에 굶주려 매춘 한 번 하는 자는 처벌받는다.

법 규정의 일관성 유지

혼인빙자간음죄와 간통죄는 이미 폐지되었다. 폐지된 죄명의 공통된 사유가 '성적 자기 결정권'이다. 성적 자기 결정권과 관련 있는 범죄 중 성매매처벌법만 아직 폐지되지 않았다.

성매매와 앞서 폐지된 혼인빙자간음죄와 간통죄 중 어느 범죄가 더 중할까?

성매매는 법정형이 1년 이하의 징역 또는 300만 원 이하의 벌금·구류 또는 과료형이고, 혼인빙자간음죄는 2년 이하의 징역 또는 500만 원 이하의 벌금형, 간통죄는 2년 이하의 징역형이다. 보통 죄가 중할 경우 그 법정 형량도 높다고 할 수 있으므로 간통죄가 가장 중하고 혼인빙자간음죄가 두 번째이며 성매매는 세 번째다. 그런데 중한 간통죄와 혼인빙자간음죄는 폐지되고 제일 약한 성매매처벌법이 버젓이 활개 치고 있다.

가정을 파괴하지 않는 행위가 오히려 사회악인가

죄질 면에서 비교해보자. 혼인빙자간음죄는 죄명에 사기, 속임, 기만을 내포하고 있다. 빙자한다는 것이 그 뜻이다. 단순히 금전적 거래만 오가는 성매매보다 훨씬 죄질이 불량하다.

간통죄는 어떤가? 간통은 이혼을 전제로 처벌할 수 있었다. 부부가 이혼에 이르게 된 사유는 가정을 더 이상 유지할 수 없는 중대한 사유가 발생하였기 때문이다.

남자가 성매매(매춘, 오입)하였다고[1] 배우자가 이혼하는 경우는 매우 드물다. 성매매의 경우 대부분 용서한다. 반면에 간통죄는 좀 다르다. 가정을 파괴할 수 있다. 배우자와 자녀 모두 말할 수 없는 정신적 트라우마를 겪을 수 있다. 간통죄의 죄질이 세 범죄 중 가장 중하다고 할 수 있다. 그럼에도 이 범죄는 폐지되었다. 배우자와 가족이 용서하는 성매매는 국가

....

1   성매매도 간통죄에 포함되지만, 대부분 간통죄로 고소하지 않았다.

가 처벌하고, 배우자가 용서 못 하는 간통죄는 왜 폐지하였는지 이해할 수 없다.[2] 성매매의 경우에도 배우자와 가족이 울고불고 난리 치고 해야 폐지할 것인가?

피해자 없는 범죄의 비범죄화 경향에 부응하는가

혼인빙자간음죄의 경우 명백한 피해자가 있다. 혼인을 전제로 사귀었으나 혼인할 의사 없는 가해자로부터 정조만 유린당한 자가 피해자이다. 분명 직접적인 피해자가 있음에도 이 죄는 폐지되었다. 간통죄는 직접적인 피해자는 없다. 배우자는 간접적인 피해자이다. 간통죄 역시 폐지되었다. 성매매의 경우에는 간접적인 피해자도 없다. 간통죄를 범한 사람의 배우자는 자신이 피해자라고 생각할 수 있지만, 성매매를 한 사람의 배우자는 자신이 피해자라고 인식하지도 못한다.

결국 직접적인 피해자가 있는 혼인빙자간음죄가 제일 먼저 폐지되었고, 간접적인 피해자만 있는 간통죄가 두 번째로 폐지되었다. 피해자가 전혀 없는 성매매는 아직도 처벌이 건재하다. 세계는 피해자 없는 범죄는 비범죄화하고 있다.

우리의 성매매 처벌을 국제 인권 기구에서도 우려의 시각으로 바라보고 있다. 국제사면위원회의 활동 보고서가 그렇다. 2015. 8. 11. 더블린에서 열린 정책 결정 포럼에서 국제사면위원회는 당사자가 합의한 성매매의 모든 측면을 완전히 비범죄화하는 것을 권고하는 결의안을 승인했다. 국제사면위원회는 연구 조사 결과 비범죄화가 성매매 종사자들의 인권

....

2   사회적 법익이냐, 개인적 법익이냐의 차이는 있다.

을 보호하는 가장 좋은 방법인 것으로 나타났다고 밝혔다.

성적 자기 결정권의 주체는 누구인가

인권 단체는 성매매 여성들이 사회적, 경제적 약자라고 한다. 성적 착취를 당하는 피해자라고 한다. 피해자란 피해를 입은 사람이다. 성매매 여성이 성관계한 것만으로는 어떤 경우에도 피해자가 될 수 없다. (물론 성매매 여성이 돈을 받지 않고 성관계를 할 리가 없겠지만) 돈을 받아야만 피해자가 된다. 상식적으로 생각했을 때 돈을 받지 않거나 돈을 받지 못하는 것이 피해자이지, 돈을 받는 것이 어떻게 피해자란 말인가?

피해자는 자신이 피해자임을 거의 지각한다. 그리고 피해자임을 다른 사람들에게 호소한다. 성매매 여성이 피해자라고 주장하는 경우가 있는가? 대부분 인권 단체에서만 그들을 피해자라고 단정할 뿐이다.

피해자가 피해자임을 모를 경우가 있다. 지능이 떨어지거나 의식이 없을 때이다. 이들은 국가기관이나 다른 사람들이 피해자로 특정해준다. 성매매 여성이 지능이 떨어지거나 의식이 없는 경우는 아니다.

정상적인 사람들 사이에서 서로 가해자와 피해자가 누구인지 모르는 경우가 있다. 교통사고가 그렇다. 교통사고는 과실범이다. 과실범은 이쪽 과실 몇 %, 저쪽 과실 몇 % 등 분배해서 과실이 큰 쪽을 가해자, 과실이 작은 쪽을 피해자라고 규정한다. 성매매는 고의범이다. 이에 해당하지 않는다.

성매매 여성들을 성적 자기 결정권의 주체로 인정함이 타당하다. 성매매 여성이 돈을 받지 않고 성관계를 맺으면 성적 자기 결정권의 행사이고, 돈을 받으면 성적 자기 결정권이 아니라는 논리는 해괴하다. 돈을 받을지 받지 않을지도 결정권이고, 그 후의 행위도 결정권에 포함된다. 결정권은 돈에 따라 결정되는 것이 아니다. 오로지 명료한 정신 상태에서 결정하면 된다.

부적절한 용어의 사용
• 관공서 또는 공공기관의 명칭에 관하여

많은 사람이 여성가족부의 영문 명칭에 당연히 woman, women 또는 feminine 등의 단어가 들어가는 것으로 알고 있다. 그런데 여성가족부의 공식 영문 명칭은 The Ministry of Gender Equality and Family이다. The Ministry of Gender Equality라면 (양)성평등부 정도로 해석이 가능할 것이다. 여성가족부 산하 단체에 한국양성평등교육진흥원이라는 기관이 있다. 영문 명칭은 Korean Institute for Gender Equality Promotion and Education(KIGEPE)이다. 여기에서는 양성을 Gender Equality로 쓰고 있다. 모기관과 산하기관의 영문 명칭은 동일한데 국문 명칭이 일치하지 않는다. 산하기관이 모기관의 명칭을 준용해야 할 것이므로 '한국여성평등교육진흥원'으로 부르는 게 맞을 것이다. 만약 여성가족부의 영문 명칭을 모르는 한국인 번역가가 여성가족부와 한국양성평등교육원을 영문으로 번역한다면 영문 명칭이 달라질 것이다.

관공서 또는 공공기관, 국가의 지원을 받는 공공 단체는 그 직명을 선택하는 데 있어서 주의를 기울여야 한다.

남자 1　　나 오늘 해바라기 하러 가.

남자 2   똘똘이에 다마 박는 거 말이지?

남자 1   응, 야매로 하는 데가 있대.

이 두 남자의 대화는 거의 은어나 속어로 이루어졌다. 똘똘이는 남자 성기를, 다마는 구슬을, 야매는 불법(시술) 등을 뜻한다. 물론 해바라기도 그들 사회에서 은어이다. 남자 성기에 실리콘 등의 구슬을 넣어서 울퉁불퉁하게 만드는 것이다. 보통 여자를 만족시키기 위한 목적으로 하는데, 정면에서 보면 해바라기 모양같이 생겼다고 해서 그렇게 부른다. 이 해바라기라는 은어는 남자들 사이에서 절반 정도 알고 있다.

성폭력 피해자를 돕는 기관에 해바라기센터가 있다. 설립 취지야 더할 나위 없이 좋다. 사회적 약자라고 볼 수 있는 성폭력 피해자를 상담하고 치료하고 있기 때문이다. 그런데 이름이 하필 해바라기라니. 해바라기라는 은어를 알고 있더라도 해바라기센터의 존재 자체를 대부분이 모르기 때문에 어물쩍 넘어가겠지만, 추후 사람들이 해바라기센터의 존재를 알게 된다면 얼마나 웃을 일인가?

• 성매매라는 표현에 관하여

매매賣買의 사전적 뜻은 물건을 팔고 사는 것이다. 민법에서 매매賣買라 함은 당사자의 일방(매도인)이 어떤 재산권을 상대방에게 이전할 것을 약정하고 상대방(매수인)은 이에 대하여 그 대금을 지급할 것을 약정함으로써 성립하는 낙성, 쌍무雙務, 불요식의 유상 계약有償契約이다.[3] 이때 매도인은 목적물을 완전히 매수인에게 인도할 의무를 부담한다. 즉 ① 소유권

....

3   민법 제533조

그 자체를 이전해야 한다. ② 권리 변동의 효력 발생 요건으로서의 등기를 이전해 주어야 한다. ③ 모든 권리 증서와 그밖에 이에 속한 서류를 인도하여야 한다.

여기서 재산권이라 함은 소유권을 비롯한 물권, 채권, 무체 재산권, 영업권 및 특별법상의 광업권, 어업권, 특허권, 저작권과 공법적 성격을 가진 수리권, 하천 점유권 등을 모두 포함한다. 생명, 신체, 자유, 정조, 성명 등을 목적으로 하는 인격권은 비재산권이다.[4]

성이 물건이거나 무형의 재산이라는 말인가? 성을 판다면 도대체 무엇을 판다는 것인가? 섹스할 권리, 성욕의 표현, 성기 사용, 아니면 성기 자체를 파는 것인가? 잠시 빌리는 것인가? 너무나 애매하고 아리송하다. 성이 물건인지, 무형의 권리인지, 무엇을 말하든지 간에 팔면 그 소유권이 상대방에게 이전된다. 그렇다면 성을 팔면 그 성을 산 사람에게 성의 소유권이 이전된다는 말인가?

성매매는 특이한 현상이다. 여성의 성기는 여러 부분으로 구성되어 있다. 대음순, 소음순, 음핵, 질, 자궁 등…. 자궁의 경우 매매라는 말을 쓰지 않는다. 대리모 임신과 관련해서 자궁 대여라는 말은 쓰고 있지만, 자궁 판매나 자궁 매매라고 하지 않는다. 자궁 대여는 성매매에 해당하지도 않는다. 난자 매매라는 말은 사용한다. 난자는 적출되기 때문이다. 신체에서 분리할 수 있는 것이다.

성교에서 필요한 부위는 질膣이다. 성매매는 질을 매매하는 것인가? 질이 몸에서 적출되거나 분리될 수 있다는 말인가? 같은 성기를 이루는 부

....

4   네이버 지식 백과

분임에도 질은 매매의 대상이고 자궁은 대여의 대상인 이유는 무엇인가? 질은 빌리는 시간이 길어야 몇 시간이지만 자궁은 10개월이다. 짧은 기간을 매매라 하고 훨씬 장기간을 대여라고 하는 것에 대한 어떤 기준이 있는 것일까?

성매매 시 남자가 사정한다면 정액은 몸에서 분리될 수 있기에 매매가 가능하다. 그런데 남자가 여자에게서 돈을 받는 것이 아니라 여자가 정액을 받음에도 돈을 받는다. 남자 입장에서는 정액을 줌과 동시에 돈도 주는 것이다. 희한한 일이다.

백번 양보해서 매매라는 말을 쓸 수 있더라도 문제는 남는다. 매매의 한자에 유의할 필요가 있다. 賣와 買는 음이 같다. 뜻은 각각 '팔다'와 '사다'이다. 그런데 賣의 경우에는 선비 사士 자가 들어 있다. 물건을 파는 사람에게 물건을 사는 사람보다 엄격한 윤리성을 요구하고 있다. 양심 또는 책임감을 부여하고 있는 것이다. 요즘으로 치면 물건을 파는 사람에게 상도의商道義나 상도덕商道德을 요구하는 이치와 같다.

성을 파는 사람이 성도의가 있어야 한다. 성은 정조권이라 볼 수 있고, 정조권은 비재산권이므로 팔아서는 안 되는 것이다. 돈이 필요해서, 생계를 유지하기 위해서 성을 팔더라도, 성 매수자에게 불이익이 가게 해서는 안 되는 것이다. 애초에 팔 수 없는 것이면 팔지 말아야 한다. 매매에서 賣가 앞서 있는 이유도 그러한 연유 때문이다. 파는 사람이 있으니 사는 사람이 있는 것이지, 사는 사람이 있으니까 파는 사람이 있다는 말은 본말이 전도된 것이다. 성 매수자를 설득할 것이 아니라 성 판매자를 설득하고 통제해야 한다. 우리 사회는 판매자에게 더 높은 도덕성을 요구하고 있기 때문이다.

이렇듯 성이라는 말과 매매라는 말의 조합은 있을 수 없다. 일종의 비유 또는 은유적인 표현이 법률에 편입된 것이다. 그럼에도 '성매매특별법에… 성매매한 자는….'이라고 구성 요건의 하나로 적시하고 있으니….

• 법 조문의 문제점에 관하여

성매매특별법에서는 구강, 항문 등 신체의 일부 또는 도구를 이용한 유사 성교 행위를 성교 행위와 같이 처벌하는 규정을 두고 있다. 국어사전에서는 성교를 남녀가 성기性器를 결합하여 육체적 관계를 맺는 행위라고 정의하고 있다. 성교의 정의 자체에서 성기의 결합을 요구한다. 따라서 한쪽이 성기이고 다른 한쪽은 성기 이외의 신체 부위이거나 도구일 경우의 결합은 성교가 아니다. 고로 유사 성교는 성교가 아니다.

한자 단어는 사전적 뜻풀이를 하더라도 문맥상 이상하지 않아야 한다. 예를 들면 '국란 극복'은 국란(나라 안에서 일어난 난리)과 극복(악조건이나 고생 따위를 이겨냄)을 그대로 풀어써도 이상하지 않다. '나라 안에서 일어난 난리를 악조건 속에서도 고생하며 이겨냄'으로 자연스럽다. 그런데 유사 성교는 그렇지 않다. 유사(서로 비슷함)와 성교(남녀가 성기를 결합하여 육체적 관계를 맺는 행위)는 '서로 비슷하게 남녀가 성기를 결합하여 육체적 관계를 맺는 행위'로 매우 어색하다. 굳이 말을 만들자면 성교가 유사를 수식해야 한다. '성교 유사 행위'로 하면 될 것이고, 뜻은 '성교는 아니지만 일면 성교로 볼 수 있는 비슷한 행위'이다.

유사類似는 비슷할 뿐 완전 같지는 않다. 유사 뒤의 명사는 가짜이므로 진짜로 인정하지 않는다. 유사 종교는 종교로 인정하지 않는다. 유사는 의사擬似(실제와 비슷하다)와 같은 뜻이다. 의사 콜레라는 진짜(진성) 콜레라가 아니기 때문에 국가 방역 당국은 기뻐해야 할 일이다. 의사 콜레라로 밝혀지면 보건 당국이 할 일은 없다. 유사 성교는 실제 성교가 아니기 때문에 국가나 배우자가 안도해야 한다. 가짜 성교이므로 국가가 관여할 일이 아니다. 유사 종교는 종교의 탈을 썼지만 종교가 아니다. 자신들은 진짜 종교라 강변하지만 사이비로 규정한다. 유사 성교는 성교의 탈을 썼지만 성교가 아니다. 성교로서 인정할 수 없다. 개인이 유사 성교를 성교라 우겨도 국가는 사이비 성교라며 성교로 인정하지 말아야 한다.

유사 행위를 처벌해야 할 경우가 있다. 유사 행위를 처벌하려면 정상 행위(진짜 행위)에 대한 관계 법령을 만들어 개념을 정의하고 그 정의에 의한 행위를 벗어나지 않도록 규제 또는 진흥하는 방법으로 엄격한 통제가 가능해야 한다. 정상 행위는 보통 인허가를 받거나 등록 신고하는 등 자격을 갖추어야 한다. 유사 행위는 이 자격을 갖추지 않았거나 허가받은 범위 밖의 행위를 하는 것이다. 자격을 요하는 이유는 유사 행위로부터 국민의 건강과 생명, 재산을 보호하기 위해서이다. 유사 수신 행위, 유사 의료 행위, 유사 석유[5]가 대표적이다. 유사 수신 행위는 피해 인원이 다수이고, 피해 규모가 크며 국가 금융시스템을 교란시키고 서민의 경제적 안정을 파괴할 우려가 있기 때문에 처벌하는 것이다. 성교를 정의하고 통제하고 감독하는 법령이나 기관이 있는가? 정상 성교를 위한 인허가나 등

....

5   유사 수신 행위만이 법률상 용어다. 유사 의료 행위, 유사 석유는 통상적으로 사용하는 말이다. 유사 석유를 법에서는 가짜 석유라고 한다.

록 등 자격조건이 있는가? 유사 성교 방치 시 국민의 성교 시스템을 교란시키는가? 손이나 도구, 항문 등을 이용한 행위가 다수의 인원이 피해를 입거나 피해 규모가 큰 것인가?

유사 의료 행위는 국민의 생명 또는 건강을 위협하기에 당연히 국가가 규제해야 한다. 성매매녀의 손이나 구강으로 성매수남의 성기를 애무하는 행위가 국민 건강을 해칠 사항인가? 유사 석유 또한 국민의 생명 재산에 중대한 손해를 끼칠 수 있는 행위라 단속하는 것이다. 유사 성교가 국민의 생명과 재산에 손해를 끼치는 행위인가?

> 일본은 성기 간의 결합만 처벌한다. 우리가 말하는 유사 성교는 처벌하지 않는다. 성매매라는 말도 사용하지 않는다. 매춘賣春이다. 매춘이기에 성을 판매하는 여자만 처벌한다. 중국은 우리의 성매매에 해당하는 단어로 성교역性交易 또는 매음賣淫을 쓰고 있다.

이러다간 요즘 여자들이 불쾌해하는 '시선 강간'도 유사 강간의 법 조항에 넣는 것은 아닌지 심히 우려된다. 같은 이치로 팩트 폭력은 폭력 행위 등 처벌에 관한 법률에서 유사 폭력으로, 임신 공격(결혼하거나 확실하게 자기 사람으로 만들기 위해 고의로 임신시키거나 임신을 하는 것)은 유사 상해(죄)로, 패션 테러는 유사 테러로, 페미 파쇼는 유사 파쇼로, 인격 살인은 유사 살인으로, 동심 파괴는 유사 손괴죄로 각각 처벌될지 모른다. 법이 언어유희에 놀아나는 느낌이다.

피해 회복을 위한 노력이 없다

보통 피해자가 있으면 가해자가 있기 마련이고 그 가해자는 법적 처벌을 받지 아니하거나 경감받기 위해 피해자와의 합의 또는 위자료 등으로 그 피해를 변제하고 있다. 그런데 지금까지 피해자라고 하는 성매매 여성과 가해자라고 볼 수 있는 성 매수 남성 간에 피해 변제에 관한 합의를 하였다거나 위자료를 주었다는 이야기, 또는 가해자인 성 매수자 가족들이 피해자인 성매매자 또는 그 가족에게 용서를 빌었다는 사례를 들어본 적이 없다.

다만 법원은 지적장애가 있는 10대 소녀를 성 매수한 남성에게 정신적 피해를 인정해 위자료를 지급하라는 판결을 내린 적이 있다. 1심 법원은 지적장애자가 자발적인 성매매를 하였다고 인정하여 위자료 청구를 기각한 바 있다. 이는 정상적인 지적 능력을 가진 여자가 자발적으로 성매매를 한 경우에 대한 정신적 피해는 인정하지 않는다는 취지인 듯하다.

자본주의 사회에서 참 아이러니한 것이 성매매다. 보통 피해자가 된다는 것은 금전적 피해를 입은 경우가 대부분이다. 그런데 성매매는 금전적 피해를 입지 않는다. 화대를 받기 때문이다. 피해자(성매매자)가 금전적 피해를 입지 않으면 가해자(성 매수자)는 처벌되고, 피해자가 금전적 손해를 입으면, 즉 화대를 받지 않으면 가해자는 처벌되지 않는 불합리한 일이 일어나는 것이다.

성 매수자가 우월적 지위에 있거나 경제적 강자인가

성매매의 대가성은 기껏 몇만 원에서 몇십만 원 정도다. 거래 규모가 크지 않다. 이 거래 대금을 가지고 한쪽을 경제적 약자, 다른 쪽을 경제적 강자라고 구분하는 것은 우스울 따름이다. 물론 성 매수자 중에서는 돈이 많은 사람이 있을 수 있다. 그러나 그들은 첩, 애인, 장기적인 섹스파트너, 스폰서 등을 두며 일반적인 성매매는 거의 하지 않는다. 성매매하는 대부분은 그저 그렇고 그런 서민들이다.

돈이 없는 사람이 성욕을 해소하기 위하여 돈을 모아서 성관계를 하더라도 이 사람이 경제적 강자라고 할 수 있는가? 강남의 성매매녀는 명품 가방에 명품 옷을 걸치고 벤츠 타고 다니는 경우가 허다하다. 성매매녀 – 경제적 약자, 성 매수자 – 경제적 강자의 도식은 성립하지 않는다. 성매매녀나 성 매수자 모두 사회적 약자임에도 처벌하고 있다. 벌금을 부과하고 사회적 망신을 주며 교육을 시키고(존슨 스쿨) 있다.

누가 가해자인지는 피해자에게 물어보라

일부 여성단체에서는 성매매자를 피해자라고 하는데 그럼 그 피해자들을 상대로 설문 조사를 하면 된다. 피해라는 말은 해를 입는다는 뜻이다. 그것이 물질적인 것이든 정신적인 것이든 상관없다. 아무 말 없이 돈을 주는 성 매수 남자가 가해자인지, 사사건건 업무를 방해하며 생존권을 위협하는 여성단체 회원들이 가해자인지를, 여성단체들이 줄곧 피해자라고 하는 성매매녀에게 물어보면 된다. 피해자들이 정신적·물질적 피해를 보았다며 위자료를 청구한다면 그 대상은 성 매수 남자인지 여성단체인지 그들에게 물어보면 알 일이다.

성 노동자로 인정할 때가 되었다

사회적 약자라고 주장하는 사람들의 말대로 성매매 여성들이 피해자라면 피해자의 말을 존중해 주는 것이 옳지 않겠는가? 그들이 말하는 사회적 약자가 노동자로 인정해 달라는데 왜 주저한다는 말인가? 우리나라는 국가가 성숙해지면서 사회적 약자에 대한 법과 제도를 많이 시행하고 있다. 대부분 사회적 약자의 주장에 대해서는 공론화를 거쳐 그들의 편에 서는 쪽으로 정책을 펴왔다.

성매매자의 성 노동자 인정은 성매매녀 자신들이 주장하고 있고, 선진국에서도 많이 시행하고 있으며 국민적 합의도 그리 어렵지 않다고 본다. 그들의 주장을 받아들여 성 노동자로 인정하고 세금을 납부하도록 하며 건강검진도 받게 하여 성병 없는 국가를 지향해야 할 것이다. 수많은 남성을 성매수범의 굴레에서 벗어나게 해야 한다.

소장　이 글은 내 상식과 지식으로 도저히 이해가 안 돼서 썼지.

팀장　소장님과 반대되는 의견을 가진 사람도 많잖아요?

소장　본문에서도 대충 나온 것 같은데, 남자가 성매매하면 가해자, 여자가 하면 피해자라는 식으로 말이야. 보통은 불법한 것을 사려는 사람보다 팔려는 사람을 처벌하거나 둘 다 처벌해도 팔려는 사람을 더 강하게 처벌하는데 성매매의 경우는 반대이지. 하여간 좀 뭔가 이상해. 우리나라는 여권운동 정말 편하게 했지.

팀장　그건 또 무슨 말씀이신가요?

소장　우리나라는 여권운동, 페미니스트 운동이 일천하여 자신들에게 유리한 것만 받아들였지만, 서양에서는 그러지 않았어. 성매매 여성을 자신들과 동등하게 하려고 한 것이 아니라 자신들이 성매매 여성과 동등하게 되려고 노력하였지. 즉 보통의 일반 여자들이 자신을 창녀, 갈보, 매춘부 등으로 불렀지. 성매매 여성들과 동등해지겠다는 의도로. 물론 이것도 좋은 결과는 얻지 못하여 곧 없어지긴 했지만 우리나라는 최소한 그런 노력도 안 했다는

　　　　　　　　　　　　　　　　　　　　　　　　　　　생각³

거야. 우리나라에서는 영화에서나 가능했지만.

팀장 영화에서는 가능했다니요, 그게 뭔데요?

소장 '파란 대문'이라는 영화가 있어. 아마도 김기덕 감독이 만들었을 거야. 하숙집이 있는데 그 하숙집에는 주인집 딸인 여자 대학생 과 같은 나이의 몸 파는 여자가 같이 살고 있었지. 그 대학생은 그 몸 파는 여자를 속으로 경멸하지만 나중에는 그 여자의 처지 를 이해하게 돼. 얼마 안 있어 몸 파는 여자가 아파서 그 일을 할 수 없게 되자 그 여자 대학생이 대신 몸을 팔아. 이로써 일반 여 성과 몸 파는 여성이 하나가 된 것이지. 진정으로 동질감을 느낀 것이고 동등해진 거야. 그 반대의 경우는 성립하지 않아. 그 반대 의 경우라 함은 몸 파는 여자가 대학생이 되는 것일 텐데, 현실적 으로 이게 가능하더라도 주인집 여자 대학생이 더 반발하겠지. 어떻게 같은 대학생이냐고.

팀장 보통 평등은 사회적 약자들이 사회적 강자를 상대로 요구하잖아 요? 가진 것을 내놓으라는 식으로요. 그런데 이 성매매 관련해서 는 이 원칙이 아니 이 주장이 그대로 받아들여지지 않는 것 같아 요. 일단 여성단체가 주장하는 사회적 약자가 성매매녀라고 가 정했을 때, 강자는 누구인지 명확하지 않아요. 성 매수 남자라는 것인지 아니면 같은 여자임에도 성매매를 하지 않은 여성이라는 것인지 알 수가 없어요. 그 강자가 일반 여성이라고 하였을 때 성 매매녀가 그 여성들에게 자신들과 동등해지라고 요구하면 어떻 게 되겠어요? 다시 말해 성매매녀가 일반 여자와 동등해지려는 것이 아니라 반대로 성매매녀가 일반 여자로 하여금 너희들이 우리들하고 동등해지려고 노력하라고 주장한다면 어떻게 하겠느냔 말입니다.

소장 오, 논리 전개가 그렇게 되는 건가.

'갓길'은 잘못된 언어 순화이다

가끔 사람들의 편의를 위한다는 생각으로 만든 제도나 규정이 사실은 전혀 생각의 산물이라고 볼 수 없는 경우가 있다. 생각지도 못한 여러 요인을 미처 확인하지 못한 것이다.

'갓길'이라는 단어가 있다. 원래는 노견路肩이었다. 영어 'Shoulder'를 일본에서 번역한 말이다. 우리나라도 노견으로 쓰다가 잠시 '길어깨'로 바꾼 후 '갓길'로 순화하여 정착이 된 듯하다.

노견은 현재 쓰지 않고 있으며 대신 도로교통법 제60조 제1항에 갓길 통행금지 규정을 두면서 갓길이라는 명칭을 쓰며 갓길은 도로법에 따른 '길어깨'를 말한다고 규정하고 있다. 한편 도로법 하위 법규인 국토교통부령 '도로의 구조·시설 기준'에 관한 규칙 제2조 제29호에 '길어깨'는 '도로를 보호하고 비상시에 이용하기 위하여 차도에 접속하여 설치하는 도로의 일부분이다.'라고 되어 있다. 비상 통행이나 비상 정차를 할 수 있도록 한 곳이다.

'Shoulder'를 갓길로 번역해 쓰자는 생각은 전혀 생각을 안 한 것처럼 보인다.

  i) 갓길은 사람들에게 무의식적으로 '길'로 인식될 가능성이 높다. 길

어깨는 차도의 일부, 부속 구조물로 여겨지나 갓길은 차도와는 별개로 있는 보조길 또는 샛길, 즉 한 개의 도로가 차도와 갓길, 둘로 나뉘는 인상을 받는다.

도로는 맨 밑의 노상路床, subgrade과 중간 부분인 노반路盤, road bed, 도로 가장자리인 노견Shoulder 등으로 구성된다. Shoulder는 도로 시설의 일부이다. Shoulder를 원어에 가깝게 노견 또는 길어깨로 번역하면 길로 인식될 확률이 확실히 낮아진다.

ii) 길어깨를 규정하고 있는 법은 도로법(엄격히 말하면 국토교통부령)이고, 갓길을 규정하고 있는 법은 도로교통법이다. 두 법은 소관 부처가 다르고 제정 목적이 다르다. 도로법은 도로의 시설 기준, 도로의 관리, 보전 등이 주목적이고 도로교통법은 원활하고 안전한 교통 확보에 있다. Shoulder는 도로법과 관련된 용어이다. 도로가 먼저 생기고 차가 운행하는 것이 순서이듯 도로법이 도로교통법보다 먼저 제정되었다. 도로교통법은 도로법의 도로 시설 명칭을 준용해야 한다. 그런데 도로법에 있는 명칭인 '길어깨'를 놔두고 도로교통법에서는 아무런 근거 없이 갑자기 갓길로 명칭을 변경하였다.

iii) 철도의 선로 양쪽 끝을 영어로 Shoulder라고 하고 우리말로는 노견이라고 한다. 철도는 노견 → 길어깨 → 갓길의 명칭 변화를 보이지 않고 있다. 항상 노견으로 불렀다. 굳이 도로만 갓길로 고쳐 불러야 할 이유가 있는가?

iv) 노견 또는 길어깨를 갓길로 바꾼 이유는 일반 국민들이 쉽게 이해하도록 하기 위해서였을 것이다. 운전자는 면허증을 소지한 운전 전문가이다. 음식점을 차리는 자는 식품위생법 등의 내용을 숙지해야 하듯 도로를 운전하는 자는 도로법이나 도로교통법 등 관련 법 규정을 숙지해야 한다. 노견이 전문가가 사용하기에 그렇게 어려운 용어인가?

v) Shoulder는 와인병이나 맥주병에서도 쓴다. 병목과 병 몸체 사이 곡선 부분을 Shoulder라고 한다. 우리말로는 '병어깨'라고 부른다. Shoulder를 분야마다 다르게 새로운 우리말 단어로 만드는 것보다는 이왕이면 같은 용어로 통일시키는 것이 낫지 않겠는가? 따라서 갓길은 길어깨라 해도 괜찮을 듯싶다.

노견과 길어깨는 가능해도 갓길은 어떤 이유에서든 타당하지 않다. 노견은 (한때는) 한·중·일 3국 공통으로 사용하던 단어이며, 길어깨는 Shoulder를 충실하게 우리말로 번역한 것이다. 100만 단어가 넘는 어휘력을 자랑하는 영어와 한자가 Shoulder와 노견을 쓰는 이유가 있는 것이다. 길이 아니므로 길로 읽혀서는 안 되기 때문이다.

국민 생활의 불편을 덜어주겠다는 생각은 올바른 생각이라 할 수 있다. 하지만 길로 착각할 수 있는 용어를 법에 규정하는 것은 분명 문제가 있다. 언어가 아무리 사회적 약속이라고 하더라도 도로법에서는 길어깨, 도로교통법에서는 갓길로 하자고 정할 수는 없다. 이미 도로법에서 길어깨를 이렇게 정의하자고 사회적 약속을 하였기 때문이다. 같은 사물 또는 사안을 법마다 달리 불러야 할 이유가 있는가? 갓길은 깊은 사유의 소산이라고 보기 어렵다.

단어는 한자에서 한글로 쉬운 말로 바뀐 듯하나 이렇게 난점이 있음에도 굳이 고쳤어야 했는지 의심스럽다.

소장 노견을 갓길로 고쳤을 때 너무 이상해서 이 글을 쓴 거야. 고쳐야 할 이유가 전혀 없거든. 토목 건설 용어 중에서 비계飛階도 안 고치잖아. 비계도 '나는 계단'으로 고쳤어야지.

팀장 비계는 사람들이 잘 모르고 노견은 대부분이 잘 알고 있어서 고친 게 아닐까요?

소장 이 말이 바뀌게 된 연유는 잘 모르겠는데, 아마도 시초는 이랬을 것 같아. 가족이 차를 타고 고속도로를 이용하여 놀러 가던 중 이제 막 한글을 익힌 딸이나 아들이 고속도로 길가에 표시된 '노견 운행금지'를 보고 '아빠 노견이 뭐야' 질문했을 것이고, 대답이 궁한 아빠는 대충 둘러댔다가 화가 났겠지. 말을 어렵게 적어놔서 자신도 아이도 이해하지 못해서 말이야. 방송 매체 등에 사연을 올렸겠지. 이에 일부 국민들 사이에서 공감대가 형성되어 바꾸게 되었을 것 같아. 이건 순전히 내 추측이야. 난 갓길은 태어나서는 안 될 말이었다고 봐.

팀장 생각을 너무했거나 생각을 아이디어 창의성 차원에서만 한 것 같아요. 모든 것을 고려한 판단 차원의 생각을 했어야 했는데 말이죠.

소장 나무위키를 보면 길어깨가 깍두기처럼 조폭이 연상이 되어서 갓길로 바꾸었다는 이야기도 있던데, 그럼 진짜 깍두기도 다른 말로 바꾸어야지. 깍두기는 조폭이 진짜로 연상되는데, 정작 깍두기는 그대로 두고 어쩌다 연상되는 언어에 불과한 길어깨를 바꾸다니.

생각³

팀장 그런데 이 글은 일부는 동의하고 일부는 동의하지 않을 것 같다는 생각이 드는데요?

소장 이 글을 쓴 후 내가 틀릴 수도 있다고 생각해서 주위 사람 10여 명 정도에게 물어봤지. 그랬더니 9명은 내 의견에 찬성하고 1명 정도는 뭐 법에 그렇게 명시하면 되지 뭐가 문제냐는 식으로 답변한 사람도 있었지.

팀장 100% 동의하는 것은 아니군요?

소장 그중에는 자신도 노견이 갓길로 바뀔 때 이상하다고 생각을 했는데 논리적으로 반박할 수 없어서 그동안 가만히 있었던 터라, 내 말을 들은 후 속이 시원했다는 사람도 있었어. 건교부 직원들이 고생했겠다고 말한 사람도 있고. 건교부 규칙에 어떻게 해서라도 갓길로 바꾸지 않고 길어깨를 그냥 둔 데서 한 말이지. 물론 건교부 직원들이 이 일로 해서 마음고생을 했는지는 알 수가 없지만 말이야.

팀장 한 가지 의문이 드는 게 고속도로에서는 아예 노견이 없어진 건가요?

소장 그렇다고 봐야지. 노견을 갓길로 고쳐 썼는데, 노견이라는 말이 있을 이유가 없지. 아, 물론 도로법 시행규칙에는 길어깨라는 명칭으로 있기는 하지만. 그러니까 우리나라는 같은 대상을 가지고도 도로법과 도로교통법의 명칭이 다른 것이지.

팀장 모든 도로의 노견이 갓길로 고쳐진 것이 아닌가 보죠?

소장 차가 통행할 만한 정도의 큰 폭을 가진 고속도로는 노견(길어깨)이 갓길이 되고, 차가 통행하지 못하는 작은 폭을 가진 편도 1차선 같은 길의 노견은 갓길을 쓸 수 없지. 길어깨이거나 간혹 노견도 쓰겠지. 노견에 차가 통행할 수 있는지 여부로 갓길이라는 명칭이 붙거나 달라지는 것이지.

팀장 저도 소장님의 말을 듣고 인터넷에서 도로의 구조 명칭(도로의 단면)을 찾아보니 10여 개가 넘은 도로 구조 관련 세부 명칭이 모두 다 한자인데 뜬금없이 갓길만 한글이고, 도로 단면 구조 명칭인데 갑자기 도로의 사용 또는 용도 명칭인 갓길이 나오는지 이해할 수가 없더군요. 도로교통법 시행규칙에 보면 1차로, 2차로 또는 왼쪽 차로, 오른쪽 차로 등으로 모두 '로'로 통일되어 있어 갓길도 '최말단로' 또는 '최우측로' 등으로 통일해야 할 것 같은데 말입니다.

소장 잘 지적하였네. 구조와 용도는 범주가 다르다고 할 수 있고, 경범죄 처벌법에 노상방뇨금지가 있는데 이 '노상'도 우리 말로 바꾸어야 할 것 아닌가. '길 위의 오줌싸기 하지 않기' 등으로 말이야. 아니면 '윗길 오줌싸기 하지 않기' 등으로 바꾸든가.

우리가 진화론을 처음으로 주장할 기회가 있었다

중국의 고사성어 '사족蛇足'의 유래를 보자. 춘추 전국 시대 때 초나라에서의 일이다. 하인들이 주인에게서 술을 받았는데, 여러 사람이 나눠 마시기에는 술의 양이 적었다. 그래서 그들은 누가 뱀을 먼저 그리느냐로 내기를 해서 이긴 사람이 마시기로 하였다. 한 사람이 먼저 그렸다고 자랑한다. 두 번째로 그리기를 마친 사람이 보니 뱀에 다리가 그려져 있었다. 이에 "뱀에 무슨 다리가 있겠는가? 원래 없는 다리를 그렸으니 틀린 것이고, 내가 제일 먼저 그렸으므로 이 술은 내가 마시겠네." 하면서 술을 벌컥벌컥 마셔버린다.

사족은 쓸데없는 일을 하는 것, 군더더기를 뜻한다. 사족의 교훈은 수 세기를 거쳐 수많은 문인의 입에서 회자되어 오늘에 이른다. 하지만 난 그렇게 생각하지 않는다. 사족을 그린 사람은 우연히도 발이 달린 뱀을 보았다고 추측해본다. 진화가 풀렸는지 기형이었는지 주위에서 발이 붙은 뱀을 보았고 그것이 생각나서 뱀 다리까지 그렸을 것이다. 자신은 다리 없는 뱀도 다리 있는 뱀도 보았다고 자랑질하다가 그만 일반 사람들을 설득하지 못하여 내기에 진 것이다. 모든 사람이 보지 못한 것을 증명해내지 못했기 때문이다. 설사 한두 마리 다리 있는 뱀을 제시하였더라도 일반적으로 뱀은 다리가 없기에 이길 수 있는 일은 아니었다.

이 고사성어를 잘만 살피었다면 중요한 발견을 할 수 있었다. 지금 시각에서 사족을 자세히 들여다보면 엄청난 발견의 기회를 놓친 것임을 알 수 있다. 진화론의 착상을 떠올릴 법한 사실을 간과한 것이다.

도마뱀은 다리가 넷인데 왜 뱀은 다리가 없을까, 뱀이 진화해서 도마뱀이 된 것일까 아니면 도마뱀이 다리가 없어진 것일까 하는 의문을 중국이나 한국 누구도 생각하지 못하였다. 뱀에서 이무기로 커지고 이무기가 승천하면 다리가 달린 용이 된다는 믿음을 가지고 있었는데도 말이다.

일본이나 중국은 뱀은 蛇(사)로 쓰고 도마뱀은 蜥蜴(석척)이라고 한다. 蛇에서 蜥蜴을 유추하기는 쉽지 않으나 뱀에서 도마뱀은 유추하기가 훨씬 수월하다. 그렇다면 도마뱀이 최근 또는 근세에 생긴 말인가? 영어의 Lizard를 번역할 때 처음으로 사용한 것인가? 조선 중종 때 학자 최세진이 지은 『훈몽자회』를 보면 蛇가 뱀(배암)으로 蜥蜴은 도마뱀(도마배암)으로 표기되어 있다. 최소한 고려시대나 조선초기부터 도마뱀이라는 말은 있어 왔던 것이다.

중국이나 우리 조상이 성선설, 성악설 또는 주리론과 주기론, 1년상과 3년상으로 다투는 대신에 '도마뱀에서 뱀으로 진화했다', '아니다. 용을 봐라. 이무기에서 용으로 변한 것으로 봐서 뱀에서 도마뱀으로 진화했다'로 싸웠다면 진화론은 19세기 영국에서가 아닌 훨씬 그전에 동양 아니면 우리나라에서 나왔을지도 모른다. 그렇게 되었다면 동양이 세계를 주름잡을 수 있었을 것이다. 물론 과학적 사고를 배양할 토양이 너무 척박한 동양에서 그런 생각을 하기란 쉽지 않았을 것이지만, 아쉬움은 남는다.

생각³

아마도 서양에 '사족'이라는 고사성어가 있었다면 19세기보다 훨씬 전에 진화론이 태동하지 않았을까 싶다. 고대 그리스에서는 진화론을 주장한 사람이 있었다. BC 6~7세기경 철학자인 아낙시만드로스는 인간이 물고기(비슷한 것)에서 나왔다고 주장했기 때문이다. 이 아낙시만드로스의 주장과 사족 개념을 통합하면 다윈보다 앞서 진화론이 탄생하지 않았을까 하는 생각이 든다.

소장   난 우리 조상이 사족이라는 말을 알았으면서도 왜 진화론의 개념을 알지 못했는지가 아쉬워. 조건은 중국이나 일본보다도 유리했는데.

팀장   뱀과 도마뱀. 우연이겠지만 현대의 진화와 맞아떨어졌네요?

소장   우연치고는 굉장한 우연이지. 다만 실제 진화는 도마뱀에서 뱀으로였겠지만, 우리 말은 뱀에서 도마뱀으로 역순이라 할 수 있지.

팀장   그렇군요. 도마는 일종의 수식어니까 도마뱀이라는 말이 먼저 만들어졌을 리는 없겠네요?

소장   도마가 '토막 나다'에서 나왔다는 말이 있어. '뱀 같은데 몸이 둘로 토막 난다'에서 이름이 유래했겠지. 당시에 뱀과 도마뱀을 같은 파충류로 본 게 신기해. 이 정도였으면 진화론의 발상을 하였을 법도 한데. 뱀? 도마뱀? 뱀에서 다리가 생겨 도마뱀이 되었나? 아니면 도마뱀에서 다리가 없어져 뱀이 되었나. 이렇게 의문을 갖다가도 '다른 동물들은 모두 다리가 있는 것 보니 뱀에서 도마뱀으로 변한 것이 맞을 것이다'라고 결론 냈을 수도 있을 텐데. 이게 합리적 아니야?

팀장 소장님 말씀대로 다른 나라들은 뱀과 도마뱀이 전혀 다른 단어를 쓰는 데 비해 우리나라는 비슷하게 썼던 만큼 진화론을 만들어 내지 못한 것이 아쉽기도 합니다.

소장 사실 언어 가지고 진화론을 발상한다는 것은 쉽지 않지. 여러 학문이 동시에 발달했어야 했는데 그러지 못하였으니.

팀장 배암와 도마배암이라는 말은 물론 그전부터 썼겠지만 최소한 16세기 『훈몽자회』 이후부터 사용하였다고 가정하더라도 18~19세기 우리나라 실학자들은 진화론을 들먹일 법했는데 그러지 못하였네요?

소장 조선 후기 때 홍대용이나 최한기 정도는 가능하지 않았을까 생각했는데, 과학이 그렇게 발달한 서양에서도 진화론은 19세기에 본격적으로 논의되었으니 조선에서 바라는 것은 좀 무리라고 보긴 해. 서양은 그리스 로마시대부터 생물이 진화하였을지도 모른다고, 학자들이 간헐적인 주장도 하였고.

팀장 제가 봐도 사족에서 진화론의 착상을 떠올리는 것은 좀 어려웠을 것 같네요?

소장 서양에서는 뱀이 머리로 꼬리를 무는 것을 보고 중요한 화학식을 만들었잖아. 우리는 뱀을 정력제로만 알고 있을 때.

팀장 어떤 화화식인가요?

소장 독일의 화학자 아우구스트 케쿨레는 어떤 실험 중에 졸다가 꿈속에서 머리로 꼬리를 문 채로 동그랗게 몸을 말고 있는 뱀을 보고 꿈에서 깬 후 벤젠의 6개의 탄소 원자가 고리 모양으로 서로가 서로의 꼬리를 무는 형태의 구조를 생각해냈지.

팀장 마치 우로보로스 같네요?

생각³

소장   응. 우로보로스를 본 적이 있어서 그런 꿈을 꾸었는지도 모르지. 어쨌거나 화학식은 완성하였어. 뱀 꿈을 꾸고서.

팀장   같은 뱀을 보더라도 차이가 크군요. 발명의 힌트를 얻는 사람이 있는가 하면 엉뚱하게 발을 그려 내기에 지는 사람도 있고요.

Episode 30   충격을 견디는 자만이 일어선다

우리나라는 대체로 외부 충격에서 자유로운 편이다. 서구처럼 수천 년 간 믿었던 천동설이 어느 날 '그게 아니고 지동설이래'로 바뀌는 충격이나 인간을 신이 창조한 존재가 아니라 '단세포 생물에서부터 진화하였다'라는 진화론의 충격도 없었다. 중간중간에 '만유인력의 법칙', '유전의 법칙', '상대성의 원리' 등 자잘한 충격을 받을 때도 마찬가지였다. 서구에서 누군가가 인간의 내면을 들여야 볼 때, 우리는 어떤 의미로든 남다른 사람에게 '이런 미친놈을 봤나' 하고 재수 없다며 욕이나 퍼부어댔을 뿐이다.

한마디로 지적 충격이 없었다. 기껏해야 불교에서 유교로 바뀌거나 중국 왕조의 변천에 따라 유교가 훈고학, 주자학, 양명학, 고증학 등으로 업그레이드된 정도가 전부이다. 전쟁이나 기아, 전염병 등이 인간 정신에 영향을 미친다고 주장할 수도 있다. 900여 차례의 침략을 받았으며, 전 국토가 유린된 경우도 몇 번 있었고, 우리의 욕설에도 흔적이 남아 있듯이 많은 전염병으로 인해 고통받은 것은 사실이다. 이들도 충격이라면 충격이라 할 수 있을 것이다.

전쟁이나 전염병을 중국이나 유럽과 신대륙의 참상에 비할 수 있을까?

유럽은 기원전부터 전쟁이 잦았고, 십자군 전쟁, 장미전쟁, 100년 전쟁, 30년 전쟁, 보불 전쟁 등 무수한 전쟁이 있었으며, 지난 세기만 해도 제1, 2차 세계대전을 치렀다. 14세기에 유럽은 흑사병으로 절반 가까이 되는 인구를 잃었으며, 남미는 천연두 등 유럽에서 건너온 질병으로 인해 인구의 90%가 사라졌고, 중국 삼국시대의 5,000만이었던 인구가 진으로 통일된 이후에는 1,600만으로 줄어들거나, 명이 멸망하고 청이 들어섰을 때 수천만이 희생된 충격에는 비견할 수 없다.

우리는 서구 문물을 그대로 받아들이지 못했다. 청이나 일본을 통해 간접적으로 접했을 뿐이다. 그래서 충격이 덜했다고 할 수 있다. 서구 문물을 신기한 듯 쳐다볼 뿐이었다. 라디오에서 사람들 목소리가 흘러나올 때 어떻게 이 조그마한 통속에 여러 사람들이 들어가 있느냐며 마냥 신기해했다. 축음기에서 음악 소리가 들릴 때도 마찬가지였다. 거대한 기차가 수증기를 뿜으며 달려올 때도 역시 그랬다. 전등이 켜져 밤이 대낮 같을 때도 그저 놀라워할 뿐이었다.

충격과 신기함은 차원이 다르다. 둘 다 새로운 것을 접한 경우에 발동하나 충격은 외부 자극에 대한 강한 저항이며, 신기함은 있는 그대로 수용하는 느낌이다. 충격은 동등한 또는 경쟁 관계에서 발생하는 것이며, 신기함은 먼 나라 이야기를 들을 때나 느끼는 감탄이나 동경 같은 것이다.

19세기 아편전쟁에서 청나라는 영국에 패했다. 물론 중국은 충격이었을 것이다. 이 전쟁을 예의주시한 나라가 있었다. 일본은 청이 영국에 굴복하는 것을 보고 충격을 받았다. '어떻게 저 작은 나라가 거대한 중국을 이기지'라며 신기해하거나 감탄만 하고 있지 않았다. 유럽의 힘이 자신들에게도 쏠릴 수 있음을 직감하고 부랴부랴 근대화에 박차를 가한다.

소련이 스푸트니크호를 발사할 때 미국은 '소련 참 신기하네. 로켓을 지구 밖으로 보내고'라고 생각하지 않았다. 충격받았다. 부시맨은 비행기가 낮게 지나갈 때 '난 화살로 100m도 못 보내는데 쟤네들은 엄청 큰 물체를 높게 멀리 보내네'라며 충격받지 않았다. 그저 신기해할 뿐이었다.

어떤 외부 자극에 충격과 신기함을 느낄 수는 있다. 그러나 대응에 따라 그들의 운명이 달라진다. 너무 큰 충격으로 멘붕이 왔던 청은 자체적으로 붕괴의 길을 걷는다. 충격을 딛고 일어선 자는 충격을 준 자들을 능가하기도 한다. 일본은 30년도 안 되어 세계열강과 어깨를 나란히 한다. 미국은 얼마 안 있어 달에 사람을 보낸다. 서양 문물에 신기해했던 아프리카와 우리나라는 이들 나라의 식민지로 전락했다.

충격과 신기함은 둘 다 무지의 소산이다. 청은 영국의 강력한 힘을 몰랐고, 미국은 소련의 우주 기술을 평가 절하했다. 구한말 우리나라와 아프리카는 그들의 힘과 자신들의 능력을 비교할 역량 자체가 되지 않았다. 우리는 자신이 모른다는 사실을 너무 몰랐다. 그러면서도 남들이 알고 있으면 '별걸 다 아네'라며 상대를 깎아내렸다. 그만큼 지적 충격을 받아보지 못한 사회에서 고만고만한 사람들과 같은 교육을 받고 같은 경험을 하였다는 뜻일 것이다.

과거 우리 조상들이 몇백 명 혹은 몇천 명 되는 작은 집단에서 같은 언어를 쓰고 같은 행동규범을 익히고 같은 생활패턴으로 같은 음식을 먹고 비슷한 사고를 하며 살았을 때와 차이가 없는 것이다. 지금은 21세기이다. 이 세상에는 충격적인 지식은 없다. 지식은 감정을 갖지 않는다. 자신만 모르고 있을 때나 충격인 것이다. 로켓이나 탱크, 증기기관차를 만든 사람들에게는 경이로운 지식이었을 뿐이다. 어떤 충격이라도 건강한 자극으로 받아들이는 내성을 키워야 한다. 충격으로 외면하고 주저앉는다면 아편전쟁에서 패배한 청나라의 전철을 밟아 갈 것이다. 충격을 딛고 분발하여 열정과 역량을 쏟아붓는다면 일본과 미국처럼 충격을 준 자들을 능가할 것이다. 충격을 받을 정도라면 가능성은 있다. 아주 무딘 것은 아니기 때문이다.

팀장　소장님의 글을 보고 말씀을 듣노라면 제가 그동안 이렇게 생각을 하지 않고 살았나 싶고, 생각을 깊게 하지 않은 정도가 아니라 아예 생각 자체가 없었다는 것에 대해서 제 자신이 무너지는 듯한 충격과 함께 허탈감마저 들었습니다. 이런 허망한 기분은 처음입니다. 저는 그동안 그만그만한 생각을 가지고 세상을 사는 사람들만 보아 온 것 같습니다.

소장　생각을 하지 않는 것은 팀장님만이 아니잖은가? '생각^3'은 인구 10만 명당 1명이라고 하지 않았나? 우리나라로 따지면 500명에 불과하지. 당연히 그 500명을 평생에 한 번 만나기도 힘들고 설사 만난들 몇 번의 안면으로는 그가 생각하는 사람인지 알 수 있겠나. 거의 불가능에 가깝네.

팀장　'생각^3'만이 생각하는 사람이라고 정의한다면 그동안 살면서 겪었던 미스터리가 한꺼번에 풀리는 것 같습니다.

소장 어떤 것 말인가?

팀장 정치인들이나 교수 또는 의사나 변호사 등 소위 지식인들이 가끔 사회적 물의를 일으키는 말이나 행동을 하는 것 등 말입니다. 왜 배울 만큼 배운 사람들이 이단 종파나 사이비 종교에 빠지는지 항상 의아했거든요.

소장 그들은 인구 100명 또는 1,000명당 한 명 있는 우수한 사람임에는 분명하지만, 우리나라에 5만 명 내지 50만 명이 있으니 팀장님이 느끼는 그런 일이 발생하는 것이지. 당연할 수밖에 없지 않겠나?

팀장 솔직히 소장님의 생각 기준에 의하면 우리나라 인구 500명도 많은 것 같은데요? 전 없는 것 같은데요?

소장 그거야 알 수 없지. 지금까지 책이나 방송 매체 등에서 전혀 언급되지 않은 숨은 생각 고수들이 있을지 모르지.

팀장 전 평생 찾지 못할 것 같고, 더군다나 만나는 일은 불가능에 가까울 것 같습니다. 그런데 같은 사안이나 상황임에도 누구는 충격을 받고 어떤 사람은 충격을 받지 않는 건가요?

소장 자극에 대한 반응이 충격이라 할 수 있지. 자극과 관련된 용어로 역치閾値라는 말이 있어. 영어 threshold value를 번역한 말이지. 생물이 외부환경의 변화, 즉 자극에 대해 어떤 반응을 일으키는 데 필요한 최소한의 자극의 세기를 말해. 역치가 높다는 말은 자극이 일정 수준에 이르러서야, 다시 말해 자극이 그전에 비해 커야 느끼는 것이고, 역치가 낮다는 말은 그 전 자극에서 미세한 변화만 있더라도 민감하게 반응하는 것이야. 처음에는 작은 소음에도 시끄럽다고 느끼지만 어느 정도 시간이 흐르면 그보다 더

생각³

큰 소음이 되어야 시끄럽다고 느끼는 이치인데, 5의 수준에서 10으로 변할 때 느낀다면 역치가 높다는 것이고, 5에서 6으로 변화했는데도 느낀다면 역치가 낮다는 것이지.

팀장   자극이라면 어떤 것을 말할 수 있을까요?

소장   당연히 물리적인 충격도 될 수 있고, 마음으로 받아들이는 정도일 수도 있겠지. 뭐 지식 차이도 있고 성격적 특성도 될 수 있고 다양하겠지.

대화를 마치며

팀장 벌써 12월이네요? 1년이 너무 빨리 갑니다.

소장 젊은 사람이 세월이 빨리 간다면 나 같은 사람은 얼마나 빨리 가 겠어? 팀장님과 내가 생각에 대해서 대화를 나눈 지 1년이 다 되어 가는구먼. 인제 내 생각을 마무리할 때가 되었어. 그간 내가 팀장님과 나눈 생각에 대한 생각을 정리해보려고. 그동안 힘들었을 거야. 어찌 보면 안드로메다에서나 하였을 법한 생각을 말했으니까. 하지만 난 개인적으로 팀장님을 만나서 많이 배운 거같아.

팀장 저도 소장님과 만나기 전과 후가 다릅니다. 확실히 생각을 많이하게 된 건 사실입니다. 소장님의 말씀을 들었으니 생각을 잘하는 쪽으로 바뀌었어야 하는데, 그건 쉬운 일이 아닐 것이라고 봅니다. 언제 어디서 무엇을 생각해야 할지, 범위도 깊이도 알 수없으니까요. 생각을 이렇게까지 할 수 있구나 하면서 소장님의 생각을 이해하는 것만으로도 전 만족합니다. 생각에 대한 이해가 넓어지고 다른 사람의 생각을 읽을 수 있는 경지는 아직 멀었다고 봅니다.

소장 지금부터라도 생각을 해보는 습관을 길러야지. 생각하지 않는 개인, 생각하지 않는 조직, 생각하지 않는 국가는 미래가 없어.

많은 사람들이 스스로를 똑똑하다고 생각해. 자기가 알고 있는 지식은 중요한 것이며 남이 알고 있는 지식은 몰라도 상관없는 잡상식으로 간주하지. 어찌 보면 자신을 높게 평가하는 인간의 본성상 어쩔 수 없는 것이지만, 이런 사람의 문제는 다른 사람의 탁월한 사고력을 무시하기에 배움의 기회를 놓친다는 것이야.

팀장 전 소장님을 만나기 전까지는 인간의 능력은 다 거기서 거기라는 생각을 가졌는데 지금은 바뀌었습니다. 암기의 차이는 2~3배 많아야 10배 정도인데, 생각의 차이는 거의 무한에 가깝다는 것을 알게 되었습니다.

소장 암기의 차이보다 생각의 차이가 더 크다는 것은 분명해 보이네. 세상에 일어나는 일은 지식 즉 암기만으로 99.99%가 해결되거든.

팀장 암기만으로 99% 이상이 해결되는데 굳이 힘들게 사고력을 계발해야 할까요?

소장 암기는 단순하고 반복적인 행위이지. 자신을 남에게 드러내는 일은 가능하지만, 타인과 세상을 볼 수는 없어. 답습이고 제자리걸음이야. 그 나물에 그 밥이자 지식의 근친상간이지. 신선한 고기나 채소가 유입이 되지 않아. 하지만 사고력은 종합적이지. 타인과 세상을 볼 수 있는 능력이 있어. 언제나 신선한 고기와 채소가 공수되지. 사고력을 키워야 하는 이유야. 암기 잘하는 사람끼리 소통이 잘되겠어, 사고력이 깊은 사람끼리 소통이 잘되겠어?

팀장 그야 사고력이 있는 사람끼리 소통이 잘되겠지요?

소장 우리 사회가 반목과 분란, 질시를 극복하고 화합과 소통으로 가기 위해서 반드시 필요한 게 생각 또는 사고력이야. 이 0.001%

가 세상을 바꾸는 거야. 사람은 하루에 최대 5만에서 7만 가지의 생각을 한다고 하더라고. 대부분 쓸데없는 잡념이거나 어제 한 생각을 다시 하는 것이지. 이 생각 중에서 0.01%만 바꿔도 하루에 약 5개에서 7개야. 1년이면 거의 2천 개이고 10년이면 2만 개야. 당연히 결과가 달라지지 않겠어?

팀장   그렇군요. 정말 미세한 변화를 주어도 나중에는 크게 달라지는군요?

소장   국가로 확대해도 마찬가지이지. 난 사람들이 생각하는 방법을 알았다고 하더라도 모든 사람이 그렇게 되는 것은 애초에 불가능하고 사실 10~20% 정도도 바뀌지 않을 것임을 알고 있어. 다만 우리나라 사람 중에 0.1%만 내가 말하는 생각을 할 줄 아는 사람으로 거듭난다면 국가적으로 엄청난 이득이 될 거 같아. 5,000만 명의 0.1%면 5만 명이거든. 적은 수가 아니지.

팀장   알겠습니다. 한 가지 안타까운 것은 이러한 이야기들이 집행관 사무소에서 이뤄졌다는 것입니다.

소장   무슨 소리 하는 거야. 우리나라 구석구석에서 이러한 이야기가 활성화되어야 나라 발전이 있는 것이지. 난 목욕하다가 때를 밀 때도, 안마를 받을 때도, 구두를 닦을 때도 세신사와 안마사, 미화원과 손님 사이에 이런 대화가 이뤄져야 한다고 생각해.

팀장   그게 현실적으로 가능한가요?

소장   세신사와 안마사의 한자어가 洗身師와 按摩師야. '사'는 스승을 뜻하지. 누구나 어느 장소에서나 스승을 만날 수 있는 거야. 랄프 왈도 에머슨이 이런 말을 했잖아. "모든 사람은 어떤 면에서는 나보다 뛰어난 부분이 있다. 그러기에 누구에게든 반드시 배울 점이 있다"라고. 열린 사고를 가지면 누구에게든 배울 점이 있는 거야. '삶은 평범하게, 생각은 비범하게'를 좌우명으로 삼아 봐. 혹시 모르잖아. 비범한 생각이 삶도 비범하게 이끌지.

팀장   예. 제 생각이 짧았던 것 같습니다.

소장   평생 1,000페이지의 지식 노트를 작성하도록 해. 각 페이지에는 하나의 학문이 들어가고. 1페이지에는 법률, 2페이지에는 의학 지식, 3페이지에는 물리 지식 등 이렇게 해서 1,000페이지를 채우는 것이지.

팀장   법률만 해도 수천 페이지가 넘고 의학도 마찬가지인데 어떻게 한 페이지에 넣을 수가 있나요?

소장   어떠한 지식도 그 분야의 지식은 그냥 한 페이지야. 지식의 많고 적음도 의미가 없고, 지식의 우열도 없어. 만약에 모든 사람들이 자신이 제일 잘하는 분야만 내세우고 강조한다면 세상에는 모두 잘난 사람만 남게 되어 사사건건 충돌하게 되지. 팀장님은 대학에서 어떤 분야를 전공하였나?

팀장   마케팅 분야를 전공하였습니다.

소장   '전공' 또는 '전공하다'의 영어 단어는 Major이지. 그 반대 개념이라고 할 수 있는 일반적이고 보편적인 것을 뜻하는 단어는 General이고. 그런데 이 Major는 군대 계급에서는 소령이야. General은 장군을 뜻하고.

팀장   다는 아니겠지만 Major의 일부는 일정 기간이 지나면 General로 승진하잖아요?

소장   Major와 General은 계급 차이도 있지만 크게 다른 점이 있지. Major는 병과가 있지만 General은 없어. 모든 것을 다 알아야 하니깐. 전공 또는 전공 분야는 일반적이고 보편적인 것을 능가할 수가 없음을 의미하는 것이지.

팀장   흔히들 생각하기를 전문적인 것, 특수한 것을 더 위로 치잖아요?

소장   전문적인 것과 특수한 것은 일반적인 것 내에 있어야 하지. 동등하거나 일반적인 것을 능가해서는 안 되는 것이야. 설사 어느 시점까지는 전문적인 것, 특수한 것이 우위에 있더라도 시간이 지나면 일반적인 것에 흡수되어야 하는 것이지.

팀장   자신이 잘하는 분야에만 계속 머물러서는 안 된다는 뜻이군요. 설사 그렇다고 하더라도 언젠가는 보편적인 것에 동화되어야 한다는 말이죠? 하지만 그리되기가 쉽지는 않을 것 같습니다.

소장   자신이 가장 잘 알고 있는 지식은 자신의 지식에서 아예 없는 것으로 간주하는 것도 괜찮을 것 같아.

팀장   가장 많은 지식은 직업 관련 지식이겠네요? 직업은 그의 정체성이고 생존과 생활을 위한 수단인데 그 지식을 없는 것으로 치자고요?

소장   사람들이 생계유지를 위해 쌓은 지식, 그러니까 한 사람의 첫 번째 지식은 모두가 각 분야의 전문가이기 때문에 이는 지식에서 빼자는 것이지. 두 번째 지식부터 그 사람의 온전한 진짜 지식으로 봐야 한다는 것이지. 첫 번째 지식만 강조하면 대화가 되지 않기에 두 번째 이하의 지식으로 대화하면 더 소통도 잘될 것 같아서 해본 생각이야.

팀장   그럼 두 번째 이하의 지식은 무엇인가요?

소장   취미생활이나 특기, 관심사 등에 관한 지식이겠지. 직업과는 관련 없는.

팀장   그렇군요.

소장   내가 할 이야기는 거의 끝난 것 같은데 소감 같은 것 없어?

팀장   소장님의 말씀을 듣고 난 후 다시는 과거 아무 생각 없을 때의 평온함으로는 되돌아갈 수 없을 것 같습니다. 딱히 생각에 관한 매뉴얼적이고 정형화된 공식이나 이론은 아니었지만, 소장님의 에피소드를 듣는 것만으로도 '생각은 이렇게 하는 것이구나'를 절로 알게 되었습니다. 명확한 개념 정리, 사물과 사물을 자연스럽게 연결하는 능력, 자료 활용의 탁월성 등은 모두 배워야 할 부분입니다. 몰입과 전념이 만능이 아님을 알게 되었고, 상상과 공상의 차이가 매우 큼을 지각하게 되었습니다. 제가 소장님에게서 들은 모든 이야기는 실제로 경험한 일이라고 하였는데 어떻게 한 사람에게서 이런 다양한 에피소드가 나올 수 있는 것인지, 논리적 사고로 일관해서 피곤한 스타일로 각인될 수 있는데 유머 감각은 뛰어난 점, 그저 모든 것이 감탄스럽습니다. 이런 가르침을 토대로 사물과 사람을 전과는 다른 방향과 태도로 바라볼 수 있는 시각이 늘었음을 체감합니다. 이게 성장이라면 성장이라 할 수 있을 것 같습니다.

소장   느낀 점을 말해보라고 하니깐 결국 나를 칭찬하는 것이네. 내 이야기는 그만하고 팀장님이 느낀 것을 좀 더 구체적으로 솔직하게 이야기해봐.

팀장   생각법(생각^3)을 갖추게 되었다고 말할 수는 없지만, 적어도 그렇게 되도록 노력해야 한다는 사실을 자각한 것만으로도 큰 깨달음이며, 그 깨달음이 앞으로 세상을 살아가고 사람들과 마주할 때 유용한 자산이 될 것이라 확신합니다. 부, 명예, 권력, 직업

등을 기준 삼아 세상과 사람을 대하며 열등감과 피해의식에 빠지기도 하고, 때로는 거만함과 허영심에 차 있었던 저였지만 '생각' 또는 '생각하려는 노력'을 통해 속단이나 조급증을 경계하고, 어떤 상황에서도 평정심과 침착성을 유지하면서 고난이나 역경을 당당하게 마주할 수 있는 담대함을 갖게 되었습니다.

소장 사람은 누구나 시시때때로 우월감과 열등감이 교차하지. 편차를 줄여야 해.

팀장 아무리 전문적인 지식이라 하더라도 결국 생계형 지식이라는 소장님의 말이 제게 깊은 위안과 성찰을 주었습니다. 전문지식을 얻기 위한 노력과 그로 인한 결실을 진심으로 인정하고 높게 사되, 자기 위로, 체념, 시기, 질투, 무시로 변질되지 않도록 저 자신을 다독이는 마음의 여유를 찾게 되었습니다. 전화위복이라고 할까요? 매 순간 잘못된 판단을 해오며 지금까지 살아왔다는 생각에 상실감과 자괴감도 컸지만, 앞으로는 제대로 생각하며 똑바로 살아갈 수 있을 것이라는 자신감도 얻었고 그에 따른 기대감도 큽니다. 끝으로 제가 주변에서 노잼이라는 이야기를 듣는 경우가 종종 있는데, 요즘은 유머 감각도 제법 생긴 것 같습니다. 감사드립니다.

소장 생각 없는 삶은 그저 존재하는 것뿐이지. 스스로 생각하지 않으면 남의 생각이 내 자리를 침투해서 내 생각인 것처럼 행세하지. 생각의 탁란托卵이라 할 수 있어. 내 생각을 키운 것 같지만 실은 남의 생각을 키워준 것뿐이야. 종속된 사고라 할 수 있지. 흔히 '영혼이 없다'고 말하는데 이게 탁란의 다른 말이야. 자신만의 고유한 생각법을 계발하여 올바르게 생각하고 이를 행동으로

생각[3]

옮겨야 해. 그동안 내 이야기 듣느라고 수고했어. 언제 어디서든 행운을 비네.

생각³

초판 1쇄 인쇄	2023년 03월 31일
초판 1쇄 발행	2023년 04월 10일
지은이	해성
펴낸이	김양수
책임편집	이정은
교정교열	장하나
펴낸곳	휴앤스토리
	출판등록 제2016-000014
	주소 경기도 고양시 일산서구 중앙로 1456 서현프라자 604호
	전화 031) 906-5006
	팩스 031) 906-5079
	홈페이지 www.booksam.kr
	이메일 okbook1234@naver.com
	블로그 blog.naver.com/okbook1234
	포스트 post.naver.com/okbook1234
	인스타그램 instagram.com/okbook_
	페이스북 facebook.com/booksam.kr
ISBN	979-11-89254-85-8 (03190)